Daniel Mann

Superlative der Tierwelt

Daniel Mann

Superlative der Tierwelt

Carl Habel Verlag

53 farbige Originalillustrationen aus Brehms Tierleben mit freundlicher Genehmigung des Safari Verlags, Berlin

Schutzumschlag: Wilfried Forster, München
Druck: Druckerei Ernst Uhl, Radolfzell
Aufbindung: May & Co., Darmstadt
Printed in West Germany

ISBN 3-87179-171-7

Danksagung

Ich bedanke mich für die Unterstützung durch die Division of Wildlife Research Helena Valley (Australien) und das Muséum National de l'Histoire Naturelle Paris (Frankreich); ferner danke ich dem Department of Zoologicy der Universität Oxford (England), dem Zoologischen Institut der Universität München (Deutschland), der Universität von Kyoto (Japan), der University of Canterbury (Neuseeland), den Zoologischen Laboratorien der Universität Leiden (Niederlande), dem Zoologischen Museum der Universität Zürich (Schweiz), dem Zoologischen Institut der Universität Moskau (Sowjetunion), der Universität von Johannesburg (Südafrika), der University of California und der Rockefeller University (USA). Besonderen Dank spreche ich meinen Assistentinnen Karin Skogstad und Christel Pfeifer aus.

Daniel Mann

Inhalt

Absolute Rekorde

Die größten Ansammlungen von Lebewesen existieren in Gartenerde. In 100 Gramm Gartenerde leben 333 Millionen Bakterien, 3,5 Millionen Algen, 333 Millionen Pilze und 100 Millionen einzellige Tiere.

Das größte Auge hat der Riesenkalmar *(Architeuthis princeps)*. Jedes seiner beiden Augen erreicht einen Durchmesser von 40 Zentimetern.

Die meisten Augen hat die Libelle *(Odonata)*. Ihr Sehvermögen stützt sich auf die Leistung von 40 000 Einzelaugen, aus denen ihre beiden Linsen bestehen.

Den längsten Darm aller Tiere hat der Pottwal *(Physeter catodon)*. Sein Darm wird 24mal so lang wie sein Körper, das sind bis zu 650 Metern.

Die größten Eier produziert der Walhai *(Rhincodon typus)*. Jedes Ei hat eine Länge von 32 Zentimetern.

Die kleinsten Eier legt die Parasiten-Wespe *(Caraphractus cinctus)*. 5 Millionen Eier dieses Insektes wiegen 1 Gramm.

Die meisten Eier entläßt die Auster *(Ostreidae)* aus ihrem Körper. Pro Jahr scheidet sie 114 Millionen Eier aus.

Der größte Fisch ist der Walhai *(Rhincodon typus)*. Er wird 18 Meter lang und über 400 Zentner schwer.

Der kleinste Fisch ist die Grundel *(Mistichthys luzonensis)*. Sie wird ausgewachsen nur 11 Millimeter lang. 160 Fische dieser Art wiegen ein Gramm.

Der schnellste Flieger unter allen Lebewesen ist die Amerikanische Hirschbremse *(Cephenomyia pratti)*. Das Insekt kann kurzfristig eine Geschwindigkeit von 1300 Stundenkilometern erreichen.

Den weitesten Flug unternehmen die Küstenseeschwalben *(Sterna paradisaea)*. Sie legen beim Zug in ihre Winterquartiere eine Strecke von 36 000 Kilometern ohne Zwischenlandung zurück.

Das meiste Futter im Verhältnis zu ihrer Größe benötigen die Spinnen *(Arachnida)*. Sie fressen täglich das 26fache ihres Körpergewichtes.

Das größte Gehirn unter allen Lebewesen besitzt der Finnwal *(Balainoptera thysalus)*. Es wird bei einzelnen Exemplaren bis zu 8300 Gramm schwer.

Am langsamsten geschlechtsreif wird der Aal *(Anguillidae)*. Von der Geburt bis zur Fortpflanzungsfähigkeit benötigt er 22 Jahre.

Am schnellsten geschlechtsreif wird die Feldmaus *(Microtus arvalis)*. Ab dem 13. Tag nach ihrer Geburt wird sie bereits begattet.

Die meisten Herzschläge in der Minute hat die Schwarzkopfmeise *(Gattung Parus)*. Ihr Herz schlägt in 60 Sekunden 1000mal.

Am längsten hungern können die Boa-Schlangen *(Unterfamilie Boinae)*. Eine Boa aus

Madagaskar nahm im Pariser Zoo 1400 Tage keine Nahrung zu sich und überlebte.

Die höchste Körpertemperatur unter allen Säugetieren hat der Wolf *(Canis lupus)*. Seine Körpertemperatur beträgt ständig 40,7 Grad.

Das höchste Landtier ist die Giraffe *(Giraffidae)*. Sie wird bis zu 6 Meter hoch.

Das höchste Lebensalter unter allen Lebewesen erreichen die Bakterien. Nahe der sibirischen Stadt Irkutsk wurden lebende Bakterien gefunden, die 500 Millionen Jahre alt sind. Ihr Alter wurde durch radioaktive Messungen festgestellt.

Die meisten Nachkommen hat die Kleine Stubenfliege *(Fannia canicularis)*. Von April bis September sorgt eine einzige dieser Fliegen für 5,6 Billionen Nachkommen. Der Nachwuchs dieser Fliegen und deren Nachkommen erreichen in einem Jahr das Gesamtgewicht von 8000 Tonnen.

Das größte Nest baut das Grabhuhn *(Megapodius fereycinet)*. Diese australischen Großfußhühner bauen Nester mit einem Durchmesser von 12 Metern und einer Höhe von über 5 Metern.

Die größten Ohren besitzt der Afrikanische Elefant *(Loxodonta africana)*. Seine beiden Ohren bedecken zusammen eine Fläche von 8 Quadratmetern.

Das größte Landraubtier ist der Kodiak-Bär *(Ursus arctos middendorffi)*. Er wird 3,20 Meter lang bei einer Schulterhöhe von über 1,20 Metern. Aufgerichtet auf zwei Beinen mißt er über 5 Meter.

Das größte Meeresraubtier und zugleich das größte Raubtier der Welt ist der Schwertwal *(Orcinus Orca)*. Er wird über 11 Meter lang und 6000 Kilogramm schwer.

Das größte Säugetier der Erde ist der Blauwal *(Balaenoptera musculus)*. Er erreicht eine Länge von 33 Metern und ein Gewicht von etwa 130 Tonnen. Das entspricht dem Gewicht von 1600 Menschen.

Das kleinste Säugetier ist die 2 Gramm schwere Etruskische Wimpernspitzmaus *(Suncus etruscus)*.

Die größte Schildkröte ist die Lederschildkröte *(Dermochelys coriacae)*. Sie wird 3,50 Meter lang und 16 Zentner schwer.

Die größte Schlange ist die Große Anakonda *(Eunectes murinus)*. Das größte bekannte Exemplar hatte eine Länge von 14 Metern.

Das schnellste Landtier ist der Gepard *(Acinonyx jubatus)*. Er erreicht eine Geschwindigkeit von 120 Stundenkilometern.

Der schnellste Schwimmer ist der Schwertfisch *(Xiphias gladius)*. Er erreicht eine Stundengeschwindigkeit von 96 Kilometern.

Am tiefsten tauchen kann der Pottwal *(Physeter catodon)*. Auf der Jagd nach Futter taucht er bis in eine Tiefe von 2000 Metern.

Der größte Vogel ist der afrikanische Strauß *(Struthio camelus)*. Er wird 3,20 Meter hoch und bis zu 200 Kilogramm schwer.

Der längste Wurm heißt Schnurwurm *(Lineus longissimus)*. Er wird bis zu 30 Meter lang.

Erstes Buch

LAND

Säugetiere

Die Gliederung im Tierreich am Beispiel eines Säugetieres, des europäischen Feldhasen *(Lepus europaeus).*

Stamm Der Feldhase gehört zum Stamm der Rückgrattiere *(Chordata).* Kennzeichen dieser Tiere ist das Vorhandensein eines Stützorgans im Körper und eines Nervenzentrums oberhalb dieser als Corda dorsalis bezeichneten Organs. Zu den Chorda-Tieren gehören die Fische *(Pisces),* Vögel *(Aves)* und die Kriechtiere *(Reptilia).*

Unterstamm Der Feldhase gehört zum Unterstamm der Wirbeltiere *(Vertebrata).* Kennzeichen dieser Tiere ist ein bewegliches Achsen-Skelett, die Wirbelsäule. Zu ihnen zählen auch die Fische, die Kriechtiere und die Vögel.

Klasse Der Feldhase gehört zur Klasse der Säugetiere *(Mammalia).* Kennzeichen dieser Tiere ist die Ernährung ihrer lebendgeborenen Jungen durch Milch aus Milchdrüsen. Dieses Kennzeichen haben weder Fische noch Vögel noch Kriechtiere. Sie gehören nach vorausgegangenen Gemeinsamkeiten des Unterstammes anderen Klassen an.

Ordnung Der Feldhase gehört zur Ordnung der Hasentiere *(Lagomorpha).* Die Säugetiere unterteilen sich in 17 Ordnungen, jede Ordnung hat einheitliche Kennzeichen. Die Kennzeichen der Ordnung Hasentiere sind u. a. ein primitives Gehirn, ein hochentwickeltes Hörvermögen und zwei Schneidezähne in jeder Oberkieferhälfte.

Familie Der Feldhase gehört zur Familie der Hasenartigen *(Leporidae).* Die Ordnung der Hasentiere wurde in zwei Familien unterteilt, von denen die eine die Pfeifhasen *(Ochotonidae)* und die andere die Familie der Hasenartigen sind. Sie untergliedert sich in 11 Gattungen.

Gattung Der Feldhase gehört zur Gattung der Echten Hasen *(Lepus)*. Kennzeichen dieser Gattung sind ein schnelles Laufvermögen und der Bau oberirdischer Wohnungen. Es existieren auf der Erde 45 verschiedene Arten.

Art Der Europäische Feldhase *(Lepus europaeus)* ist eine dieser Arten. Zur Unterscheidung von anderen Arten trägt er nach dem System des schwedischen Wissenschaftlers Linné (1707–1778) hinter seinem Gattungsnamen »Lepus« noch den Artnamen »europaeus«. Jede Tierart wird nach dem Linnéschen System mit zwei Namen bezeichnet.

Mandrill, Männchen (1/10 natürlicher Größe)

Der arbeitsamste Affe ist der Schweinsaffe *(Macaca nemestrina)* Malayas und der indonesischen Inseln, Makak genannt. Er wird von der Bevölkerung zum Pflücken von Kokusnüssen abgerichtet. Die Eingeborenen schlingen ihm ein Seil um die Hüften und lassen ihn auf Kokospalmen steigen. Der Schweinsaffe greift dann nach den einzelnen Früchten. Wenn der Mann auf dem Boden glaubt, daß diese Nuß reif ist, ruft er dem Makak etwas zu. Der Affe dreht auf seinen Zuruf die Frucht ab und wirft sie zu Boden. Greift der Makak nach einer unreifen Frucht, zieht der Mann kurz am Seil, und das Tier läßt die unreife Kokosnuß hängen. Es gibt Schweinsaffen, die kein Seil brauchen und schon auf die Zurufe der Besitzer richtig reagieren. Für die Arbeit werden nur Weibchen und sehr junge Männchen verwendet. Ausgewachsene Schweinsaffen sind zu stark und deshalb gefährlich (Körperlänge über einen Meter, Gewicht bis zu 60 Kilogramm).

Der farbigste Affe ist der am Boden der Urwälder lebende Mandrill *(Mandrillus sphinx)*. Bei keinem anderen Säugetier der Welt ist die Haut des Gesichtes und des Gesäßes so grell gefärbt wie bei einem Mandrill. Wenn sich ein Mandrill bei Rangkämpfen oder bei Kämpfen mit anderen Tieren erregt, leuchten diese Farben noch stärker. Selbst an den Hand- und Fußgelenken erscheinen dann rote Flecken. Dieses Farbenspiel soll zur Abschreckung des Gegners dienen.

Der größte Affe ist der Gorilla *(Gorilla gorilla)*. Das Gewicht eines Männchens beträgt meistens mehr als 300 Kilogramm. Der größte bekannte Gorilla wurde im Kongo von dem Jäger Emil Brussaux erlegt. Das Tier wog 350 Kilogramm, die rechte Hand allein fast 3 Kilogramm. Die Körperlänge des Gorillas betrug 2,30 Meter, die Schulterbreite 1,10 Meter. Von allen Menschenaffen wurde der Gorilla als letzter entdeckt. Erst 1860 gelangten die ersten Schädel und Beschreibungen dieses Affen nach Europa, gesammelt von dem Missionar Savage. 1898 wurde der erste lebende Gorilla nach Europa gebracht.

Der intelligenteste Affe ist der Schimpanse *(Pan troglodytes)*. Als einziger Affe benutzt er Werkzeuge zur Nahrungssuche. In Gefangenschaft ist es sogar gelungen, ihn dazu zu bringen, mit Schlüsseln Schlösser zu öffnen oder durch Gebrauch eines Schraubenschlüssels an Futter heranzukommen. Der Schimpanse gilt nach dem Menschen als das klügste Landlebewesen.

Der kleinste Affe ist der Mausmaki *(Microcebus murinus)*. Als kleinstes aller Herdentiere wird er nur 10 Zentimeter groß; seine Schwanzlänge beträgt 30 Zentimeter und sein Gewicht 50 Gramm. Die Zwergmakis, zu denen der Mausmaki gehört, sind die einzigen Affen, die eine Art Winterschlaf halten. Sie speichern unter der Schwanzwurzel einen Fettvorrat und ziehen sich bei Temperaturen unter 18 Grad Celsius zu einem Erstarrungsschlaf in ihre Nester zurück. Die Mausmakis leben nur auf Madagaskar.

Die meisten Affen versammeln sich in den Herden der Paviane *(Papio anubis)*. Es wurden Ansammlungen von 3000 Tieren gesichtet, die bei Wanderungen in einer regelrechten Kriegsordnung gehen: Zuerst die Junggesellen, dann die Kinder und Jungen und zuletzt die Silbermantelpaviane, die Herrscher. Innerhalb dieser Herden gibt es verschiedene Sippen, die jeweils von dem mächtigsten Mann geführt werden. Dieser, der Silbermantelpavian, hat auch die meisten Frauen unter allen Affenarten. Bis zu 40 gehören zu seinem Harem. Versucht ein Junggeselle, ihm das Recht auf die Frauen streitig zu machen, kommen ihm die anderen Silbermantelpaviane zu Hilfe. Sie verteidigen gemeinsam die Frauen des Besitzers gegen den Machtanspruch eines Herausforderers ohne Harem.

Der sauberste Affe ist der Schimpanse *(Pan troglodytes)*. Jede Nacht baut er sich ein neues Nest aus Zweigen zum Schlafen. Oft wäscht er oder säubert seine Eßware mit Blättern. Körperliche Bedürfnisse werden nie im Nest, sondern – auch zur Nachtzeit – außerhalb des Nestes und in großer Entfernung verrichtet. Danach kehrt der Schimpanse in sein Nest zurück.

Der stärkste Affe ist der Gorilla *(Gorilla gorilla)*. Ein olympiareifer Sportler bringt es zum

Gorilla, Weibchen mit Jungem (vorn) und Männchen (1/10 natürlicher Größe)

Beispiel auf die Zugkraft von 85 Kilogramm, ein Gorilla auf das 10-fache. Das Herrentier ist in der Lage, einen 5 Zentimeter dicken Ast auf Anhieb mit den Zähnen durchzubeißen.

Die trägsten Affen sind die Loris *(Familie Lorisidae)*. Vier Gattungen mit fünf Arten dieser Halbaffen leben in den Tropenwäldern Afrikas und Asiens. Die Loris – unter ihnen der Schlanklori – halten sich wie Faultiere im Geäst der Bäume fest. Die Kraft der kleinen Affen (bis 40 Zentimeter Körperlänge) ist so groß, daß es einem Mann unter Mühen gelingt, einen Lorifuß oder eine Lorihand von einem einmal umklammerten Ast zu befreien. Loris hängen manchmal bis zu einem halben Tag an ein und derselben Stelle des Astes und klammern sich fest. Eine Besonderheit ihres Körpers bietet dafür die Voraussetzung: Sehnen und Muskeln dieser Halbaffen brauchen dabei nicht angespannt zu werden und können also auch nicht ermüden. Sie funktionieren ohne Kraftaufwand durch »Wundernetze« im Gefäßsystem. Diesen Wundernetzen *(Retis mirabilis)* ist es zu verdanken, daß die Muskeln der Loris lange ohne Ermüdungserscheinungen zusammengezogen bleiben können.

Die wenigsten Affen einer Art gibt es von den Orang-Utans *(Pongo pygmaeus)*. Als erster berichtete der holländische Arzt Jacob Bonitus im Jahre 1630 aus Indonesien über den Orang-Utan. 1776 traf das erste lebende Orang-Weibchen im Privatzoo des Prinzen von Oranien in Het Loo ein. Seitdem wurden diese nächsten Verwandten des Menschen und die einzigen Menschenaffen, die nur auf Bäumen leben, gejagt. Um eines Jungen habhaft zu werden, schreckten die Fänger oft auch nicht davor zurück, die ganze Sippe der ausgewachsenen Orang-Utans zu töten. Von diesen Affen (Körperhöhe bis zu 1,80 Meter, Gewicht bis zu 110 Kilogramm) leben zur Zeit nur noch 1500 auf freier Wildbahn. Es wird geschätzt, daß im 3. Jahrhundert nach Christus 500 000 Orang-Utans in Indonesien lebten.

Der zärtlichste Affe ist der Gibbon *(Gattung Hylobates)*. Diese Affen leben in Asien und werden bis zu 25 Kilogramm schwer. Im Gegensatz zu anderen Affenarten werben sie sehr zärtlich um die Weibchen und sind während der Flitterzeit ausgesprochen anschmiegsam. Sie umarmen sich sogar vor der Paarung, was bei anderen Affen nicht vorkommt. Die Gibbons leben in kleinen Familien zusammen; meist hat ein Mann nur ein, in Ausnahmefällen zwei Weibchen. Nach der Geburt des einzigen Jungen krallt sich das Neugeborene im Fell der Mutter oder des Vaters an der Unterseite des Körpers fest. Um die Sicherheit des festgeklammerten Kindes zu erhöhen, flechten die Eltern die eigenen Körperhaare zwischen die Finger ihres Kindes.

Das höchste Alter unter den Affen erreichen die Schimpansen *(Pan troglodytes)*. Sie werden 50 Jahre alt, gefolgt von den Orang-Utans *(Pingo pygmaeus)* mit 40 Jahren.

Am langsamsten geschlechtsreif werden die Gorillas *(Gorilla gorilla)*. Von ihrer Geburt bis zur Fähigkeit, Nachwuchs zu zeugen, vergehen 14 Jahre.

Am schnellsten geschlechtsreif werden die Pinseläffchen *(Gattung Callithrix)*. Diese kleinen Affen (Körperlänge 25 Zentimeter) sind bereits 14 Monate nach ihrer Geburt fortpflanzungsfähig.

Die eigenartigste Jagdmethode hat der Potto *(Perodictus Potto)*. Dieser Affe ist kaum katzengroß und lebt in Afrika. An den Geschlechtsteilen des Männchens und des Weibchens *(Skrotum und Vulva)* liegen Drüsen, die einen eigenartigen Geruch ausströmen und Insekten anlocken. Die Insekten streben aus einer Entfernung bis zu 500 Metern auf die Duftquelle zu und werden von den Pottos gefangen und verzehrt. Der Potto kann seine Drüsen willkürlich betätigen. Er wurde erstmals im Jahre 1699 von dem holländischen Kapitän Bosman entdeckt und heißt bei den Afrikanern »softly-softly«. Dieses »weichweich« ist ein Kompliment an die geräuschlosen und langsamen Bewegungen des Affen.

Den größten Männerüberschuß unter den Affen brauchen die Kattas *(Lemur catta)*. Um die Werbung zur Paarungszeit anzuregen, müssen innerhalb einer Gruppe der Kattas mindestens 75 Prozent der Mitglieder männlich sein. Andernfalls – wenn der Prozentsatz darunter liegt – kommt es aus Mangel an Wettbewerb nicht zur Fortpflanzung. Die Kattas (Körperlänge 50 Zentimeter) leben in den baumlosen Bergen Madagaskars. Eine Herde besteht aus etwa 20 Tieren.

Der einzige Nachtaffe heißt Mirinka *(Aotes trivirgatus).* Diese Affen (bis 40 Zentimeter groß) sehen während des Tages schlecht und verschlafen den Tag paarweise in Baumhöhlen. Nach Sonnenuntergang gehen die in den Regenwäldern Südamerikas lebenden Mirinkas auf Nahrungssuche. Sie fressen Insekten, Spinnen, Früchte, Beeren und greifen auch kleine Säugetiere an. Auffallendes Merkmal dieser Affen sind ihre riesigen Augen. Alle anderen Affen-Arten schlafen nachts.

Die einzigen Schlangenfresser unter den Affen sind die Drills *(Mandrillus leucophaeus).* Die zu den Pavianen gehörenden Affen leben in Trupps. Außer Pflanzen und Früchten fressen sie Schnecken und Frösche und betrachten auch Schlangen als willkommene Abwechslung auf ihrem Speisezettel. Sie fangen die Schlangen nie einzeln: Während einige Drills die Schlange von vorne durch Grimassen und Tänze ablenken, packt ein anderer von hinten zu und bricht der Schlange das Genick.

Die besten Schwimmer unter den Affen sind die Dianameerkatzen *(Cercopithecus diana).* Die Fruchtesser - drei Unterarten leben in den Wäldern Westafrikas – können Flüsse bis zu 300 Metern Breite durchschwimmen.

Den einzigen Sommerschlaf unter den Affen halten die Katzenmakis *(Gattung Cheirogaleus).* Diese auf Madagaskar lebenden Halbaffen (drei Gattungen mit sechs Arten, Körperlänge bis 60 Zentimeter) bauen sich in den Baumkronen aus Gras und Blättern sehr

Kronenindri (1/8 natürlicher Größe)

kunstvoll geflochtene Nester. In den Trockenmonaten von Juli bis September sinkt ihre Lebensfunktion fast um die Hälfte. Sie liegen wie erstarrt in ihren Nestern und zehren während dieses Starreschlafes von körpereigenem Fett.

Die lauteste Stimme unter allen Tieren haben die Brüllaffen *(Gattung Alouatta)*. Es gibt von ihnen sechs Arten, die alle in Mittel- und Südamerika leben. Mit rund 60 Zentimeter Körperlänge sind sie recht stattlich. Ihre Schwanzlänge beträgt noch einmal 60 Zentimeter. Die Schwanzspitze der Brüllaffen hat an der Unterseite eine kahle Stelle, die »Greifsohle«. Durch sie sind diese Affen in der Lage, mit dem Schwanz Gegenstände zu ergreifen und festzuhalten. Um ihr Revier akustisch zu markieren, stimmen entweder Einzeltiere oder die männlichen Tiere einer Herde gemeinsam ein weitschallendes Gebrüll an. Eine in der Säugetierwelt einmalige hohle Blase im Zungenbein dient praktisch als Resonanzboden und verstärkt ihre Stimme so, daß man das Brüllen dieser Affen bis zu fünf Kilometer weit hören kann.

Die größte Verehrung unter den Affen genießen die Indris *(Lichonatus mitratus)*. Nach Meinung der Eingeborenen schlüpfen die Seelen ihrer Eltern in diese nur auf Madagaskar lebenden Tiere und leben in ihnen weiter. Daraus resultiert der Glaube, daß die Bäume, auf denen sich die Indris aufhalten, unfehlbare Arzneimittel darstellen. Die Indris werden weder getötet noch gejagt, man folgt ihnen nur, um zu sehen, auf welchem Baum sie sich aufhalten. Von diesem Baum werden dann Blätter gepflückt, die gegen jegliche Krankheit helfen sollen.

Am nächsten verwandt mit dem Menschen ist der Gorilla *(Gorilla gorilla)*. Der englische Forscher A. Keith verglich die Körpermerkmale des Menschen (Gang, Zähne, Beine, Gestalt etc.) mit denen der Affen. Von 1065 einzelnen Merkmalen des Menschen fand Keith 385 Übereinstimmungen mit dem Gorilla *(Gorilla gorilla)*, 369 mit dem Schimpansen *(Pan triglodytes)*, 359 mit dem Orang-Utan *(Pongo pygmaeus)*, 117 mit den Gibbons *(Hylobates)*. Bei allen anderen Affen beträgt die Zahl der Übereinstimmungen 112. Für 312 Merkmale des Menschen fand Keith kein Äquivalent bei den Affen.

Der beste Weitspringer unter den Affen ist der Sifaka *(Gattung Propithecus)*. Von den Sifakas gibt es zwei Arten mit 12 Unterarten. Alle diese Affen (Körpergröße bis zu 60 Zentimetern) leben auf Madagaskar. Die stark ausgebildeten Sprunggelenke ermöglichen es den Sifakas, Entfernungen von Baum zu Baum bis zu 15 Metern zu überwinden. Sie schnellen dabei den Körper mit den Beinen weg. Auf der Erde laufen die Sifakas aufrecht und machen Sprünge bis zu 4 Meter Höhe und 5 Meter Weite. Einzigartig unter den Affen ist auch die Wundpflege der Sifakas: Sie bedecken ihre Wunden mit heilkräftigen Blättern. Nach Erfahrung der Eingeborenen sind solche Wunden, die normalerweise 14 Tage bis zur Heilung brauchen, in zwei Tagen vollständig verheilt.

Der größte Allesfresser unter den Säugetieren ist das Wildschwein *(Sus scrofa)*. Wildschweine verschmähen keinerlei Nahrung. Sie reicht von Eicheln, Bucheckern über Wegerich und Löwenzahn sowie Gras bis zum Fleisch von Hirschen, Hasen, Rehen und Fasanen. Meistens werden behinderte Tiere von den Wildschweinen getötet, oder sie fressen das Aas. Daneben verschmähen sie auch Insektenlarven, Würmer und Muscheln nicht. Es wurde sogar beobachtet, daß Wildschweine Mäuse fangen. Da in den europäischen Wäldern und Feldern die natürlichen Feinde des Wildschweines fehlen, vermehrt es sich sehr stark. Auf der anderen Seite bietet die Natur dennoch Einhalt: Bei keiner Säugetierart ist die »Kindersterblichkeit« so groß wie bei den Wildschweinen. Durch Witterungseinflüsse und Temperaturschwankungen sterben 55 Prozent der Jungen – Frischlinge genannt – vor dem Erreichen der zwanzigsten Lebenswoche.

Die einzigen geschmuggelten Steinböcke der Welt kamen im Jahre 1906 aus dem Privatbesitz Gran Paradiso des Königs Viktor Emanuel II. von Italien in die Schweiz. Die Alpensteinböcke *(Capra ibex ibex)* waren in der Schweiz und in Österreich ausgestorben, weil die Bevölkerung Steinböcke als lebende Apo-

Alpensteinbockherde (Steinböcke und Steingeißen) (1/20 natürlicher Größe)

Jaguar (1/10 natürlicher Größe)

theke betrachtete: Ihr Blut sollte gegen Blasensteine, ihr Gehörn gegen Gicht und die im Steinbockmagen oft gebildeten Bezoar-Steine (runde Kugeln aus Haaren und Steinchen) gegen Krebs helfen. Die einzigen überlebenden Böcke Italiens befanden sich im Privatbesitz des Königs, der sich weigerte, den Schweizern Tiere zur Zucht zu geben. Von einigen Jägern wurden vier gefangene Tiere über die Grenze geschmuggelt und in der Schweiz und in Österreich wieder ansässig gemacht. Heute gibt es in den österreichischen und italienischen Alpen etwa 10000 Alpensteinböcke.

Die besten Ammen sind die zur Jagd abgerichteten Frettchen *(Mustela putorius furo)*. Frettchen werden in Kaninchen- und Rattenbaue gelassen, deren Ausgänge danach verschlossen werden. Die Frettchen jagen die Kaninchen heraus oder saugen sich an ihnen fest. Falls ein Frettchen in einen Bau mit Jungtieren kommt, schleppt es die jungen Ratten, Hamster und auch Kaninchen unverletzt heraus und kümmert sich wie eine Mutter um sie. Frettchen (Länge bis zu 45 Zentimeter) wurden schon im 4. Jahrhundert vor Christus zur Jagd auf Kleinsäuger verwandt.

Das höchste Alter unter den Säugetieren erreicht der Afrikanische Elefant *(Loxodonta africana)*. Er wird auf freier Wildbahn 70 Jahre alt. Die englische Zeitung »Times« berichtete am 21. April 1937 von einem 170 Jahre alten Elefanten namens »Siam«. Napoleon habe diesen Elefanten während seines ägyptischen Feldzuges (1798–1799) von einem türkischen

Indischer Elefant (1/30 natürlicher Größe)

Pascha geschenkt bekommen. Später sei er als Geschenk an Napoleons Schwiegervater, Kaiser Franz von Österreich, nach Wien und von da nach Budapest gebracht worden. Frankreich machte 1930 seinen Anspruch auf den Elefanten geltend. Der Elefant wurde untersucht. Es stellte sich heraus, daß »Siam« 1897 als 5jähriges Tier in den Zoo von Budapest gekommen war. Dennoch: Der Elefant hat das höchste Lebensalter unter den Säugetieren. Gefolgt wird er vom Nilpferd *(Hippotamus amphibus)* und dem Nashorn *(Rhinocerotoidae),* die beide 55 Lebensjahre erreichen.

Das kürzeste Alter unter den Säugetieren hat die Waldmaus *(Apodemus sylvaticus).* Sie wird höchstens 10 Monate alt.

Am besten den Jahreszeiten angepaßt ist das Fell des Alpenschneehasen *(Lepus varronis).* Das sonst dunkle Fell der Tiere (Gewicht bis sechs Kilogramm) fängt mit dem ersten Schnee an, weiß zu werden. Die Einfärbung ist also nicht vom kalendarischen Jahreszeitenwechsel abhängig. Wenn der Schnee früher fällt, setzt ebenso die Weißfärbung früher ein, fällt er später, bleibt das Fell bis dahin noch dunkel. Umgekehrt geschieht es bei Anbruch des Frühlings: Kommt der Frühling früher, wechselt die Färbung blitzschnell zu dem umweltangepaßten Braun, verschiebt sich das Ende des Winters, behält der Alpenschneehase sein weißgefärbtes Fell länger.

Der beste Angler unter den Säugetieren ist der Jaguar *(Panthera onca).* Verborgen im Gebüsch der Uferböschung hängt der Jaguar seinen Schwanz ins Wasser und wartet, bis ein Fisch anbeißt. In dem Moment, wo er das erste Zugreifen verspürt, schleudert der Jaguar blitzschnell seinen Schwanz nach oben und transportiert so den beißenden Fisch an Land. Der Jaguar erreicht eine Körperlänge von 2 Metern und eine Schulterhöhe bis zu 80 Zentimetern.

Die schwerste Antilope ist die Elen-Antilope *(Taurotragus oryx).* Das in Afrika lebende Tier erreicht ein Gewicht bis zu zwanzig Zentnern. Es wurden in der Vergangenheit verschiedene Versuche unternommen, diese Antilope zu zähmen und als Haustier zu halten. Gegenwärtig gibt es in Südafrika und Rhodesien einige zahme Elen-Antilopen-Herden. Den größten Erfolg hatte jedoch der Gutsbesitzer Friedrich Falz-Fein 1896 in Rußland: Auf seinem Gut zähmte er die aus Afrika importierten Antilopen. Sie konnten sogar gemolken werden. Trotz des Bürgerkrieges und der Revolution überlebte die zahme Elen-Herde und besteht noch heute in der Sowjetunion.

Die widerstandsfähigste Antilope ist die im südlichen Afrika lebende Kuh-Antilope *(Alcelaphus buselaphus caama).* Das bis zu fünf Zentner schwere Tier ist ein ausdauernder Läufer. Antilopen wurden früher oft mit Pferden gehetzt. Die Kuh-Antilope konnte solchen Verfolgungen immer, selbst bei längerer Dauer, entkommen. Während bei anderen Antilopenarten angeschossene Tiere rasch an Kraft verloren, wurden über Jahrzehnte hinweg Kuh-Antilopen beobachtet, die trotz mehrerer Schüsse im Leib weiterliefen und später wieder gesund auftauchten. Die Buren nennen die Kuh-Antilopen heute noch »Hartebeest«, ein hartes Biest.

Die einzigen fleischfressenden Antilopen sind die Ducker *(Cephalophinae).* Die in Afrika lebenden Horntiere fressen außer Pflanzen auch Termiten und töten Vögel durch Schläge mit den Vorderläufen. Kleinere Vögel werden durch einen Biß in die Brust getötet. Die Dukker (Körperhöhe unter ein Meter) erlegen auch Säugetiere von Taubengröße und fressen sie. Lange Zeit wurde diese Gewohnheit der Ducker als Märchen abgetan, da sich in der Gebißform dieser Tiere keinerlei Merkmale fanden, die auf einen Fleischverzehr hindeuteten. Erst in jüngster Zeit wurden Beobachtungen von Jägern wissenschaftlich belegt.

Die größte Ansammlung von Säugetieren war der Zug der Wanderratten *(Rattus norvegicus)* von Osten nach Westen, die im Jahre 1727 die Wolga überquerten. Es wird berichtet, daß die Wanderratten damals ununterbrochen 11 Tage und 11 Nächte die Wolga durchschwammen. Ihre Kopfzahl wird auf 4 Milliarden geschätzt. Sie beherrschten bald darauf ganz Europa. Allein die Rattenfänger von Paris lieferten im Jahre 1850 die Schwänze von 144 361 Ratten beim Magistrat ab und bekamen dafür pro Tier eine Belohnung. Die in Deutschland bekannteste und größte Ansammlung von Säugetieren waren die Züge der Feldmäuse *(Microtus arvalis).* 1809 durchschwammen Feldmäuse - geschätzte Zahl 3 Milliarden - bei Kostheim den Main. 1822 überquerte eine etwas kleinere Anzahl den Rhein bei Oppenheim. In einem einzigen Bezirk Deutschlands, in Zabern, wurden innerhalb von 14 Tagen 1 570 000 Feldmäuse gefangen. In neuerer Zeit gilt als größte Ansammlung von Säugetieren der Zug der Lemminge *(Lemmus).* Der Lemming ist nicht viel größer als eine Feldmaus. Es gibt von Zeit zu Zeit Massenwanderungen, besonders in Finnland und auf der Kola-Halbinsel, weil diese Gebiete sowohl von Lemmingen als auch von anderen Lebewesen übervölkert sind. Wenn die Nahrung knapp wird, suchen die Lemminge neuen Lebensraum. Dabei durchschwimmen sie kilometerbreite Flüsse. Sie stürzen sich in der Annahme, es sei ein Fluß, auch ins Meer und ertrinken. Daher die Sage vom Selbstmord dieser Tiere. Der größte bekanntgewordene Zug von Lemmingen wird auf 25 Millionen Tiere geschätzt.

Die größten Appartementhöhlen unter den Säugetieren bauen die Dachse *(Meles meles).* Der Dachs gehört nicht zu den Tieren, die in Staaten zusammenleben. Jede einzelne Familie hat innerhalb des Baues eigene Schlafkammern und Kinderstuben. Es existieren Dachsbauten, in denen mehr als 40 Familien leben, jede für sich allein. Die Tunnel dieser Erdbauten, die die einzelnen Appartements verbin-

Dachs, Männchen (vorn) und Weibchen (1/7 natürlicher Größe)

Hufeisennase (4/5 natürlicher Größe)

den, sind über 100 Meter lang. Unterirdische Appartementhäuser der Dachse (Körperlänge 80–90 Zentimeter, Gewicht bis 22 Kilogramm) haben bis zu 70 verschiedene Ausgänge.

Die besten Architekten sind die dunkelfüßigen Buschratten *(Neotoma fuscipes),* die in Nordamerika leben. Von außen sieht ihr Nest wie ein sperriger, ungepflegter Haufen aus. Aber in diesem mehr als einen Meter hohen Haufen gibt es eine regelrechte Wohnung: Die Buschratten legen einen Wohnraum, ein Kinderzimmer, verschiedene Vorratskammern und sogar eine »Toilette« an. Diese Zimmer sind durch Gänge miteinander verbunden.

Das größte Auge unter den Säugetieren hat das Pferd *(Equus przewalskii caballus).* Der Durchmesser eines Pferdeauges beträgt 55 Millimeter. Das Pferd ist jedoch gegenüber dem Menschen (Augendurchmesser 24 Millimeter) im Nachteil: Die Zahl der Nervenfasern pro Quadratmillimeter der Netzhautoberfläche, die für das Sehen verantwortlich sind, beträgt beim Pferd nur 12 500 pro Quadratmillimeter, beim Menschen jedoch 160 000.

Das kleinste Auge unter den Säugetieren besitzt die Hufeisennase *(Rhinolophidae),* eine 10 Zentimeter große Fledermausart. Der Durchmesser ihres Auges beträgt 1 Millimeter.

Die schärfsten Augen unter den Säugetieren haben die Erdmännchen *(Suricata suricatta).* Sie werden auch Scharrtiere genannt. Sie kommen in fünf Arten in Südafrika vor, sind bis zu 35 Zentimeter lang und erreichen eine Schulterhöhe von 25 Zentimetern. Es sind kleine Raubtiere, deren größter Feind der Geier ist. Die Sehschärfe der Erdmännchen ist so groß, daß sie einen Geier bereits bemerken, wenn das menschliche Auge diesen noch nicht einmal mit einem Fernglas wahrnehmen kann.

Der größte Bär ist der Kodiakbär *(Ursus arctos middendorffi).* Er wird über drei Meter lang. (Siehe »Größtes Raubtier«)

Der kleinste Bär heißt Katzenfrette *(Bassariscus astutus).* Diese Bären leben im Südwesten der Vereinigten Staaten und in Mexiko. Sie erreichen eine Gesamtlänge von 60 Zentimetern und wiegen ausgewachsen lediglich 900 Gramm. Sie ernähren sich von kleinen Vögeln, deren Eiern und Kriechtieren.

Der seltenste Bär ist der Kleine Pandabär *(Ailurus fulgens).* Die Kleinen Pandas leben in

1800 bis 4000 Meter Höhe am Südosthang des Himalaja, in den Staaten Bhutan, Burma und China. Der gesamte freilebende Bestand von Pandabären (Gewicht bis fünf Kilogramm) wird auf weniger als 100 geschätzt. Der nächste Verwandte des Kleinen Panda ist der Große Panda *(Ailuropoda melanoleuca),* der auch Bambus- oder Prankenbär genannt wird. Bereits im Jahre 1869 entdeckte der französische Jesuit Armand David einige Felle dieses Tieres in China. Aber erst 1913 wurde das erstemal ein lebender Großer Panda gesichtet. Der Öffentlichkeit bekannt wurden diese Bären (Körperlänge bis zu 1,60 Meter, Gewicht 130 Kilogramm), als eine Panda-Bärin mit dem Namen Chi-Chi in den Londoner Zoo aufgenommen wurde. Da es auf der ganzen Welt, außer in China, kein im Zoo lebendes Panda-Männchen gab, erklärte sich die chinesische Regierung bereit, einen Bärenmann nach London zu transportieren. Die Chinesen schickten den Bärenmann An-An. Später wurde Chi-Chi nach China geflogen. Der erwartete Nachwuchs blieb aus. Nach dem Tode Chi-Chis in London wurde bei der Obduktion festgestellt, daß Chi-Chi ebenfalls ein Männchen war.

Die meisten Bären Europas gibt es in Deutschland. Es sind die Waschbären *(Gattung Procyon).* Im Jahre 1934 setzte ein Förster am hessischen Edersee vier Waschbären zur »Bereicherung der einheimischen Tierwelt« aus. Die Tiere (Gesamtlänge bis zu 1,10 Meter, Gewicht bis zu 25 Kilogramm) vermehrten sich in aller Stille sehr schnell. Die sonst nur in Nord- und Mittelamerika heimischen Kleinbären fanden ideale Lebensbedingungen vor. Heute wird die Zahl der in der Bundesrepublik Deutschland freilebenden Waschbären auf 100 000 geschätzt. Sie richten Schaden in den Wäldern an. Jüngst sind die ersten dieser Bären in Schleswig-Holstein eingefallen, wo sie die Nester seltener Seevögel zerstörten. Seiner Schlauheit verdankt der Waschbär sein Überleben. Obwohl er ganzjährig zum Abschuß freigegeben ist, konnten in einem Jahr nur 900 Tiere erlegt werden. Die Jagd mit speziell abgerichteten Waschbärenhunden - wie in Amerika - ist in Deutschland untersagt.

Die besten Baumeister sind die Biber *(Castor fiber).* Der Eingang zu ihrer Wohnung liegt unter Wasser, der eigentliche Wohnungsbau jedoch führt unterirdisch ins Land hinein und befindet sich 1 bis 1½ Meter über dem Wasserspiegel. Der Biber ist auch der beste Statiker unter den Säugetieren. Der erfahrene Handwerker ist in der Lage, Hölzer bis zu 12 und 15 Zentimeter Durchmesser geschickt in den Boden eines Flusses zu rammen. Dazwischen werden Zweige gesteckt. Damit die Strömung die Konstuktion nicht wegreißt, werden die Bauteile mit Astgabeln gegen die Strömung abgestützt. Dabei verläßt sich der Biber (Körperlänge 1 Meter, Gewicht 30 Kilogramm) nicht nur auf sein eigenes Können, sondern bezieht die örtlichen Gegebenheiten mit in seinen Bauplan ein. Zum Beispiel werden bei der Planung feste Stämme, die er nicht durchnagen kann, oder Felsblöcke berücksichtigt. Das Bauwerk wird mit Steinen befestigt und mit Schilf abgedeckt. Dadurch haften Schlamm und feiner Sand an der Abdeckung und machen dieses Bauwerk für Wasser fast undurchdringlich. Der so entstandene Damm reguliert ganze Wasserläufe.

Die größten Bauten unter allen Nagetieren legen die Blindmäuse *(Familie Spalacidae)* an. Im Lebensbereich einer einzigen Maus wurden Ganglängen von über 170 Metern mit 150 Hügeln festgestellt. Die in Südosteuropa und Kleinasien lebenden Tiere (Körperlänge bis zu 51 Zentimeter) haben rückgebildete Augen, die nutzlos unter der Haut verborgen sind. Zum Graben benutzen sie hauptsächlich ihren Kopf. In den betroffenen Gebieten richten die Blindmäuse oft Schaden an. Manche Völker, zum Beispiel die Lybier, weigern sich, solch ein Tier anzufassen, weil sie glauben, bei der Berührung zu erblinden. Andererseits haben sich die Blindmäuse durch ihr Graben schon oft als Archäologen bewiesen: Sie brachten bei ihren Grabarbeiten Bruchstücke vorgeschichtlicher Kulturen an die Oberfläche. Aufgrund dieser Anzeichen gruben Menschen nach. Dabei entdeckten sie wertvolle kulturgeschichtliche Güter.

Die gewaltigsten Bauwerke werden von den Bibern *(Castor fiber)* errichtet. Der längste Biberdamm liegt am Jefferson-Fluß im amerikanischen Staat Montana. Er ist 780 Meter lang und so stabil, daß Menschengruppen auf ihm entlanggehen können. Der höchste von Bibern errichtete Staudamm liegt in der Sowjetunion, 34 Kilometer von Woronesch entfernt. Dieser Damm ist 1,20 Meter hoch, 1,20 Meter breit, und 130 Meter lang. Die Biber errichten die Dämme, um die Eingänge zu ihren Bauten auch in Trockenzeiten unter Wasser zu halten, und benutzen das gestaute Wasser als sicheren Transportweg für ihre Nahrung, die aus Zweigen mit frischem Laub besteht.

Die schmerzhafteste Befreiung im Falle einer Gefangennahme durch den Menschen oder beim Ergreifen durch ein anderes Tier praktizieren die Degus *(Octodon degus)*. Die Tiere gehören wegen ihres rattenähnlichen Aussehens und ihrer nachgewiesenen Verwandtschaft zum Meerschweinchen und Chinchilla zu den sogenannten Trugratten. Die Degus (Körperlänge bis zu zwanzig Zentimeter, Schwanzlänge bis zu achtzehn Zentimeter) sind in Peru und Chile sehr häufig und dringen oft in Pflanzungen ein. Wird ein Degu von einem Menschen oder einem anderen Feind ergriffen, so versucht er, sich wild zappelnd zu befreien. Da die Degus über sehr scharfe Zähne verfügen, halten ihn die meisten seiner Feinde, einschließlich der Menschen, gewöhnlich am Schwanz fest. Durch das Zappeln reißt der Schwanz dicht am Körper ab, und der Degu ist frei. Wie bei Eidechsen blutet die Wunde kaum. Den Rest seines Schwanzes amputiert der Degu mit den Nagezähnen selbst. Die Wunde verheilt. Anders als bei Eidechsen, wächst der Schwanz nicht wieder nach.

Der beste Bergsteiger ist der Goral, auch als Waldziegenantilope *(Nemorhaedus goral)* bekannt. Die im Himalaja-Gebiet lebenden Tiere (Gewicht bis 40 Kilogramm) steigen im Sommer innerhalb kürzester Zeit zum Äsen bis auf über 4000 Meter. In der Zeit großer Schneefälle ist der Goral in der Lage, zur Schonung seiner Kräfte auf einem quadratmetergroßen Platz regungslos bis zu drei Wochen ohne Futter zu verharren.

Das häufigste Beuteltier Australiens ist der Fuchskusu *(Trichosurus vulpecula)*. Die Tiere sind bis zu 38 Zentimeter lang, bewohnen Bäume und benutzen bei der Fortbewegung vorwiegend ihren Schwanz, der als Klammerwerkzeug ausgebildet ist. Das Weibchen bringt bei der Geburt ein bis zwei Junge zur Welt, die es mehrere Monate in einem Beutel mit sich trägt. Fuchskusus liefern ein begehrtes Pelz-

Der Panda oder Katzenbär (1/4 natürlicher Größe)

werk: In einem einzigen Jahr wurden eine Million Felle dieser Tiere auf den Markt gebracht. Dabei wurden verschiedene Modenamen erfunden, wie zum Beispiel »Australien-Chinchilla«, »Australischer Biber« oder »Sidney-Nerz«. Fuchskusus sind in Australien häufiger als das als Sinnbild eines Beuteltiers bekannte Känguruh.

Den giftigsten Biß unter den Säugetieren hat eine Art der amerikanischen Spitzmaus *(Blarina brevicaudata)*. Diese Spitzmaus besitzt zwei verschiedenartige Speicheldrüsen: Ohrspeicheldrüsen und die Drüsen in den Unterkiefern. Bei einem Biß werden sowohl die Sekrete der Ohrspeicheldrüsen als auch der Kieferdrüsen abgesondert. Das Sekret der Ohrspeicheldrüsen ist harmlos, das Sekret der Kieferdrüsen jedoch sehr giftig. Wenn das Opfer ein Gewicht von 10 Kilogramm hat, genügt eine Giftmenge von 0,1 Gramm, um es innerhalb von 10 Minuten zu töten. Das Gift dieser Spitzmaus ist in der Lage, selbst größere Säugetiere, wie Kaninchen und Hunde, zu töten. Die Giftzusammensetzung ist die gleiche wie bei einer Giftschlange.

Der einzige Blutsauger unter den Säugetieren ist die Vampirfledermaus *(Desmodos rotundus)*.

Nur elf Chinchillas sind die Stammväter der Millionen auf Farmen gehaltener Zucht-Chinchillas. Wegen seines ungewöhnlich dichten, feinen und farblich abgestimmten Pelzes wurde der kleine Nager im 19. Jahrhundert in den Heimatländern Peru und Chile fast ausgerottet. Der amerikanische Bergwerks-Ingenieur Chapmal kam auf die Idee, die Pelztiere doch auch auf Farmen zu halten. Mit Hilfe von acht indianischen Jägern brachte er nach dreijähriger Reise im Jahre 1923 elf lebende Chinchillas *(Gattung Chinchilla)* in die Vereinigten Staaten. Trotz ihrer langsamen Vermehrung sind sie die Ahnen der Millionen Chinchillas, die heute in aller Welt auf Farmen gehalten werden. Neben den Zuchterfolgen ging jedoch die Jagd auf Chinchillas in freier Natur weiter, weil ihr Pelz gleichmäßiger und schöner in der Farbe ist als der Gezüchteter. Heute werden Chinchillas auf den Farmen ans Freileben gewöhnt und dann in Peru und Chile ausgesetzt.

Der geschickteste Dieb unter den Säugetieren ist die Buschschwanzratte *(Neotoma cinera)*. Das in Nordamerika lebende Nagetier sammelt nicht nur Nahrungsvorräte, sondern stiehlt von den Farmen und Gehöften Glasscherben, silberne und glänzende Löffel, Messer und Gabeln sowie Schmuck. In den Bauten der Ratten wurden ganze Lager von gestohlenen Gegenständen gefunden. Es wird vermutet – das Verhalten in dieser Richtung ist noch nicht erforscht –, daß hauptsächlich die Männchen stehlen, um mit den Gaben ihr Werben um ein Weibchen zu unterstützen oder um den Weibchen zu imponieren.

Die einzigen Diener unter den Säugetieren gibt es bei den Wölfen *(Canis lupus)*. Wenn die an der Spitze stehende Wölfin – Alpha-Wölfin genannt – geworfen hat und dennoch mit dem Rudel auf Jagd gehen will, müssen die unter ihrem Rang stehenden jungen Wölfinnen die Jungen der Alpha-Wölfin beaufsichtigen und füttern. Diese Wölfinnen bleiben bei den Kindern im Bau, bis die Alpha-Wölfin von der Jagd zurück ist. Das kann Tage dauern. Wenn die Alpha-Wölfin ihren eigenen Bau wieder betritt, verläßt das Kindermädchen rückwärtsgehend – eine Demutsbezeugung – den Bau.

Die einzigen Eierleger unter den Säugetieren sind das Schnabeltier *(Ornithorhynchus anatinus)* und der Schnabeligel *(Tachyglossidae)*. Das ist eine absolute Sensation unter den Säugern, die sonst lebend gebären. Die Schnabeltiere leben in Binnengewässern in Australien und Tasmanien. Sie werden etwa 45 Zentimeter lang und haben – daher der Name – einen entenartigen Schnabel. Das Schnabeltier legt seine Eier (rund und bis 2 Zentimeter lang) und brütet diese auf dem Bauch aus. Das Ausbrüten dauert etwa 10 Tage. Danach säugen die Jungen an den Milchdrüsen der Mutter. Der Schnabeligel hat eine andere Art, seine Jungen auszubrüten: Nachdem die Eier gelegt sind, steckt er sie in einen Beutel – wie ein Pinguin – und brütet sie dort aus. Als 1798 der erste Balg eines getöteten Schnabeltieres im Britischen Museum auftauchte, hielten es alle Zoologen für eine Fälschung. Eine Sensation war perfekt, als am 2. September 1884 das erste Mal von einem renommierten Wissenschaftler die Bestätigung kam, daß es ein eierlegendes

Säugetier, nämlich den Schnabeligel, gab. Der Australier W.H. Caldwell und der Deutsche Prof. Dr. Wilhelm Haacke forschten unabhängig voneinander dem Geheimnis der eierlegenden Säugetiere nach. Zur gleichen Zeit, am 2. September 1884, trafen die Telegramme der beiden Wissenschaftler bei der Royal Society of Australia und der Britischen Zoologischen Gesellschaft ein, die bestätigten, daß es sich beim Schnabeltier und Schnabeligel um eierlegende Säugetiere handelt.

Die kürzeste Zeit bis zum Eisprung hat die Ratte *(Gattung Rattus)*. Bei allen Säugern werden nach einer bestimmten Anzahl von Tagen die im weiblichen Körper reifenden Eier abgestoßen; es bilden sich neue. Bei der Ratte dauert dieser Zyklus 4 Tage.

Die längste Zeit bis zum Eisprung hat der Gorilla *(Gorilla gorilla)*. Bei den Gorillas tritt der Eisprung nur alle 40 Tage ein.

Die schnellste Entwicklung haben die Kinder des Kletterstachelschweines *(Erethizon dorsatum)*. Das bis zu 18 Kilogramm schwere Tier lebt in Nordamerika. Im Gegensatz zu anderen Stachelschweinen verläßt es den Erdboden, klettert auf Bäume und ernährt sich dort von Blättern und Rinde. Das Kletterstachelschwein - auch Urson genannt - bringt stets nur ein Junges zur Welt, das bei seiner Geburt mehr als drei Pfund wiegt. Bereits am zweiten Tag seines Lebens ist es in der Lage, der futtersuchenden Mutter zu folgen und senkrecht Baumstämme emporzuklettern.

Das gefleckteste Fell unter den Hirschen besitzt der in Indien lebende Axishirsch *(Axis axis)*. Das in Rudeln lebende Tier behält dieses außergewöhnliche Fell sein Leben lang. Wegen der schönen Zeichnung haben die Neuseeländer Axishirsche auf ihrer Insel angesiedelt. Sie vermehrten sich dort so stark, daß eigene Hirschjäger angesiedelt werden mußten, um ihrer Herr zu werden.

Der geschickteste Flieger unter den Nagetieren ist der Eichhorn-Flugbeutler *(Petaurus sciureus)*. Das Tier lebt in Australien und wird nur nachts lebendig. Tagsüber schläft es in den Baumkronen. Es betritt den Boden äußerst selten. Seine bevorzugte Fortbewegungsart ist das Fliegen. Bereits aus einer Höhe von zehn Metern kann der Eichhorn-Flugbeutler mittels seiner seitlich am Körper vorhandenen Flughäute Gleitflüge von 20 bis 45 Metern unternehmen. Sein Schwanz dient dabei als Steuerruder. Durch Gewichtsverlagerung kann der Eichhorn-Flugbeutler Kurven wie ein Segelflugzeug fliegen.

Der beste Fischer unter den nicht im Wasser lebenden Tieren ist der Braunbär *(Ursus arctos)*. Braunbären setzen sich an eine Flußenge und warten auf vorbeischwimmende Fische. Trotz der Lichtbrechung können sie die Lage der Fische genau bestimmen und werfen unter anderem 15pfündige Forellen und ebenso schwere Lachse durch einen Tatzenhieb aus den Gewässern, um sie zu fressen.

Der größte Fresser an Land ist der Afrikanische Elefant *(Loxodonta africana)*. Er vertilgt pro Tag bis zu 400 Kilogramm pflanzlicher Nahrung.

Der unersättlichste Fresser unter den Säugetieren ist die Spitzmaus (Gattung *Mocrotus*). Sie ist kein Nagetier, wie ihr Name vermuten läßt, sondern ein Fleischfresser. Bei einem Gewicht von fünf Gramm braucht sie täglich das Dreifache ihres eigenen Gewichtes an Futter. Sie vertilgt zahlreiche Insekten, Schmetterlinge, Würmer und gelegentlich auch kleine Vögel oder junge Säugetiere, und fängt Tiere, die bis zu 60mal schwerer sind.

Die breitesten Fußsohlen unter den Säugetieren besitzt der Vielfraß *(Gulo gulo)*.Das Tier (Gewicht bis zu 35 Kilogramm) gehört zu den Mardern und lebt in den kalten Gegenden dieser Erde: in Lappland sowie in der sibirischen Taiga und Tundra und in Alaska. Es bevorzugt bewaldete Gebirge oder große Wälder. Jedes Einzeltier beansprucht einen Lebensbezirk für sich, der bis zu 2000 Quadratkilometer groß sein kann. Im Sommer muß sich der Vielfraß mit Insektenlarven, zufällig erbeuteten Kleinsäugern, den Jungen bodenbrütender Vögel oder auch nur Vogeleiern begnügen. Die größeren und schnelleren Tiere sind ihm überlegen. Der behäbige Vielfraß schafft es nicht, sie anzugreifen und zu erlegen. Dieses ändert

Braun- oder Landbär, Männchen (vorn) und Weibchen (1/16 natürlicher Größe)

sich im Winter. Während andere Tiere, zum Beispiel Elche, Hirsche, Rentiere, im Schnee einsinken, läuft der Vielfraß mit seinen breiten Fußsohlen im Schnee wie auf Schneeschuhen und sinkt nicht ein. Dadurch ist er dem Großwild überlegen und scheut sich nicht, diese Tiere zu reißen. Er greift auch schmalfüßige Raubtiere, wie Füchse, Luchse und Marder, an, die bei ihrer Flucht durch den Schnee behindert sind.

Der aufdringlichste Gast unter den Säugetieren ist die Bisamratte *(Ondatra zibethica)*. Sie war im vergangenen Jahrhundert nur in Amerika, besonders in Florida, verbreitet. Der Fürst Colloredo-Mannsfeld brachte im Jahre 1905 von einer Jagdreise vier Bisamratten, zwei Männchen und zwei Weibchen, mit. Er setzte sie auf seinem Schloß Dobrisch bei Prag aus. Die Bisamratten entwichen. Ihr Nachwuchs verbreitete sich so schnell in ganz Europa, daß Berufs-Bisamjäger eingesetzt wurden. Wegen ihres wertvollen Pelzes geschätzt, führten die Finnen sie jedoch 1922 auch in ihrem Land ein. Dort entwickelten sie sich ebenfalls zu einer Landplage. Auch in Schottland, England und Irland wurden sie zuerst zur Nutzung eingeführt. Nachdem sie sich innerhalb von zehn Jahren explosionsartig vermehrt hatten, wurden sie in diesen Ländern wieder ausgerottet. In der Sowjetunion führte man die Bisamratte Anfang der dreißiger Jahre ein. Dort vermehrte sie sich so stark, daß sie heute Grundlage für eine Pelzindustrie mit mehr als 100 000 Beschäftigten ist.

Der beste Gastgeber unter den Säugetieren ist das Faultier *(Familie Bradypodidae),* allerdings unfreiwillig. Angelockt durch den dichten und haarigen Pelz des Tieres, siedeln sich im Fell des Faultieres Algen *(Gattung Trichophilus und Cyanoderma)* an, die dem Fell einen grünlichen Schimmer verleihen. Diese Algen wiederum locken die kleinen Zünsler *(Pyralididae),* eine Schmetterlingsart, an. Diese legen ihre Eier in das Fell des Faultieres. Sowie die Jungen ausgeschlüpft sind, weiden sie die Algen ab. Diese Schmetterlingsraupen wiederum haben eine kleine Ameisenart *(Formicidae)* veranlaßt, sich ausschließlich im Fell des Faultieres anzusiedeln: Sie fressen die Raupen des Zünslers.

Die erbarmungsloseste Geburtenkontrolle haben die Wanderratten *(Rattus norvegicus).* Wenn sich ein Paar früher als die anderen gefunden hat, verfolgt der Mann alle alleinstehenden Junggesellen, ob männlich oder weiblich. Er tötet in seinem Revier die Alleinstehenden, um seinen eigenen Nachkommen ge-

Kudu (Rehhorn-Antilope) (1/16 natürlicher Größe)

nügend Lebensraum zu schaffen. Seltsamerweise sterben die meisten der von dem Paar gejagten Junggesellen an Erschöpfung und weitaus weniger an körperlichen Verletzungen. Das Thema »Geburtenkontrolle« bei Wanderratten war Gegenstand eines Forschungsprojektes, das der Wissenschaftler John B. Calhoun vom National Institute of Mental Health in Amerika startete. Er siedelte 50 Ratten in einem idealen, eingezäunten Gebiet an. Unter Berechnung der Gebärfreudigkeit der Ratten sollten die Ausgesetzten innerhalb eines Jahres auf 5000 Tiere anwachsen. Durch die »Geburtenkontrolle« lebten jedoch nach zwei Jahren und drei Monaten lediglich 150 erwachsene Wanderratten in diesem Gebiet.

Bei Gefahr pfeifen als einzige unter den Hornträgern die in Afrika lebenden Bleichböckchen *(Ourebia ourebi)*. Die meist paarweise und selten in kleinen Gruppen auftretenden Böckchen stoßen bei herannahender Gefahr einen schrillen Pfiff aus, ehe sie mit steifgestreckten Vorderläufen und stark angezogenen Hinterläufen die Flucht ergreifen.

Das mächtigste Gehörn unter allen Hornträgern der Welt besitzt der Große Kudu *(Tragelaphus strepsiceros)*. Diese Antilope (Gewicht bis zu sieben Zentner) lebt im westlichen und im südlichen Afrika und gilt als eine der schönsten Antilopen der Welt. Das nach hinten gebogene und schraubenförmig auf dem Kopf sitzende Gehörn erreicht eine Länge von 1,70 Meter.

Am langsamsten geschlechtsreif wird der Afrikanische Steppenelefant *(Loxodonta africana oxyotis)*. Von seiner Geburt bis zu seiner Fortpflanzungsfähigkeit vergehen 16 Jahre.

Am schnellsten geschlechtsreif wird die Feldmaus *(Microtus Arvalis)*. Bereits 13 Tage alte Feldmäuse wurden von älteren Männchen begattet, nahmen den Samen auf und brachten Junge zur Welt. Ein Feldmausweibchen kann 32 Tage nach der Geburt das erstemal gebären. Dabei wirft es 4 bis 12 Junge. Der Rekord eines einzigen Feldmausweibchens steht bei 33 Würfen während ihres Lebens, bei denen sie 127 Junge gebar.

Niemals geschoren werden die Hengste der Lamas (Gattung *Lama)*. Die Geschlechter der in Südamerika lebenden Kleinkamele (Körperlänge bis zu 2,25 Meter, Gewicht bis zu 75 Kilogramm) sind zum Nutzen der Menschen einer Arbeitsteilung unterzogen: Die Hengste tragen Lasten und werden nicht geschoren, weil ihr Rückenfell einen natürlichen Schutz, eine Art Decke, beim Aufladen der Lasten bildet. Die Lama-Stuten hingegen brauchen nie Lasten zu tragen – werden aber ständig geschoren, um die begehrte Lama-Wolle zu liefern.

Die einzigen weiblichen Geweihträger sind die Weibchen der Rentiere *(Rangifer tarandus)*. Die in den kalten Gebieten lebenden Tiere (Gewicht bis zu sieben Zentner, Länge bis zu 2,20, Höhe bis 1,5 Meter) tragen ein ebenso großes Geweih wie die Männchen. Das ist einzigartig unter den Hirschen. Rentiere leben viele Monate am Polarkreis in winterlicher Dunkelheit. Im kurzen Polarsommer mit 24-stündiger Helligkeit können sie unter 750 Arten von Blütenpflanzen, 350 Moosarten und 280 Flechtensorten ihr Fressen wählen. Während des Winters sind die Rentiere gezwungen, ihre Nahrung unter meterdickem Schnee zu suchen. Sie stampfen Gänge in die Schneewüste und suchen unter dem Schnee nach den berühmten »Rentierflechten«.

Am widerstandsfähigsten gegen Gift sind die Igel *(Erinaceinae)*. Bei seiner Nahrungssuche frißt der Igel »spanische Fliegen« *(Lytta)*. Diese sind giftig. Ein Zehntelgramm des von ihnen entwickelten Giftes Kantharidin genügt, um 25 Menschen umzubringen. Der Igel überlebt. Ein Igel ist ebenso in der Lage, eine Dosis Blausäure zu vertragen, die zehn Katzen töten würde. Er verträgt 7000mal mehr Wundstarrkrampf-Gift als der Mensch. Der in Deutschland lebende Igel hat übrigens etwa 6000 Stacheln, der in südlichen, warmen Ländern vorkommende Braunbrustigel etwa 16000.

Der schnellste Graber unter den Tieren ist der Maulwurf *(Talpa europaea)*. Der Maulwurf gräbt, indem er mit der Schnauze und den Vorderfüßen den Boden lockert und danach den Körper in beide Richtungen dreht, wodurch die aufgeworfene Erde an die Gangwände gepreßt wird. Der Wohnbereich eines Maulwur-

Das Lama, Männchen (stehend) und Weibchen (1/18 natürlicher Größe)

fes beträgt etwa 200 Quadratmeter. Er ist in der Lage, einen Gang von zwei Meter Länge bei normalem Erdreich innerhalb von 12 Minuten zu graben. Kennzeichen für seine Arbeit sind die Maulwurfshügel: Sie sind als Ventilationsschächte gedacht, die Luft in sein unterirdisches Reich lassen. Der Maulwurf hat, trotz seines ganz dicht am Rumpf sitzenden Kopfes, die gleiche Anzahl von Halswirbeln wie die Giraffe: sieben – das Merkmal aller Säugetiere.

Das größte Gürteltier ist das Riesengürteltier *(Priodontes giganteus)*. Es lebt im Osten Südamerikas, wird bis zu 1,20 Meter lang und erreicht ein Gewicht von 60 Kilogramm. Die Gürteltiere (Familie *Dasypodidae)* verdanken ihren Namen einem unter Säugetieren einzigartigen Merkmal: Sie besitzen einen Panzer, gleich dem der Schildkröten, der jedoch nicht wie bei diesen starr und unbeweglich, sondern durch Hautfalten in der Mitte des Körpers beweglich ist. Dieser Panzer ist ein Teil ihres Schutzes, außerdem verfügen sie über sehr scharfe Krallen, die sie als Grabwerkzeuge benutzen. Ein Gürteltier ist in der Lage, sich vor einem verfolgenden Raubtier blitzschnell einzugraben. Die Riesengürteltiere lassen sich schwer in Gefangenschaft halten. Erst im Jahre 1937 kam ein lebendes Riesengürteltier in den Zoo von Berlin, das 1944 starb.

Das kleinste Gürteltier ist der Gürtelmuli *(Chlamyphorus truncatas)*. Es lebt in einem kleinen Gebiet an der Südspitze Südamerikas.

Der Gürtelmuli wird lediglich 15 Zentimeter lang, erreicht eine Schulterhöhe von 3 Zentimetern und ein Gewicht von 90 Gramm.

Das meistgejagte Gürteltier ist das Dreibinden-Kugelgürteltier *(Tolypeutes tricinctus).* Dieses Tier kann sich bei Gefahr einrollen; sein Panzer bildet dann gegen Raubtiere einen guten Schutz. Diese sind nicht in der Lage, das zu einer Kugel zusammengerollte Tier zu öffnen oder zu verletzen. Die Indianer des Gran Chaco jagen dieses Tier und braten es in der eigenen Schale. Um möglichst viele zu erbeuten, werden oft Buschbrände gelegt.

Das seltenste Gürteltier heißt Pelzgürteltier *(Dasypus pilosus).* Es lebt in Höhen über 3000 Meter lediglich in den Staaten Ekuador und Peru (Südamerika). Es wird bis zu 40 Zentimeter lang. Seit 1900 sind von dieser Art lediglich vier Tiere lebend gefangen worden, von denen jedoch keines den ersten Monat der Gefangenschaft überlebte.

Die ungewöhnlichste Verbreitung von allen Gürteltieren hatte das Neunbinden-Gürteltier *(Dasypus novemcintus).* Es lebte bis in die zwanziger Jahre dieses Jahrhunderts nur in Südamerika, vorwiegend in Mexiko. Im Jahre 1924 gastierte in der Stadt Cocoa an der Ostküste der USA ein Wanderzirkus, der mehrere Neunbinden-Gürteltiere zur Schau stellte. Ein Sturm zerstörte den Zirkus; die Gürteltiere entkamen. Sie verbreiteten sich sehr rasch an der Ostküste. Zwei weitere Pärchen dieser Art entliefen einem anderen Zirkus in Titusville. Heute sind diese Gürteltiere in Oklahoma, in Kalifornien, in Louisana und im Staate Florida weit verbreitet: alles Nachkommen der Entlaufenen.

Die längsten Haare von allen Tieren haben die Moschusochsen *(Ovibus moschatus).* Die in Nordamerika, Grönland und auf dem arktischen Archipel verbreiteten Tiere werden durch ihr Fell selbst bei Temperaturen um minus 50 Grad Celsius geschützt. Die Länge der

Kugelgürteltier (¼ natürlicher Größe)

Moschus- oder Schafochse (1/16 natürlicher Größe)

Haare, beträgt auf dem Rücken zwischen 16 und 20 Zentimeter und bis zu 90 Zentimeter an Hintern, Brust und Hals.

Den biegsamsten Hals unter den Hirschen besitzen die Moschustiere *(Moschus moschiferus)*. Der lange Hals und eine über alle Maßen biegsame Wirbelsäule erleichtern ihnen die Körperpflege: Sie können im Stehen ebenso wie im Liegen jeden Teil ihres Körpers erreichen. Sie beknabbern und belecken sich, um das Fell frei von Ungeziefer zu halten. Die männlichen Moschustiere (Länge bis zu 100 Zentimeter, Gewicht bis zu 17 Kilogramm) sind in ihrem asiatischen Verbreitungsraum sehr begehrt. Sie verfügen über einen vor den Geschlechtsorganen liegenden Beutel, der während der Paarungszeit ein stark riechendes Sekret absondert. Damit markieren sie ihr Revier. Mehrere Jahrtausende lang wurden in der Brunstzeit die männlichen Moschustiere erlegt und ihr Sekret, das »Moschus«, besonders von den Chinesen zur Parfumherstellung verwandt.

Die meisten Eier unter den Haustieren legt das Huhn *(Gallus gallus)*. Normalerweise bringt es ein Huhn in seinem Leben auf etwa 4000 Eier. Den Rekord hält eine Leghornhenne aus Japan: Sie legte an einem einzigen Tag 13 normalgroße Eier.

Das größte Gehirn unter den Haustieren hat das Pferd *(Equus przewalskii caballus)*. Es kann bis zu 770 Gramm schwer werden. Dennoch beträgt der Anteil des Gehirngewichtes am Gesamtgewicht des Pferdes nur 0,15 Prozent. Zum Vergleich: ein Mann hat etwa 1350 Gramm Gehirn, eine Frau 1250 Gramm. Der Anteil des Gehirngewichtes am Körpergewicht des Menschen beträgt etwa 1,8 Prozent.

Das älteste Haustier des Menschen ist der Hund *(Canis lupus familiaris)*. Bereits 15 000 Jahre vor Christus schlossen sich freilebende Wölfe *(Canis lupus)* den Jägerhorden der Menschen an. Von dieser Zeit an wurden sie gezähmt und abgerichtet. Durch Vermischung und beabsichtigte Kreuzungen kamen die heutigen Hunderassen zustande.

Das wichtigste tropische Haustier ist der Zebu (Unterfamilie *Bovinae)*. Das Buckelrind lebt in einer Vielzahl von Rassen in Afrika, Asien und Südamerika. In der Milchleistung kommen die Zebus mit einem Durchschnitt von 180 bis 250 Litern Milch im Jahr natürlich nicht an die europäischen (2000 bis 3000 Liter pro Jahr) Haustierrassen heran. Auch der Fleischertrag bei diesen Rindern ist um 40 Prozent geringer als bei europäischen Hausrindern. Sie sind jedoch auch weitaus anspruchsloser im Unterhalt. Die meisten Zebus leben in Indien. Sie werden als Arbeits- und Haustiere verwendet, dürfen aber nicht geschlachtet werden, weil nach hinduistischem Glauben in jedem Rind die Seele eines Menschen wohnt. Noch heute steht in Nepal die Tötung eines Zebus unter Todesstrafe.

Die meisten Herzschläge unter den Haustieren hat die Katze *(Felidae)*. Ihr Herz schlägt 150mal in der Minute. Das Herz eines normalen Menschen schlägt 70mal pro Minute.

Der älteste Hund war ein Ungarischer Hirtenhund. Er starb im Bezirk Kescemet, Nähe Budapest, im Alter von 34 Jahren. Normalerweise werden Hunde 11 bis 22 Jahre alt.

Der leichteste Hund ist der Chihuahua. Diese Hunderasse wird in Mexiko gezüchtet. Der Chihuahua wiegt etwa 1200 Gramm.

Der schwerste Hund ist der Bernhardiner. Er erreicht ein Gewicht von 125 Kilogramm.

Der seltenste Hund ist der Löwenhund (»Löwchen«). Er hat eine Schulterhöhe von 20 bis 35 Zentimeter und ein Gewicht von 2 bis 4 Kilogramm. Im 17. Jahrhundert war er in Spanien, Frankreich und Italien als Schoßhund für Damen begehrt. Um 1900 starb dieses Tier fast aus. Ein belgischer Züchter versucht, durch gezielte Kreuzungen das Löwenhündchen vor dem Aussterben zu bewahren. Während kleine Hunde sonst sehr fruchtbar sind, vermehrt sich das Löwenhündchen nur selten. Es existieren nur knapp 100 Exemplare dieser Rasse auf der Welt.

Der stärkste Hund ist der Neufundländer. Er wird von den Fischern an der kanadischen Küste beim Einziehen der Netze beschäftigt und schafft es, das Achtfache seines Körpergewichtes (etwa 60 Kilogramm) zu ziehen.

Am längsten hungern kann der Hund. Nach einem wissenschaftlich überprüften Hungertraining schaffte es ein Deutscher Schäferhund, 117 Tage nur von Wasser zu leben. Die längste Zeit, die ein Mensch ohne Essen, nur mit Flüssigkeit versorgt, ausgehalten hat, beträgt 63 Tage.

Der schnellste Läufer auf kurzen Strecken ist der Russische Windhund *(Barsoi)*. Er erreicht auf einer Strecke von 200 Metern eine Geschwindigkeit von 110 Stundenkilometern. Ein menschlicher Weltrekordläufer im 200-Meter-Lauf braucht für die Strecke 19,8 Sekunden. Ein Windhund benötigt für die gleiche Strecke 6,54 Sekunden. Auch das Pferd *(Equus przewalskii caballus)* ist weitaus schneller als der Mensch. Es erreicht auf 100 Meter eine Spitzengeschwindigkeit von 70 Stundenkilometern. Der Weltrekord im 100-Meter-Lauf der Menschen steht bei 9,8 Sekunden. Ein Pferd benötigt für die Strecke 5,14 Sekunden.

Der schnellste Schwanzwedler unter den Hunden ist der (kupierte) Boxer. Wenn er sich freut, bringt er es auf 300 Schwanzbewegungen pro Minute.

Die höchste Körpertemperatur unter den Haustieren hat die Ziege *(Capra aegagrus hircus)*. Ihre ständige Körpertemperatur beträgt 41,8 Grad. Für den Menschen bedeutet diese Temperatur Fieber an der Schwelle des Todes.

Das höchste Lebensalter unter den Haustieren erreicht das Pferd *(Equus przewalskii caballus)*. Bei guter Pflege wird es fast 35 Jahre alt. Das älteste bekannte Pferd starb 1882 in Texas: Es war »Old Billy«. Der Hengst wurde 62 Jahre alt. Die älteste Kuh wurde 39 Jahre alt.

Die meiste Milch unter den Haustieren im Verhältnis zum Körpergewicht gibt die Ziege *(Capra aegagrus hircus)*. Sie produziert im Jahr 12mal, die Kuh *(Bos primigenius taurus)* dagegen nur 7mal ihr eigenes Körpergewicht an Milch.

Die beste Nase unter den Haustieren hat der Deutsche Schäferhund. Nach Experimenten, die der holländische Wissenschaftler Buytendijk anstellte, kann ein Schäferhund einen Tropfen Schwefelsäure in 10 Millionen Tropfen Wasser riechen. Das ist unter den Säugetieren einmalig.

Den besten Orientierungssinn unter den Haustieren hat die Brieftaube *(Colombidae)*. In einem verdunkelten und über Umwegen ans Ziel gelangten Eisenbahnwaggon transportiert, findet sie nach ihrer Freilassung aus einer Entfernung bis zu 2000 Kilometern ihren Heimatschlag.

Das zeugungsfreudigste Pferd war der Hannoveraner-Hengst Agram, der im Jahre 1938 in Deutschland starb. Er hat 1000 Fohlen gezeugt.

Die strengste Rangordnung unter den Haustieren haben die Hühner *(Gallus gallus)*. Aufgrund ihrer körperlichen Stärke wird festgelegt, welches Huhn vor dem anderen rangiert. Den obersten Rang erreichen dabei die Hähne. Der Hahn darf zuerst ans Futter; er hat allerdings dafür die Aufgabe übernommen, die schwächeren Tiere gegenüber jeglichem Angreifer zu verteidigen. Die Rangordnung wird streng eingehalten. Falls ein Huhn eine »Ranghöhere« übergeht, wird es von allen anderen durch Hacken bestraft.

Der beste Weitspringer unter den Haustieren ist das Pferd *(Equus przewalskii caballus)*. Es springt 8 Meter weit. Vom Menschen wird es allerdings übertroffen. Den Weltrekord im Weitsprung der Menschen steht bei 8,90 Meter.

Den besten Zeitsinn unter den Haustieren besitzt der Hund *(Canis lupus familiaris)*. Er weiß auf die Minute genau, wann er sein Fressen bekommt oder sein Herrchen wieder auftaucht.

Die schnellste Erneuerung der Haut unter den Säugetieren vollziehen die Tapire (Gattung *Tapirus)*. Die Tiere mit dem beweglichen Rüssel (Gewicht bis 300 Kilogramm) sind eine der ältesten Überlebenden vergangener Erdzeitalter. Formen des Tapirs lebten bereits vor 50 Millionen Jahren. Die in Südamerika und Teilen Südostasiens vorkommenden Tapire treten Pfade in den Dschungel, die sie ständig benutzen. Begegnet ihnen etwas Unvorhergesehenes, stürmen sie ohne Rücksicht auf Verletzungen ins Dickicht. Die Tapire werden dabei sehr oft schwer verletzt. Wunden solcher Art würden bei anderen Säugetieren zum Tode führen. Anders bei den Tapiren: Durch eine sehr dicke Bindegewebsschicht erhält die Oberhaut die Fähigkeit, sich innerhalb von zwei Tagen zu regenerieren. Selbst größere Wunden sind innerhalb von einhundert Stunden vernarbt.

Die meisten Herzschläge unter den Säugetieren hat die Zwergfledermaus *(Pipistrellus pipistrellus)*.

Die wenigsten Herzschläge unter den Säugetieren hat der Elefant *(Elephanidae)*. Sein Herz schlägt nur 25mal pro Minute.

Die einzigen bellenden Hirsche sind die Muntjaks *(Muntiacus muntjak)*. Die in Asien und im malayischen Archipel lebenden Tiere (Körperhöhe 65 Zentimeter, Gewicht bis zu 40 Kilogramm) bellen beim Herannahen eines Feindes oder bei Aufregung wie ein Hund. Die Muntjaks verfügen als einzige Hirsche über extrem lange Eckzähne, die sie beim Kampf um ein Weibchen oder bei Angriffen einsetzen. Die Zähne verursachen klaffende Wunden.

Der einzige ehefreundliche Hirsch ist der Pampas-Hirsch *(Odocoileus bezoarticus)*. Im Gegensatz zu anderen Hirschen bleibt das Männchen während der Brunftzeit nur mit einem Weibchen zusammen und verläßt es auch nach der Begattung nicht. Selbst nach der Geburt des Kindes hält diese »Ehe«: Vater und Mutter ziehen zusammen das Kleine auf und bewachen es gemeinsam. Den männlichen Pampas-Hirsch können selbst vergleichsweise unempfindliche Menschennasen über Kilometer riechen. Zwischen seinen Zehen liegen Drüsen, die einen starken Knoblauchgeruch absondern.

Der größte Hirsch ist der Elch *(Alces alces)*. Mit einer Körperlänge bis zu 3,20 Metern und einem Gewicht bis zu sechzehn Zentnern übertrifft er alle anderen Hirscharten. Der Elch besitzt auch das größte Geweih.

Die saubersten Höhlen unter den in Gemeinschaft lebenden Tieren besitzen die Viscacha oder Hasenmäuse *(Viscacia viscacia)*. Sie leben in Südamerika in großen Höhen (5000 Meter) und nie einzeln. Ihre Bauten legen sie unterirdisch an. Meistens leben zwischen 25 und 80 Hasenmäuse miteinander. Die Viscacha haben die Angewohnheit, alles zu stehlen, was nicht niet- und nagelfest ist. Auch aus menschlichen Behausungen entwenden sie Gegenstände. Sie schichten jedoch alles vor ihren Bauten auf. Innerhalb ihrer Bauten herrscht peinliche Sauberkeit. Falls einer der Artgenossen etwas hineinschleppt, wird es von anderen sofort entfernt und vor der Höhle aufgestapelt. Auch einzigartig im Tierreich: Stirbt eine Viscacha (Gewicht bis zu vier Pfund), schaffen die Mitbewohner des Baus ihre Leiche ins Freie und verscharren sie.

Nil- oder Flußpferd (1/25 natürlicher Größe)

Die merkwürdigsten Hörner sowohl von der Form als vom Querschnitt her gesehen, besitzt die Schraubenziege *(Capra Falconeri).* Im Gegensatz zu anderen Hornträgern stehen die beiden Hörner (Länge bis zu einem Meter) sehr dich beieinander und ziehen sich schraubenförmig nach hinten. Der Querschnitt des Gehörns ist im Grund halbeiförmig und hat an beiden Enden einen Wulst. Die Schraubenziegen (Gewicht über zwei Zentner) bewohnen die Hochgebirge der Sowjetunion und Afghanistans bis zum Himalaja.

Der einzige Igel der auf Bäumen lebt, ist der Kleine Igel-Tanrek *(Enchinops telfairi).* Er wird bis 12 Zentimeter lang und klettert geschickt im Geäst der Bäume umher, wo er sich seine Nahrung sucht. Der Igel-Tanrek lebt auf Madagaskar.

Die heftigsten Kämpfe unter den Säugetieren einer Art liefern sich die Flußpferde *(Hippopotamus amphibius)* während der Paarungszeit. Beim Kampf um das Revier schwimmen die Bullen unter Wasser aufeinander zu und rammen sich gegenseitig. Dabei gebrauchen sie ihre Eckzähne als Angriffswaffe. Oft werden in den afrikanischen Flüssen und Seen, wo die Flußpferde leben, tote Bullen gefunden. Die Eckzähne ihrer Rivalen sind ihnen beim Kampf ins Herz gedrungen. Der größte bekannte Eckzahn eines Flußpferdbullen hatte eine Länge von 64 Zentimetern.

Das größte Känguruh ist das Rote Riesen-Känguruh *(Macropus rufus).* Die Männchen dieser Art erreichen die Größe eines Menschen (1,70 Meter) und ein Gewicht von mehr als 70 Kilogramm. Das Tier ist trotz seines Gewichtes in der Lage, aus dem Stand bis zu 3,50 Meter hochzuspringen (menschlicher Hochsprungrekord: 2,34 Meter.) Sehr oft werden die Roten Riesenkänguruhs mit den geringfügig kleineren, aber attraktiver erscheinenden Grauen Riesenkänguruhs verwechselt.

Die kleinsten Känguruhs sind die Hasenkänguruhs (Gattung *Lagostes).* Es gibt von ihnen drei Arten, die nicht größer als Hasen werden (Körperlänge 40 Zentimeter, Gewicht 2 Kilogramm).

Das seltenste Känguruh ist das Festlandsbürstenkänguruh *(Bettongia gaimardi).* Dieses hasengroße Känguruh lebte einst zu Millionen in Australien. Entdeckt wurde es von dem berühmten Weltumsegler James Cook, dessen Schiff »Endeavour« am 11. Juni 1770 vor der australischen Küste strandete. Am 14. Juli schoß der zur Schiffsbesatzung gehörende Leutnant Gore das erste Tier dieser Art. Seitdem wurde es ohne Schonung gejagt. Der heutige Bestand beträgt maximal 800 Exemplare.

Die absolut leichtesten Kinder bringen die Känguruhs zur Welt *(Macropodidae).* 33 Tage nach der Befruchtung springt bereits die Eihülle im Leib des Känguruhweibchens, und das Junge kriecht aus eigener Kraft in den Beutel der Mutter und bleibt dort 235 Tage, ehe es ihn das erstemal verläßt. Ein Känguruhweibchen wiegt durchschnittlich 30 Kilogramm. Bei der Geburt wiegt das Junge 0,75 bis 1 Gramm. Der Anteil des Gewichtes eines Känguruhjungen am Gewicht der Mutter beträgt 0,003 Prozent. Zum Vergleich: Ein Menschenkind wiegt bei seiner Geburt etwa 5,7 Prozent des Gewichtes der Mutter.

Die brutalsten Kinder zeugt der Fenek *(Fennecus zerda),* der auch Wüstenfuchs genannt wird (Größe bis zu 55 Zentimeter, Gewicht bis 1,5 Kilogramm). Die Familie lebt in einem Bau zusammen, der Fenek-Vater verläßt während der Geburts- und Stillzeit den Bau. Sobald die Kinder aber geschlechtsreif werden (nach 9 Monaten), versuchen sie, die Mutter zu dekken. Falls der Alt-Fenek seine Ansprüche nicht aufgibt, fangen die Jungen an, mit ihm zu kämpfen. Wenn er unterliegt, wird er entweder getötet oder zumindest für immer aus dem Bau vertrieben.

Die meisten Kinder auf einmal wirft das Weibchen des Tanrek *(Centetes ecaudatus).* Das Säugetier, auch »Borstenigel« genannt, wird etwa 40 Zentimeter lang und ist der größte Insektenfresser unter den Säugetieren. Ein Tanrek wirft nie weniger als 20 Junge. Der größte bekanntgewordene Wurf waren 38 Junge. Der Tanrek – er lebt auf Madagaskar und den Kommoren-Inseln – wirft zweimal im Jahr.

Graues Riesenkänguruh, Herde, Männchen (vorn liegend) und Weibchen mit Jungem
(1/20 natürlicher Größe)

Das absolut schwerste Kind unter den Landsäugetieren bringt der Elefant *(Elephandidae)* zur Welt: Es wiegt 100 Kilogramm, sein Anteil am Gewicht der Mutter beträgt 3,9 Prozent.

Die schwersten Kinder im Verhältnis zum Gewicht der Mutter gebiert die Feldmaus *(Apodemus sylvaticus)*. Eine Feldmaus wirft zwischen 6 und 8 Jungen. Die Kinder wiegen 50,5 Prozent des Gewichtes der Mutter. Eine Feldmaus wiegt 32 Gramm, die Jungen zusammen über 16 Gramm.

Die seltsamste Kinderstube der Welt besitzen die Schwimmbeutler (Gattung *Chironectes)*. Die in Südamerika lebenden Tiere erreichen mit Schwanz eine Länge bis zu einem Meter. Schwimmbeutler graben ihre Wohnhöhlen am Ufer von Flüssen und Seen. Sie verlassen diese nur nachts, um auf dem Grunde des Wassers Muscheln, Krebse und Laich zu sammeln oder einen Fisch zu erbeuten. Nach einer zweimonatigen Schwangerschaft bringt das Weibchen bis zu acht Junge zur Welt. Wie alle Beuteltiere, finden die Kinder in der ersten Zeit ihres Lebens Unterschlupf in einem am Hinterteil des Tieres gelegenen Beutel. Auch während des Tauchens trägt die Mutter ihre Kinder im Beutel mit sich. Durch einen besonders starken Schließmuskel kann sie den Beutel so abdichten, daß in dieser »Kinderstube« ein luftgefüllter Raum entsteht, der den Jungen während des Unterwassergründelns genügend Luft zum Atmen läßt.

Die beste Kindertragetasche besitzen die Seeotter *(Enhydra lutris)*. Die von Alaska über Japan und auf den Aléuten lebenden Tiere (Gewicht bis 60 Pfund, Körperlänge ohne Schwanz 1,30 Meter) haben ein sehr locker am Körper sitzendes Fell. Wenn der Seeotter sich beim Schwimmen auf den Rücken legt, bilden sich auf beiden Seiten seines Körpers aus Fell-Falten Tragetaschen. Die benutzt er, um seine Hauptnahrung, die Seeigel - er holt bis zu zehn Stück auf einmal vom Grund - aufzubewahren, bevor er die Stacheln abbricht und das Innere ausschleckt. Diese Taschen gebrauchen die Seeotter zugleich als »Kinderhort«. Seeotter-Weibchen gebären stets nur ein Junges, und sie nehmen es sofort mit aufs Meer. Das Weibchen schwimmt dann auf dem Rükken, während das Kind in einer dieser seitlichen Taschen ruht. Wenn die Mutter mit ihm spielen will, nimmt sie es aus der Tasche und legt es auf ihren Bauch. Seeotter gehören zu den wenigen Säugetieren, die ihre Kinder auf dem Rücken liegend säugen.

Der schnellste Kletterer unter den Säugetieren ist der Edelmarder *(Martes martes)*. Diese über ganz Europa verbreiteten Tiere (Körperlänge bis zu 55 Zentimeter, Gewicht bis zu vier Pfund) erreichen beim Erklettern senkrechter Stämme die höchste Geschwindigkeit. Selbst die Jungen des Edelmarders, die mit acht Wochen das Nest verlassen, können nach wenigen Tagen fliehende Eichhörnchen verfolgen und einholen. Den Namen Edelmarder erhielt das kleine Raubtier durch sein geschätztes Pelzwerk. Allein in einem Jahre kamen 160 000 Edelmarderfelle auf den Markt. Durch den Raubbau nahmen die Bestände von Edelmardern stark ab.

Der verwegenste Kletterer unter den Bergtieren ist der Spanische Steinbock *(Capra pyrenaica)*. Die in den Pyrenäen lebenden Tiere sind in der Lage, senkrechte Wände ohne sichtbaren Haltepunkt emporzuklettern. Mit Leichtigkeit und beachtlicher Geschwindigkeit sind selbst wenige Wochen alte Zicklein in der Lage, sich bei Gefahr durch Erklettern steiler Berge in Sicherheit zu bringen. Die Steinböcke verfügen über eigenartig geformte Hufe, die an den Felsen eine Haftwirkung haben.

Die schnellste Knochenbildung müssen die Rothirsche *(Cervus elaphus)* vornehmen. Das tote Geweih eines Rothirsches wird nach einer bestimmten Zeit abgeworfen. Bald danach bildet der Rothirsch ein meist größeres Geweih innerhalb von hundert Tagen. Der Körper des Rothirsches muß dazu bis zu 20 Kilogramm Knochenmaterial bilden und braucht für das neue Geweih mehr Baustoffe, als der Hirschkörper während dieser Zeit durch Fressen aufnehmen kann. Deshalb werden die Kalkvorräte im männlichen Hirschkörper sehr stark reduziert, der Rothirsch hat danach einen sehr großen Nachholbedarf an kalkhaltigem Futter. Die wachsenden Knochen des neuen Geweihs speichern in der Atmosphäre vorhandenes radioaktives Material. Rothirsche sind von Wis-

Greifstachler (1/3 natürlicher Größe)

senschaftlern als Gradmesser für die wachsende atomare Verschmutzung der Umwelt auserkoren worden. Geweihe europäischer Rothirsche, die 1978 untersucht wurden, enthielten 25mal soviel des strahlenden Materials Strontium wie die Geweihe der Hirsche des Jahres 1952. Es wird angenommen, daß diese steigende Ablagerung auf die zahlreichen Atombombenversuche zurückzuführen ist.

Die größte Kraft im Schwanz haben die Greifstachler *(Coëndou)*. Die Tiere (Gewicht bis zu zehn Pfund) leben auf den Bäumen Südamerikas und gehen nachts auf Futtersuche. Beim Klettern von einem Ast zum anderen hält sich der Greifstachler mit seinem Schwanz an einem Ast fest und tastet mit ausgestreckten Vorderbeinen nach einem anderen. Er schafft es, sein Gewicht nur durch den Schwanz, unterstützt durch die ebenfalls angeklammerten Hinterbeine, waagerecht zu halten. In dieser Stellung kann sich der Greifstachler sogar seitwärts hin- und herbewegen, ohne herabzufallen. Die Stacheln dieses Tieres sind mit Widerhaken versehen. Bei Berührung durch einen Feind lösen sie sich leicht aus dem Körper und bleiben im Leib des Angreifers stecken.

Das größte Landtier ist der Afrikanische Steppenelefant *(Loxodonta africana oxyotis)*. Das schwerste Exemplar wurde am 13. November 1955 in Angola erlegt. Der Elefant war 4 Meter hoch und wog 11 000 Kilogramm. Das entspricht dem Gewicht von 160 Menschen.

Das höchste Landtier ist die Steppen-Giraffe *(Giraffa cameloparoalis)*. Sie erreicht eine Scheitelhöhe von 6,20 Meter. Bemerkenswert dabei ist, daß der Hals der Giraffe nur 7 Wirbel hat, genausoviele wie bei einer Spitzmaus oder einem Maulwurf. Eine Giraffe mißt von der Schnauze bis zur Schwanzwurzel etwa 4,80 Meter, ihr Gewicht kann 800 Kilogramm betragen. Die furchtbarste Waffe der Giraffe sind ihre Hufe: Sie kann mit einem einzigen Schlag ihres Hufes einem angreifenden Löwen den Schädel zerschmettern. Die Giraffe hat einen sehr hohen Blutdruck, bedingt durch den langen Hals. Ihr Herz muß bis zum Kopf einen Bluttransport in 2,80 Meter Höhe bewältigen. Deshalb ist die Halsschlagader der Giraffe ziemlich dick, sie mißt 2 Zentimeter. Ein Giraffenherz befördert in der Minute 60 Liter Blut. Giraffen auf freier Wildbahn leben in Afrika. Sie werden bis zu 30 Jahre alt.

Das intelligenteste Landtier ist der Schimpanse *(Pan troglodytes)*. Sein Gehirn ist jedoch nicht so hoch entwickelt wie das des Großen Tümmlers. (Siehe »Das am höchsten entwikkelte Gehirn« und unter »Wasser« das Kapitel »Delphine«).

Das kleinste Landtier der Erde ist die Etruskische Wimpernspitzmaus *(Suncus etruscus)*. Sie ist in Europa, Afrika und Asien verbreitet. Das Tier hat eine Körperlänge von knapp 4 Zentimetern und ist zwischen 1,5 und 2 Gramm schwer.

Der ausdauerndste Läufer unter den Säugetieren ist der Persische Halbesel *(Equus hemonus kulan)*, der auf den Hochebenen des Irans lebt. Ergreift er die Flucht, so erreicht er auf den ersten 10 000 Metern eine Geschwindigkeit von 70 Stundenkilometern. Weitere 20 bis 40 Kilometer kann er mit einer Geschwindigkeit von 50 Stundenkilometern mühelos und ohne Ermüdungserscheinungen durchhalten. Diese Geschwindigkeit erreicht ein menschlicher 100-Meter-Läufer der Olympiaklasse auf dem Höhepunkt seines Spurts. Die menschlichen Marathon-Läufer (Distanz: 42,195 Kilometer) erreichen eine Höchstgeschwindigkeit von 20,5 Kilometern pro Stunde.

Der schnellste Läufer der Welt auf kurzen Strecken bis 800 Meter ist mit 120 Stundenkilometern Geschwindigkeit ohne Zweifel der Gepard (siehe »Schnellstes Raubtier«). Gefolgt wird der Gepard *(Acinonyx jubatas)* vom Afrikanischen Springbock *(Antidorcas marsupialis)*, der auf der Flucht eine Geschwindigkeit von 95 Stundenkilometern erreicht. Dabei spurtet der Springbock aus dem Stand innerhalb von zwei Sekunden auf eine Geschwindigkeit von 62 Stundenkilometern. Zum Vergleich: Der Gold-Medaillen-Gewinner der Olympischen Spiele 1976 im 100-Meter-Lauf kam innerhalb von zwei Sekunden auf 27,2 Stundenkilometer.

Den kürzesten Luftaustausch unter den Säugetieren praktizieren die Dugongs *(Dugong dugong)*. Diese Gabelschwanz-Seekühe (Länge bis zu 3,50 Meter, Gewicht bis zu 250 Kilogramm) leben vom Roten Meer bis zu den Küsten des Indischen Ozeans. Sie suchen Algenfutter und säubern es durch Schütteln des Kopfes von Sand oder Muscheln. Ein Dugong kann bis zu drei Minuten unter Wasser bleiben. Zum Luftholen taucht er auf und atmet durch die Nasenöffnungen, die auf zwei Hügeln der Schnauze sitzen, die alte Luft aus und die neue ein. Dem großen Tier genügt für den Luftaustausch eine Zeit von knapp zwei Sekunden.

Die meisten Männer zur Paarung braucht das weibliche Murmeltier (Gattung *Marmota)*. Die Tiere, von denen es 13 Arten in Gebirgen und Steppen gibt, verbringen in gemeinsamen Höhlen einen langen Winterschlaf. Nach dem Erwachen der Gruppe kommt es zur Paarung. Das Weibchen läßt sich dabei mit jedem der männlichen Höhlenbewohner ein. Nach der Paarung verläßt der Murmeltiermann (Körperlänge bis zu 80 Zentimeter) den Ort und überläßt dem nächsten Männchen das eben begattete Weibchen. Innerhalb einer Zeitspanne von 10 Tagen haben einzelne Murmeltier-Weibchen bis zu 20 verschiedene Geschlechtspartner.

Der beste Mäusejäger in der Nähe menschlicher Ansiedlungen ist der Steinmarder *(Martes foina)*. Er bevorzugt im Gegensatz zum Edelmarder eine steinige Umgebung und siedelt sich gern in der Nähe menschlicher Behausungen an. Der Steinmarder dringt in ungesicherte Geflügelställe ein und tötet auch Kleinsäuger (Kaninchen). Seine Hauptbeute sind jedoch Mäuse, die er allerdings nicht immer frißt. In mäuseverseuchten Gegenden tötet der Steinmarder an einem Tag bis zu 80 Mäuse und läßt sie liegen.

Die fetteste Milch unter allen Säugetieren produziert der Blauwal *(Balaenoptera musculus)*. (Siehe »Wasser«, Kapitel »Säugetiere«).

Die meiste Milch im Verhältnis zum Körpergewicht liefert die Ziege (siehe »Haustiere«). Die Ziege *(Capra aegagrus hircus)* erzeugt pro Jahr 12mal, die Kuh *(Bos primigenius taurus)* nur 7mal ihr eigenes Körpergewicht an Milch.

Die teuerste Milch der Welt ist die Milch der Mäuse *(Mus)*. Sie wird für medizinische Forschungszwecke gebraucht. Den Mäusen wird mit einer Pipette Milch abgezapft. Das Melken einer Maus dauert 30 Minuten; sie liefert dabei ¼ Kubikzentimeter Milch. Das bedeutet, daß eine Maus theoretisch für einen Liter Milch 4000mal gemolken oder daß 4000 Mäuse je 1mal gemolken werden müssen. Ein Liter Mäusemilch kostet 45 000 Mark.

Die meisten Nachkommen innerhalb eines Jahres zeugen die Feldmäuse *(Apodemus sylvaticus)*. Eine Feldmaus kann im Jahr 17mal Junge bekommen. Die Jungen werden bereits nach 13 Tagen geschlechtsreif. Ein einziges Paar Feldmäuse hat innerhalb eines Jahres eine Nachkommenschaft von 1 Million.

Die wenigsten Nachkommen hat das Nashorn (Familie *Rhinocerotidae)*. In seinem fast 50 Jahre währenden Leben bekommt ein weibliches Nashorn höchstens 3mal ein Junges. Die größten Landsäugetiere nach dem Elefanten - sie werden bis 4,50 Meter lang, 2,20 Meter hoch und 80 Zentner schwer - werden wegen ihres Horns legal und illegal gejagt und sind vom Aussterben bedroht. 1 Kilogramm ihres Hornes, das pulverisiert als stimulierendes Mittel für Männer gilt, wird mit 10 000 Mark bezahlt.

Das größte Nagetier der Welt ist der Capybara *(Hydrochoerus hydrocharis)*. Diese Nagetiere sind unter dem Namen »Wasserschweine« bekannt. Sie leben in Guayana, Brasilien, Paraguay und Venezuela an den Ufern der Urwaldflüsse. Dapybaras werden bis zu 100 Kilogramm schwer und sind vorzügliche Schwimmer.

Das schädlichste europäische Nagetier ist die Schermaus *(Arvicola terrestris)*. Das bis zu 25 Zentimeter große Tier (Schwanzlänge davon 8 Zentimeter) wurde früher auch Wasserratte genannt. Es ist die größte Wühlmaus der Alten Welt und lebt in Europa und in weiten Teilen Asiens. Die Schermaus ist ein ausgesprochener Pflanzenfresser. Sie bevorzugt Feldfrüchte, Gemüse, Obst und auch zur Saat ausgelegte Kartoffeln oder frische Blumenzwiebeln. Die Wühlmaus tritt in großer Zahl auf. In Deutschland liegen die am dichtesten besiedelten Verbreitungsgebiete im Alpenvorland und im südlichen Baden-Württemberg. Aber auch in Nordwürttemberg wurden in einem Jahr 400 000 dieser Tiere gefangen. In einem Dorf des Kreises Wolfratshausen (Bayern) unternahmen dreißig Personen einen Fangzug gegen die Wühlmäuse. Auf 330 Hektar Wiesen fingen sie innerhalb eines Jahres 50 000 Schermäuse. Nach einer Großaktion in Tomsk (Sibierien) erlegten innerhalb von 50 Tagen 120 Personen über 4 Millionen Schermäuse. Die Schermaus ist ein Krankheitsträger und überträgt die auch für Menschen gefährliche Nagetierpest.

Die einzigen fliegenden Nagetiere sind die Gleithörnchen (Unterfamilie *Pteromyinae)*. Es sind Eichhörnchen mit einer Körperlänge bis zu 10 Zentimeter. Sie sind ausgesprochene Baumtiere. Sie besitzen eine behaarte Gleitflughaut seitlich am Körper. Bei Gefahr springen sie aus Höhen bis zu 50 Meter vom Baum weg. Automatisch öffnet sich dann ihre Gleitflughaut; die Tiere können eine Entfernung bis zu 150 Meter im Flug zurücklegen. Während des Fluges können sie durch willkürliche Spannungsänderung der Gleitflughaut und unter Verwendung des Schwanzes als Steuerruder ihre Richtung bis zu 180 Grad ändern.

Das hitzefesteste Nagetier ist die Wüstenspringmaus *(Jaculus jaculus)*. Sie lebt in den trockenen Gebieten Nordafrikas und Vorderasiens. Ihre Körperlänge beträgt 15 Zentimeter (Schwanzlänge zusätzlich 15 bis 25 Zentimeter). Die Länge ihrer Hinterfüße beträgt acht Zentimeter. Dadurch bekommen die Mäuse eine springende Fortbewegungsart. Die Wüstenspringmäuse graben zum Schutz gegen die nächtliche Wüstenkälte tiefe Wohnkessel, vertragen aber die Tageshitze sehr gut. Während der Mittagszeit steigen die Temperaturen auf über 50 Grad. Kein anderes Tier ist dann im Freien. Lediglich der Wüstenspringmaus macht die Hitze nichts aus. Sie sitzt vor dem Bau, sonnt sich, genießt anscheinend die Wärme. Wüstenspringmäuse leben oft in Gesellschaft von Wüstenhühnern.

Das kleinste Nagetier ist die Zwergmaus *(Micromys minutus)*. Sie wird 6 Zentimeter lang und 5 Gramm schwer.

Das am höchsten lebende Nagetier ist die Schneemaus *(Microtus nivalis)*. Das nur knapp über 10 Zentimeter lange Tier bewohnt die Alpen bis in eine Höhe von 4000 Metern. Es ernährt sich von Pflanzen, hält keinen Winterschlaf und benutzt die Schneedecke als Schutz gegen die Kälte. Bei den Schneemäusen wurde eine bei Mäusen sonst unbekannte Bautätigkeit beobachtet: Bei plötzlich einsetzender Schneeschmelze bauen sie innerhalb kürzester Zeit bis zu 10 Zentimeter hohe Dämme um ihre Schlupflöcher. Die kleinen Bauwerke halten das Schmelzwasser ab.

Die meisten Nagetiere in einem einzigen Land zu Versuchszwecken wurden 1965 im medizinischen Forschungsinstitut der Vereinigten Staaten in Bethseda (Staat Maryland) gehalten. Es waren 800 000 Mäuse *(Mus),* 300 000 Ratten *(Rattus)* und 200 000 Meerschweinchen *(Caviidae).*

Das seltenste Nagetier ist der Pakarana *(Dinomys branickii).* Es erhielt seinen lateinischen Namen nach dem polnischen Grafen Branicki, der im Jahre 1873 im Auftrag des Warschauer Naturkundemuseums nach Südamerika reiste. Branicki lebte eine Zeitlang auf der Hazienda Amablo Maria in der Nähe der peruanischen Stadt Vitoc. Auf diesem landwirtschaftlichen Anwesen stieß er auf ein seltsames, nicht scheues Tier, tötete es mit seinem Säbel und schickte es nach Warschau. Es wurde als eine neue Tiergattung erkannt. Erst dreißig Jahre später stellte man fest, daß es sich bei diesem Tier um den Pakarana, das drittgrößte Nagetier der Welt, handelte (85 Zentimeter lang und 15 Kilogramm schwer). Bis 1946 galten diese Nagetiere als ausgestorben. Danach wurden einige Tiere im Amazonasgebiet gefangen. Der Bestand der Pakaranas wird auf weniger als 1000 geschätzt.

Den größten Nahrungsbedarf hat die Spitzmaus *(Micromys minutus).* Sie darf nicht länger als drei Stunden ohne Futter sein, sonst verhungert sie. Das hängt damit zusammen, daß dieses kleine Säugetier einen sehr schnellen Stoffwechsel hat und dauernd Zufuhr braucht. Eine Spitzmaus verbringt 22 Stunden am Tag mit Fressen. An zweiter Stelle im Nahrungsbedarf steht der Maulwurf *(Talpa europaea).* Bekommt ein Maulwurf 10 Stunden lang nichts zu fressen, verhungert er.

Die sicherste Zuflucht im Wasser finden die Pakas (Unterfamilie *Cuniculinae).* Diese zu den Meerschweinchenartigen gerechneten Nagetiere leben in Südamerika und werden bis zu 10 Kilogramm schwer. Als Nachttiere verbringen sie den Tag in ihren Erdbauten, die an Abhängen und sehr oft in der Nähe von Seen und Flüssen angelegt sind. Die Pakas sind ausgesprochene Landtiere. Lediglich bei Gefahr springen sie sofort ins Wasser und bewegen sich schwimmend vom Ufer weg. Sie sind in der Lage, sich bis zu sechs Stunden über Wasser zu halten.

Die beste Nase unter allen Säugetieren hat der Deutsche Schäferhund.

Die stärksten Nerven unter den Antilopen haben die Riedböcke *(Redunca redunca).* Die in Ost- und Westafrika verbreiteten Tiere (Körperlänge bis zu 1,50 Meter, Gewicht bis zu 70 Kilogramm) leben meist paarweise, seltener in kleinen Rudeln zusammen. Während andere Antilopen und Böcke beim geringsten Anzeichen von Gefahr sofort die Flucht ergreifen, schmiegen sich die Riedböcke an Ort und Stelle auf die Erde und warten ab. Sehr oft geschieht es, daß Feinde nur wenige Schritte entfernt an ihnen vorübergehen, ohne sie zu bemerken. Erst im allerletzten Moment, wenn die Gefahr der Entdeckung unabwendbar ist, springen die Riedböcke auf und suchen das Weite. Dabei stoßen sie ein eigenartiges »Niesen« aus, einen Alarm- und Warnruf.

Die geschickteste Nußknackerin ist die Haselmaus *(Muscardinus avellamarius).* Das Tier ist etwa 14 Zentimeter lang, wovon die Hälfte dieser Länge auf den Schwanz entfällt. Haselmäuse gehen nachts auf Futtersuche. Dabei hängen sie sich mit dem Schwanz an einen Ast, um eine tiefer hängende Nuß oder Beere zu erreichen. Ihre begehrtesten Früchte sind Haselnüsse; sie haben der Haselmaus auch ihren Namen gegeben. Sie öffnet die Nüsse, ohne sie abzupflücken oder ihre Schalen zu zersprengen. Sie beißt eine kleine Öffnung in die Nuß und nagt das Innere heraus.

Die größten Ohren hat der Afrikanische Elefant *(Loxodonta africana).* Beide zusammen haben eine Fläche von 8 Quadratmetern.

Die schärfsten Ohren besitzt der Luchs *(Lynx lynx)*. Dieses Raubtier (Körperlänge bis zu 110 Zentimeter) hat an den Ohren 40 Zentimeter lange Ohrpinsel. Die sehr dünnen Haare wirken als Schall-Antenne und ermöglichen dem Luchs eine genaue Differenzierung von Geräuschen bis auf 1000 Meter Distanz.

Die beste Ortskenntnis in ihrem Revier besitzen die Hamster *(Cricretini)*. In seinem Ernterevier legt der Hamster regelrechte Straßen mit einer Breite bis zu 20 Zentimeter an. Hier wird jede Pflanze abgebissen, selbst nachwachsende Keimlinge. Täglich vier- oder fünfmal kontrolliert der Hamster den Zustand dieser Straßen, um im Ernstfall - bei Angriffen durch Hermeline und Iltisse - auch nachts ortskundig fliehen zu können.

Die längste Paarungszeit brauchen die auf Madagaskar heimischen Frettkatzen, die auch Fossa genannt werden *(Cryptoprocta ferox)*. Die Tiere gehören zu den Schleichkatzen (Körperlänge bis zu 1 Meter, wovon die Hälfte auf den Schwanz entfällt). Fossas sind die altertümlichste Tierform Madagaskars. Zu Beginn der Paarung dringt das Männchen in das Weibchen ein und beißt sich im Nacken der Partnerin fest. Der Paarungsablauf dauert mindestens eine Stunde, es sind Vereinigungen bis zu drei Stunden beobachtet worden. Dabei sitzt der Penis des Männchens so fest, daß beide Tiere gemeinsam auf Bäume klettern können, ohne sich voneinander zu lösen.

Den für Menschen kostbarsten Pelz liefert der Zobel *(Martes zibellina)*. Dieses zu den Mardern gehörende Kleinraubtier (Körperlänge bis zu 60 Zentimeter, Schwanzlänge bis zu 20 Zentimeter, Gewicht bis zu 4 Pfund) besitzt ein sehr weiches und dichtes Fell. Selbst seine Fußsohlen sind dicht behaart. Zobel leben im Wald, vermeiden es aber nach Möglichkeit, auf Bäume zu steigen, und jagen auf der Erde Mäuse, Lemminge, Eichhörnchen, aber auch Hasen und Vögel. Noch vor 300 Jahren waren die Felle der besonders auf Kamschatka beheimateten Tiere für die Europäer wertlos. Die Bewohner der sibirischen Halbinsel jagten das Tier wegen seines Fleisches, die Felle waren Abfall. Als die Bewohner Kamschatkas gegenüber dem russischen Zaren tributpflichtig wurden und die Steuereintreiber ihnen erklärten, sie könnten ihre Steuer in Zobelfellen entrichten, hielten die Steuerpflichtigen das zuerst für einen Scherz. Von dieser Zeit an begann die Jagd auf die Zobel. Vor 1914 war selbst das große Rußland nicht in der Lage, mehr als 5000 Zobelfelle zu liefern. Nach 1920 wurden in der Sowjetunion Zobelfarmen eingerichtet. Im Gegensatz zu Nerz- und Nutria-Farmen werden die Tiere nicht getötet. Wenn sie bis zur Geschlechtsreife (15 Monate) herangewachsen sind, werden sie paarweise in die Gegenden gebracht, in denen sie heimisch sind. Durch Schonzeit und Jagdverbot kletterte der Zobelbestand wieder. Heute exportiert die Sowjetunion jährlich etwa 30 000 Zobelfelle, ohne daß der Bestand dieser Tiere gefährdet ist.

Das meistgezüchtete Pelztier der Welt ist der Nerz (Untergattung *Lutreola)*. Die bis zu drei Pfund schweren Tiere (Länge bis zu 40 Zentimeter) sind seit 1940 auf freier Wildbahn in Deutschland ausgestorben. Auf Pelztierfarmen in der ganzen Welt werden augenblicklich 15 Millionen Nerze gezüchtet. Dabei legt man Wert darauf, daß die Felle sich jeweils in den modischen Farben bewegen. Das von Natur aus hellbraune Tier wurde gekreuzt. So kamen Tiere mit weißem, schwarzem und silbergrauem Fell zur Welt. Als jüngstes Ergebnis der Pelztierzucht gab die sowjetische Regierung bekannt, daß es gelungen sei, Nerze mit himmelblauem Fell zu züchten.

Das meiste Pflanzengift kann das Wildkaninchen *(Oryctolagus cuniculus)* »verdauen«. Unbeschadet frißt es die hochgiftigen Knollenblätterpilze *(Amanita phalloides)*, die jedes andere Säugetier töten würden.

Die strengste Rangordnung unter den Säugetieren haben die Wölfe *(Canis lupus)*. Der stärkste Wolf, der sich in Kämpfen gegenüber den anderen Wölfen durchgesetzt hat, ist der Führer des Rudels und muß sich auf alle Fälle mit dem Alpha-Weibchen, dem stärksten Weibchen paaren. Keiner der Rangniederen darf ihren Weg kreuzen. Die Ranghöheren im Wolfsrudel verhindern die Paarung der Unterlegenen auch untereinander. Der Bestand an Wölfen wird durch die Würfe der Ranghöheren (6 bis 12) erhalten. Äußerliches Merkmal der Ranghöchsten: Alpha-Mann und Alpha-Weibchen tragen die Schwänze weitaus höher als die Rangniederen. (Siehe auch »Die einzigen Diener«)

Die größte Ratte ist die auf Neuseeland und in Australien lebende Bandikutratte *(Bandicota indica)*. Ihr Körper wird bis zu 40 Zentimeter, der Schwanz noch einmal so lang. Ausgewachsene Exemplare wiegen 2 Kilogramm.

Die seltsamste Ratte ist der Rattenkönig. Es ist keine einzelne Ratte *(Rattus)*, sondern wird von mehreren Tieren gebildet, deren Schwänze miteinander verknotet sind. Die Schwänze sind nicht zusammengewachsen, sondern durch Verflechtung bei den Jungtieren im engen Nest entstanden. Bei ersten Auseinanderlaufen der Tiere ziehen sich diese Knoten noch fester zu. Die Tiere verbringen ihr ganzes Leben in dieser Formation. Der größte Rattenkönig, der je gesehen wurde, bestand aus 27 Ratten. Der letzte bekanntgewordene Rattenkönig wurde 1907 in Westfalen entdeckt, getötet und für das Zoologische Institut der Universität Göttingen ausgestopft.

Den ungewöhnlichsten Beutefang unter den Raubtieren praktiziert die Krabbenmanguste *(Herpestes urva)*. Die in Asien sowie auf Taiwan lebende Schleichkatze (Körperlänge bis zu einem Meter) ernährt sich aus dem Wasser: Sie taucht und schwimmt ausgezeichnet und fängt in Bächen und Seen Krabben, Schnecken und Muscheln. Trotz ihres starken Gebisses ist sie nicht in der Lage, Schalen der Beutetiere aufzubrechen. Die Krabbenmanguste nimmt deshalb die Krabben, Schnecken oder Muscheln zwischen die Vorderpfoten, richtet sich hoch auf und schleudert sie wie ein Ballwerfer mit großer Kraft gegen einen Felsen oder zwischen die Hinterbeine hindurch auf den felsigen Untergrund. Nach mehrmaligem Werfen zerbrechen die Schalen der Krustentiere, die Krabbenmanguste kann ungehindert fressen.

Das einzige Beuteltier unter den Raubtieren ist der Beutelwolf *(Thylacinus cynocehalus)*. Er ist der größte lebende Raubbeutler der Welt. Beutelwölfe werden bis zu 120 Zentimeter lang, erreichen eine Schulterhöhe von 55 Zentimetern und leben lediglich noch auf Tasmanien. Der Beutelwolf hat seinen Namen von dem am Hinterkörper liegenden Beutel, in dem das Weibchen nach der Geburt gleich einem Känguruh seine Jungen birgt und sie ständig bei sich trägt. Die Beutelwölfinnen transportieren ihre Jungen etwa drei Monate im Beutel, ehe sie diese in ein sorgsam gepolstertes Nest ablegen. Der größte Raubbeutler der Welt gilt nahezu als ausgestorben. Auf dem australischen Festland haben ihn die Dingos *(Canis lupus familiaris dingo)* ausgerottet. Auf der lediglich 63 000 Quadratkilometer großen Insel Tasmanien mit ihren 320 000 Einwohnern finden die Beutelwölfe kein genügend großes Jagdgebiet mehr. Bis vor 50 Jahren war für den Abschuß eines Beutelwolfes eine Prämie von 70 Mark ausgesetzt. Seit 25 Jahren beträgt die Strafe für den Abschuß eines Beutelwolfes 3000 Mark. Seit 1933 ist auf Tasmanien keiner dieser Raubbeutler mehr gefangen worden.

Die einzige Familienjagdgesellschaft unter den Raubtieren bildet das Ichneumon *(Herpestes ichneumon)*. Das zu den Mungos gehörende Tier, dessen Name soviel wie »Aufspürer« bedeutet, nimmt nach der Geburt der Jungen stets seine Familie mit auf Jagd. Das Männchen geht voraus, ihm folgt das Weibchen, danach kommen die Jungen. Das Männchen spürt die Beute auf, tötet sie und zeigt so den Jungen, wie sie sich später ernähren können. Bei anderen Raubtieren gehen sonst Weibchen und Männchen und Kinder nach einer gewissen Zeit auseinander, es kommt zu keiner Jagdgemeinschaft. Schon 3000 Jahre vor Christus wurde das Ichneumon wegen seiner Eigenarten von den Ägyptern verehrt. Es gibt Abbildungen dieses Raubtieres - Kämpfe mit Schlangen - an den Wänden der Tempel von Theben und Sakkara.

Das ausgeprägteste Familienleben unter den Raubtieren haben die Löwen *(Panthera leo)*. Es wird beim Säugen der Jungtiere von den Weibchen kein Unterschied gemacht, ob es zum eigenen Wurf gehört oder zu einem fremden. Ein junger Löwe innerhalb des Rudels kann bei jeder milchführenden Löwin saugen. Löwinnen gebären abseits vom Rudel

Kaplöwe (1/14 natürlicher Größe)

und bringen ihre Jungen erst etwa 6 Wochen nach der Geburt ins Rudel zurück. Ist eine Löwin jagdunfähig, weil sie alt ist, wird sie vom Rudel miternährt. Dieses geschieht auch bei alten Löwenmännern, jedoch weitaus seltener. Diese werden meist zu Einzelgängern und kommen nach dem Verlust ihrer Jagdfähigkeit durch Hunger um.

Die meisten Frauen unter den Raubtieren hat der Löwe *(Panthera leo)*. Ist er Herr über ein Rudel, bedeutet das gleichzeitig, daß er zwischen 15 und 20 Weibchen begattet. Sehr oft ziehen Löwenmänner auf einer Fläche von 200 bis 300 Quadratkilometern umher. Sie schließen sich dem einen oder anderen Rudel an und müssen um die Herrschaft im Rudel kämpfen. Der stärkste Löwe ist stets Herr der Sippe. Selbst das schwächste Männchen steht in der Rangordnung noch höher als das stärkste Weibchen.

Der gewaltigste Fresser unter den Raubtieren ist der Tiger *(Panthera tigris)*. Der Tigerjäger Tim Korb hat beobachtet, wie ein einziger Tiger einen Büffel von einem geschätzten Gewicht von 800 Kilogramm in drei Tagen verzehrte. Der Jahresbedarf eines Tigers beträgt etwa 30 Rinder oder 80 Hirsche.

Der beste Hochspringer unter den Raubtieren ist der Puma *(Puma concolor)*. Er ist in Nord-, Mittel- und Südamerika verbreitet. Diese bis zu 1,80 Meter großen Tiere springen aus dem Stand bis zu 7 Meter hoch.

Der ausdauerndste Jäger unter den Kleinraubtieren ist die Hyrare *(Tayra barbara)*. Diese südamerikanische Marderart (Länge etwa 1,1 Meter bei einer Schwanzlänge von rund 50 Zentimetern) ernährt sich von Kleinsäugern, scheut sich jedoch nicht, auch Hirsche und Rehe anzugreifen. Im Gegensatz zu anderen Marderarten kann die Hyrare nicht sehr schnell laufen, verfolgt aber die Spur eines Opfertieres tagelang. Es wurde beobachtet, wie eine Hyrare einen Hirsch 26 Stunden verfolgte, bis dieser sich erschöpft niederließ und von der weitaus kleineren Hyrare getötet wurde.

Die bekannteste Kleinkatze ist der Ozelot *(Leopardus pardalis)*. Dieses Raubtier mit ei-

Ozelot (1/6 natürlicher Größe)

Nebelparder (1/10 natürlicher Größe)

ner Gesamtlänge von 1,50 Meter (ein Drittel davon entfällt auf den Schwanz) lebt in den großen Waldgebieten Südamerikas. Seit 1900 kam das Fell des Ozelots zur Pelzverarbeitung immer wieder in Mode. Der Ozelotbestand der Welt wurde durch Jäger und Wilderer seit dieser Zeit um 90 Prozent verringert. Der Gesamtbestand wird auf weniger als 100 000 geschätzt.

Der beste Kletterer unter den Raubtieren ist der Nebelparder *(Neofelis nebulosa).* Seine Körperlänge beträgt 110 Zentimeter, die Schulterhöhe 90 Zentimeter. Der Nebelparder jagt hauptsächlich Hirsche und Wildschweine; in den Baumkronen stellt er jedoch auch Affen und anderen kleinen Säugern nach. Der Nebelparder ist in der Lage, mit dem Kopf voran einen Baumstamm von 10 bis 12 Meter Länge herunter zu laufen. Er kann horizontal an Ästen mit dem Rücken nach unten laufen. Sehr oft springt er aus dieser Lage unter blitzschneller Körperdrehung heraus direkt auf die Beutetiere.

Den geschmeidigsten Körper unter allen Raubtieren besitzen die Ginsterkatzen (Gattung *Genetta).* Die Tiere leben in Afrika, eine Art kommt auch im südlichen Europa vor. Ginsterkatzen (Körperlänge bis zu 50 Zentimeter) schleichen ihre Beute an, den Körper fest an den Boden gedrückt. Dabei entsteht selbst im trockenen Gras oder Laub kein Geräusch, so perfekt und elegant sind ihre Bewegungen.

Das größte Landraubtier ist der Kodiakbär *(Ursus arctos middendorffi).* Er erreicht eine Schulterhöhe von 3,30 Meter und ein Gewicht von 16 Zentnern. Der Bär hat seinen Namen nach der vor Alaska liegenden Insel Kodiak.

Der seltenste Löwe ist der Indische Löwe *(Panthera leo goojratensis).* Einst lebten etwa 60 000 Exemplare auf dem Subkontinent. Durch unkontrollierten Abschuß wurden diese Tiere so dezimiert, daß heute lediglich noch 50 Tiere in dem Schutzgebiet Girforst leben.

Die meisten Löwen in einem Land leben heute in Tansania in der Serengeti. Der Bestand wird auf 1600 Raubkatzen geschätzt. Es handelt sich dabei um Exemplare des Massai-Löwen *(Panthera leo massaicus).*

Am längsten bei der Mutter bleiben die Jungen des Tigers *(Panthera tigris).* Sie jagen zwar im Alter von 11 Monaten das erstemal allein, bleiben aber bis zu 5 Jahren (besonders in den nördlichen Regionen) mit der Mutter zusammen, ehe sie ihre eigenen Wege gehen oder die Mutter sie wegen des neuen Wurfs verjagt.

Die ältesten Raubtiere in Menschenobhut sind die Falbkatzen *(Felis silvestris lybica).* Sie werden 80 Zentimeter lang und 40 Zentimeter hoch. Die Falbkatzen sind die Vorläufer der normalen Hauskatzen. Bereits 7000 Jahre vor Christus wurden in Jericho Falbkatzen als Haustiere gehalten.

Als gefährlichstes Raubtier für den Menschen gilt der Bengal-Tiger *(Panthera tigris tigris).* Der Rekord einer einzigen Tigerin: Im Jahre 1869 brachte sie im Nainatal (Osthimalaja) innerhalb von 4 Monaten 127 Menschen um. In den Jahren 1870 bis 1876 wurden allein in Indien 4218 Menschen von Bengal-Tigern getötet. Diese Tiger sind in Indien fast ausgerottet. Im Januar 1979 fanden 18 Menschen durch Bengal-Tiger den Tod.

Das am höchsten lebende Raubtier ist der Schneeleopard *(Unica unica).* Diese Tiere werden 1,50 Meter lang, leben in den Gebirgen Mittelasiens und jagen während der Sommerzeit in Höhen von 6000 bis 6500 Metern.

Das kleinste Raubtier ist das Zwergwiesel *(Mustela rixosa).* Es wird lediglich 17 Zentimeter lang, jagt vorwiegend Mäuse und Wühlmäuse, schreckt jedoch auch vor größeren Tieren (Hasen und jungen Rehen) nicht zurück. Diesen Tieren saugt es lediglich das Blut aus.

Das seltenste Raubtier ist der Kaspi-Tiger *(Panthera tigris virgata).* Bis 1920 gab es noch etwa 2000 der wie Königstiger gefärbten Exemplare in Kaukasien, Persien und Afghanistan. Heute leben maximal 40 im Nordiran und in einem kleinen Gebiet des nördlichen Afghanistan.

Das einzige für den Menschen fischende Raubtier ist die Servalkatze *(Leptailurus serval liposticta).* Beheimatet in West- und Mittelafrika (Körperlänge 1,10 Meter), werden sie als Jungtiere zum Fischen abgerichtet. Sie schlagen mit ihren Tatzen Fische bis zu 5 Kilogramm Gewicht aus dem Wasser.

Das einzige für den Menschen jagende Raubtier ist der Gepard *(Acinonyx jubatas).* Er erreicht eine Körperlänge von 160 Zentimetern, seine Schulterhöhe kann bis zu 90 Zentimeter betragen. Sie werden heute noch verwendet, um auf schnell flüchtende Huftiere Jagd zu machen. Als Jagdtiere sind sie schon lange Zeit bekannt: 3000 Jahre vor Christus hielten bereits die Sumerer den Geparden als Jagdtier. Der venezianische Weltreisende Marco Polo, der im Jahre 1260 dem Mongolenherrscher Kublai-Khan besuchte, berichtete von 1000 Geparden, die dieser Herrscher für Jagdzwecke hielt.

Die hochentwickeltsten Sinnesorgane besitzt der Schabracken-Schakal *(Canis mesomelas).* Ein schieferfarbener Rücken, der wie eine Decke auf einem sonst rötlichen Körper liegt, hat dem Tiger diesen Namen gegeben. Die Schabracken-Schakale (Körperlänge bis zu 1 Meter, Gewicht bis zu 12 Kilogramm) leben in den Steppen Afrikas. Eingeborene erzählen, ein Schabracken-Schakal könne das Blut eines anderen Tieres auf vier Kilometer riechen. Er nimmt trotz des hohen Buschgrases die Bewegung eines anderen Lebewesens bis auf einen Kilometer wahr, und sein Gehör ist so scharf, daß er bis auf eine Entfernung von fünf Kilometern bestimmen kann, welches Tier welchen Schrei in welcher Situation ausgestoßen hat; ob es sich um eine normale Lautäußerung oder um einen Todesschrei handelt.

Das seltenste Wald-Raubtier ist die Marmelkatze *(Pardofelis marmorata).* Die Tiere (Länge bis zu 120 Zentimeter, davon entfallen 60 Zentimeter auf den Schwanz) leben in den Wäldern Südostasiens und werden von den Eingeborenen »die Katze, die immer einen Buckel macht« genannt. Ob bei Sitzen, Stehen, Liegen oder Laufen - sie wölbt immer ihren typischen Katzenbuckel. Die Marmelkatze lebt im Wald und kann geschickt klettern, besorgt sich jedoch ihre Nahrung vorwiegend auf dem Boden. Die Anzahl an Marmelkatzen wird auf unter 1000 geschätzt.

Der größte Tiger ist der sibirische Tiger *(Panthera tigris altaica).* Er erreicht eine Körperlänge (von Schwanz bis Kopf) von 3 Metern und eine Schulterhöhe bis zu 1 Meter. Sein Gewicht kann bis zu 6 Zentner betragen.

Der kleinste Tiger ist der Javatiger *(Panthera tigris sondaica).* Er erreicht lediglich eine Körperlänge von 1,10 Meter und ein Gewicht von 45 Kilogramm. Auf der Insel Java leben noch 250 bis 300 Exemplare. Auf der Insel Bali, wo dieser Tiger ebenfalls beheimatet war, ist er ausgerottet.

Die einzigen weißen Tiger existieren im Rewa-Forst in Vorderindien. Es handelt sich um sehr seltene Exemplare des Königstigers *(Panthera tigris tigris).* Es sind Albinos, deren Körper fast weiß ist, deren Fell und Kopf jedoch die Tigerstreifung zeigen. Alle in den Zoologischen Gärten der Welt gehaltenen weißen Tiger gehen auf ein Exemplar zurück, das 1939 in Rewa gefangen wurde. Bei der ersten Paarung einer normal gefärbten Tigerin mit einem weißen Tigermann brachte die Tigerin lauter normal gefärbte Junge zur Welt. Erst durch die Kreuzung des Vaters mit einer seiner Töchter wurden wieder weiße Tiger geboren.

Die weiteste Verbreitung von allen Raubtieren hat der Leopard *(Panthera pardus).* Er kommt in Afrika, Vorder- und Hinterindien,

Königstiger (1/12 natürlicher Größe)

Der Dingo, Rüde (stehend) und Hündin (1/8 natürlicher Größe)

auf Java, Ceylon, in China, der Mandschurei, in der Sowjetunion, in Afghanistan sowie in Mittel- und Südamerika vor. Er lebt sowohl im Dschungel, als auch in der Wüste und in den Gebirgen.

Die häufigste Vermischung zwischen freilebenden und Haustieren findet bei den Wildkatzen *(Felis silvestris)* statt. Normalerweise sind Wildkatzen Einzelgänger. Weibliche Tiere dulden sogar ihre Jungen nur etwa drei Monate um sich, dann verjagen sie diese aus ihrem Revier. Während der Ranzzeit unternehmen sowohl männliche als auch weibliche Wildkatzen große Wanderungen, um einen Partner zu finden, und sind bei Begegnungen nicht wählerisch. So haben sich seit Jahrhunderten verwilderte Hauskatzen mit den Wildkatzen (Körperlänge bis zu 80 Zentimeter) vermischt. Einerseits decken verwilderte Hauskater die Wildkatzenweibchen, andererseits kommt es sehr oft vor, daß verwilderte weibliche Hauskatzen von umherstreifenden Wildkatzenmännchen gedeckt werden.

Das perfekteste Versteck haben die Eisbären *(Ursus maritimus)*. Die bis zu 1000 Kilogramm schweren Tiere lassen sich in selbstgegrabenen Schneehöhlen der Arktis einschneien. Der frisch gefallene Schnee verwischt alle ihre Spuren. Durch die Eigenwärme des Eisbären hält sich in der Höhle selbst bei sehr niedrigen Außentemperaturen eine Innentemperatur von 0 Grad Celsius. Besonders trächtige Eisbärinnen bevorzugen solche Verstecke. Die Jungen werden mitten im Winter geboren. Die Mutter nimmt während des gesamten Winters, also mehrere Monate lang, keinerlei Nahrung zu sich. Sie zehrt ausschließlich von ihrem eigenen Körperfett, obwohl sie ihre ein bis drei Jungen während dieser Zeit säugt.

Die beständigste Wanderung unternehmen seit Jahrtausenden die Dingos *(Canis lupus familiaris dingo)*. Es sind australische Wildhunde von einer rötlichen Farbe, die Känguruhs jagen und nach der Besiedlung Australiens auch zu Schafräubern wurden. Die Dingos ziehen in großen Gruppen jeden Winter mehrere tausend Kilometer zur Ostküste und kehren im Sommer den gleichen langen Weg in den Westen zurück. Der Grund für diese Wanderung ist bisher noch unbekannt. Trotz der erbarmungslosen Verfolgung durch die Schaffarmer existieren in Australien etwa noch 200 000 Dingos.

Das mächtigste Säugetier des amerikanischen Kontinents ist der Bison *(Bison bison)*. Das oft mit dem Büffel verwechselte Tier erreicht ein Gewicht bis zu 1000 Kilogramm; die Weibchen sind etwa ein Drittel leichter. Um 1700 lebten auf dem amerikanischen Kontinent rund 60 Millionen Bisons. Durch das Vordringen der Weißen wurden sie erbarmungslos dezimiert. Allein William F. Cody, der als »Buffalo Bill« bekannt wurde, erlegte innerhalb von 18 Monaten 4280 Bisons. Im Jahre 1889 gab es von einstmals 60 Millionen nur noch 835 freilebende Tiere. Durch Zucht und Schutz existieren heute Herden mit insgesamt 5000 Stück auf der Welt.

Bisonherde, Stier (links), Kuh mit Kalb (vorn) (1/27 natürlicher Größe)

Das widerstandsfähigste Säugetier ist das Opossum (Gattung *Didelphis).* Es ist das älteste Beuteltier der Welt, wird 45 Zentimeter lang und erreicht eine Schulterhöhe bis zu 40 Zentimeter. Das Opossum übersteht Knochenbrüche und andere Verletzungen, die bei einem anderen Säugetier zum Tod führen würden, ohne großen Schaden. Bei Angriffen und schweren Verletzungen setzt beim Opossum die Funktionsfähigkeit des Gehirns aus, es kommt sogar zu einer vorübergehenden Lähmung des Atemzentrums, die das Opossum tot erscheinen läßt. Das Beuteltier liegt dann auf der Seite, die Zunge herausgestreckt, die Kiefer geöffnet - selbst menschliche Angreifer halten es für tot. Nach 1 bis 2 Stunden gibt sich die Starre wieder, das Tier lebt. Für diese Fähigkeit ist das Opossum in verschiedenen Gegenden (Verbreitungsgebiet: Nord- und Südamerika) so bekannt, daß man dort für das Wort »totstellen« die Redewendung »Opossum spielen« gebraucht.

Den kürzesten Schlaf unter allen Säugetieren haben die Okapis *(Okapia johnstoni).* Okapis sind eine Waldgiraffenart, mit einer Körperhöhe von 2,20 Meter und einem Gewicht bis zu 270 Kilogramm. Sie sind Blätterfresser und leben nur im Kongo. Das Okapi gehört zu den zuletzt entdeckten Säugetieren. Im Jahre 1890 berichtete Henry Stanley als erster, daß die Urwaldbewohner über die bei seiner Reise durch den unerforschten und pferdelosen Kongo mitgeführten Reittiere nicht verwundert waren. Sie behaupteten, ähnliche Tiere im Dschungel zu haben. Der Gouverneur von Uganda, Sir Johnston, ging den Berichten nach. 1899 erhielt er die erste Beschreibung des Tieres, 1901 tauschte er ein Fell und zwei Schädel von den Pygmäen ein. Erst im Dezember 1918 wurde das erste Jung-Okapi befangen. Am 9. August 1919 erreichte es den Zoo von Antwerpen (Holland). Dort lebte es nur 50 Tage. Erst 1928 kam wieder ein Okapiweibchen namens »Tele« in den Zoo von Antwerpen. Es starb 1943. Ein Okapi liegt zwar etwa 6 Stunden in der Nacht. Der Tiefschlaf - also, die Zeit, in der das Tier nichts wahrnimmt - dauert jedoch nur jeweils 30 Sekunden. Diese Situation tritt etwa 10mal in einer Nacht ein. Es bedeutet eine Gesamtschlafdauer von 5 Minuten in 24 Stunden.

Den längsten Schlaf hält die Birkenmaus *(Sicista betulina).* Das Tier wird höchstens 7 Zentimeter lang. Bis 1931 wurde vermutet, daß die Birkenmaus in Mitteleuropa nicht vorkommt. Erst am 2. Juli 1936 fing die Forscherin Erna Mohr eine dieser Hüpfmäuse im Tolker Moor (Holstein). Die Maus ist ein Überbleibsel aus der Eiszeit. Sie zieht sich 8 Monate im Jahr zum Winterschlaf zurück. Das Gewicht einer Birkenmaus bei Antritt des Winterschlafes beträgt 12 Gramm, nach Beendigung 6 Gramm. Bisher nahm man an, daß der Siebenschläfer *(Glis glis)* am längsten schläft. Das mit der Maus verwandte Tier (Länge bis zu 20 Zentimeter) gräbt sich in den Boden ein und schläft zwischen 6 und 7 Monate. Der lange Winterschlaf enthebt die Tiere der Nahrungssorgen und entzieht sie ihren Feinden, den Kleinraubtieren.

Das meiste Schlangengift verträgt der Indische Mungo *(Herpestes edwardsi).* Er gehört zur Gruppe der Schleichkatzen (Überfamilie *Herpestoidea)* und legt sich sehr oft mit Giftschlangen an. Er vermeidet es zwar, von einer Giftschlange gebissen zu werden; sein dichtes Fell schützt ihn weitgehend. Bei einem Biß durch eine Giftschlange ist der Mungo jedoch in der Lage, das Vierfache einer Giftdosis, die einen Menschen töten würde, ohne Gefahr für sein Leben zu verkraften. Dabei ist der Mungo nur 50 Zentimeter groß, sein Gewicht beträgt maximal 5 Kilogramm. Von den Mungos *(Herpestes)* gibt es zwar 5 Unterarten; der Indische Mungo jedoch hat sich vor allen anderen beim Kampf gegen Schlangen und Ratten einen Namen gemacht in: Jamaika, Kuba, Barbados, Granada, Puerto Rico. Bekannt wurde der Indische Mungo durch die Geschichten des indischen Heldenepos Mahabhavata (1000 vor Christus) und durch das »Dschungelbuch« von Rudyard Kipling.

Der beste Schütze unter den Säugetieren ist der Skunk, auch Stinktier (Unterfamilie *Mephitinae)* genannt. Beim Angriff oder wenn er sich gestört fühlt, kann er aus zwei Duftdrüsen, die in der Aftergegend liegen, eine übelriechende Flüssigkeit zielsicher bis zu 3 Meter weit spritzen. Der Geruch des Sekrets haftet bis zu 4 Wochen an dem angespritzten Gegenstand oder dem Lebewesen. Die Eigenschaft des Stinktieröls wurde vom Menschen zu seinem Nutzen verwandt: In großen Bergwerken wird mittels künstlich hergestelltem Stinktieröl *(Butyl Mercaptan)* Feueralarm gegeben. Nachdem wenige Tropfen des Stoffes in die Belüftungsanlagen des Bergwerks geträufelt worden sind, erreicht der durchdringende Gestank selbst Tiefen von 1200 Meter innerhalb von 1 oder 2 Sekunden. Die Menschen werden dadurch gewarnt. Technische Mittel (Telefon) wären weitaus langsamer.

Die beste Schutzgemeinschaft bilden die in Afrika lebenden Gnus (Gattung *Connochaetine)* mit den Zebras. Die Gnus (Gewicht bis zu vier Zentner) mit ihren gefährlichen Hörnern sind in der Lage, die Zebras vor angreifenden Feinden zu verteidigen. Die Zebras hingegen verfügen über ein besseres Witterungsvermögen. So haben sich Gnus und Zebras zu gemischten Herden vereinigt. Die Zebras übernehmen die Aufgabe der »Feind-Ortung« und warnen die Mischherde. Falls es zu einem Angriff durch Leoparden oder Löwen kommt, übernehmen die Gnus die Verteidigung der gesamten Gemeinschaft.

Das größte Schuppentier lebt in den Savannen Afrikas. Es ist das Riesen-Schuppentier *(Manis gigantea)*. Es wird 80 Zentimeter lang, sein Schwanz erreicht eine Länge von 70 Zentimetern. Der Name Schuppentier bezieht sich auf die eigenartige Körperbedeckung dieser Tiere. Es sind symmetrische Hornplättchen, die durch eine Verhornung der Oberhaut hervorgerufen werden. Verliert das Tier einige seiner Schuppen, werden diese automatisch von der Haut »nachgeliefert«. Schuppentiere haben keine Zähne. Deshalb besitzt ihr Magen

Gnu oder Wildochse (1/15 natürlicher Größe)

Langschwanzschuppentier (1/7 natürlicher Größe)

eine verhornte Innenhaut mit Zähnen, die die Nahrung (Insekten) zerkleinern. Bei Gefahr können sich die Schuppentiere zu einer Kugel zusammenrollen. Es existieren auf der Welt insgesamt 7 Arten dieser unter den Säugetieren einmaligen Ordnung. Schuppentiere sind durch ihre scharfen Klauen sogar in der Lage, Bauten von Termiten (Ordnung *Isoptera)* aufzugraben, sie ernähren sich vorwiegend von den Ameisen.

Den längsten Schwanz unter den Schuppentieren besitzt das Langschwanz-Schuppentier *(Manis tetra dadtyla).* Bei einer Körperlänge von 1,3 Metern entfallen zwei Drittel dieser Länge auf den Schwanz.

Die kürzeste Schwangerschaft unter den Säugetieren hat der syrische Goldhamster *(Mesocricetus auratus).* 16 Tage nach der Befruchtung wirft er 4 bis 6 Junge. Die als Haustiere gehaltenen Goldhamster stammen alle von einem einzigen Pärchen ab, welches der Wissenschaftler I. Ahorni im Jahre 1930 bei Aleppo (Syrien) mit zwölf Jungen ausgrub. Die Nachkömmlinge dieser Familie kamen 1931 nach England, 1938 in die Vereinigten Staaten und von dort aus im Jahre 1946 nach Deutschland.

Die längste Schwangerschaft hat der Afrikanische Elefant *(Loxodonta africana).* Von der Befruchtung bis zur Geburt eines, in höchst seltenen Fällen auch zwei Jungen, vergehen 22 Monate.

Die merkwürdigste Schwangerschaft macht das Reh *(Capreolus capreolus)* durch.

Während des Hochsommers wird die Rehgeiß vom Bock »getrieben«, ein Paarungsspiel, bei dem Ricke und Bock oft im Kreis laufen. Dabei bilden sich die sogenannten »Hexenringe« auf Waldboden und in Getreidefeldern. Nach dem »Treiben« begattet der Rehbock die Geiß. Ihre Tragzeit beträgt nur fünf Monate. Das hieße, daß die Jungen mitten im tiefsten Winter zur Welt kommen würden. Um dieses zu verhindern, machen die Rehe eine »Vortragszeit« durch: Von August bis Dezember ruht der befruchtete Keimling im Leib der Mutter, ohne sich weiterzuentwickeln. Erst Ende Dezember setzt die Entwicklung wieder ein. Nach fünfmonatiger echter Schwangerschaft, aber über neun Monate nach der Befruchtung, bringt die Rehgeiß ein bis drei Junge zu Welt.

Die besten Schwimmer unter den Antilopen sind die afrikanischen Buschböcke *(Tragelaphus scriptus).* So haben sie ohne menschliche Hilfe die 60 Kilometer vom Festland entfernt liegenden Inseln im Viktoria-See besiedelt.

Die stärkste Sehkraft unter den Hornträgern hat das Mufflon *(Ovis ammon musimon).* Die kleinste Wildschafart (Gewicht bis zu 50 Kilogramm) ist der einzige Hornträger, der seine Umgebung ununterbrochen beobachtet und als einziger auch nach oben, also zum Himmel, sichert. Selbst gut getarnte Feinde – meist sind es Jäger – kann das Mufflon auf zweihundert bis fünfhundert Meter klar erkennen. Das Mufflon, dessen eigentliche Heimat Korsika und Sardinien war, starb in den fünfziger Jahren des 20. Jahrhunderts fast aus. Wenige Exemplare wurden auf dem europäischen Festland ausgesetzt. Ihr Bestand in Europa beträgt heute etwa 30000. Der Kopfschmuck des Mufflon-Wildes (Umfang am Kopf: bis zu 30 Zentimeter) ist bei Jägern sehr begehrt.

Die meiste Sicherheit bieten für die Wasserböcke *(Kobus ellipsiprymus)* Seen und Flüsse. Die in Afrika lebenden Wasserböcke (Gewicht bis zu fünf Zentnern, Körperlänge bis zu 2,30 Meter) leben in kleinen Herden zusamen. Ein starker Bock, der nur offensichtlich schwächere Männchen in seiner Nähe duldet, sowie acht bis zehn Weibchen bilden ein Rudel. Der Anführer steigt oft – außer ihm tun das nur noch die Pferde-Antilopen – auf Termitenhügel, um von dort Ausschau zu halten. Bemerkt er irgendeine Gefahr, springt er von seinem Wachposten herunter und galoppiert davon. Bedingungslos folgt ihm die Herde. Alle Tiere stürzen sich in das Wasser, wohin ihnen die Raubtiere nicht folgen können. Dem häufigen Aufenthalt im Wasser ist das Fell der Wasserböcke angepaßt. Das lange Haar wird von Hautdrüsen ständig mit einem bräunlichen und streng riechenden Öl eingefettet und somit wasserabstoßend präpariert.

Der beste Hochspringer unter den Säugetieren heißt Klippspringer *(Procavia capensis),* eine Antilopenart mit einer Körperhöhe von maximal 60 Zentimetern. Der Klippspringer schafft aus dem Stand Hochsprünge von 7,50 bis 8 Meter. Er lebt in Afrika. Gefolgt wird der Rekord des Klippspringers vom Puma *(Puma concolor);* dieser springt aus dem Stand bis zu 7 Meter hoch. Als nächstes rangiert ein Wassertier, der Delphin *(Delphinus delphis),* der aus dem Wasser heraus 4,80 bis 5 Meter hoch sringen kann. Danach kommt das Känguruh *(Macropodidae)* mit 3 bis 3,50 Meter und der persische Halbesel Onager *(Equus hemionus onager)* mit Sprüngen – aus dem Stand – von 2,50 Metern. Der menschliche Hochsprung-Weltrekord steht bei 2,34 Meter.

Der beste Tiefspringer ist die Gemse *(Rupricapra rupricapra).* Dieses Horntier, welches in Höhen von 1000 bis 2200 Metern lebt, gibt es an sich nur in Europa. Einige Exemplare wurden nach Neuseeland exportiert und vermehren sich dort rasch. Eine Gemse ist in der Lage, eine senkrechte Felswand bis zu 22 oder 25 Meter hinunter zu springen und auf einem winzigen Vorsprung sicher aufzukommen und sich zu halten. Nach Forschungen des russischen Wissenschaftlers Dinnink hat die Gemse zu diesem Zweck Saugscheiben an den Hufen. Sie bestehen aus einem harten Rand und einer elastischen Innenschicht, die sich beim Aufkommen auf einem festen Grund sofort ansaugen und das Tier haften lassen. Es gibt kein Tier auf der Welt, welches nur annähernd in die gleiche Tiefe springt. 20 Meter entsprechen der Höhe eines vierstöckigen Hauses.

Der beste Weitspringer ist der Weißwedelhirsch *(Odocoileus uirginianus).* Er erreicht ein

Gewicht von 200 Kilogramm, ist in Amerika und Kanada verbreitet und springt aus dem Stand 13 bis 14 Meter weit. Gefolgt wird der Weißwedelhirsch vom Puma (Puma concolor), der es auf eine Weite von 12 Meter bringt, und von einem Känguruh (Macropodidae), das - gemessen im Zoo von Perth - 11 Meter weit sprang. Der Weitsprungrekord des Menschen steht bei 8,90 Meter.

Die größten Staaten unter den Säugetieren bilden die Präriehunde *(Gattung Cynomys).* Diese nur in Amerika lebenden Tiere erhielten ihren Namen zu Unrecht, sie gehören eigentlich zu den Hörnchen. Lediglich ihr hundeartiges Bellen veranlaßte die ersten Trapper, sie »Präriehunde« zu nennen. Die Tiere leben in unterirdischen Staaten und verständigen sich durch Pfeiflaute. Im Jahr 1900 betrug das Gesamtausmaß des größten Präriehunde-Staates im Westen Amerikas 65 000 Quadratkilometer. Da die Präriehunde sehr viel fressen - 300 Präriehunde brauchen täglich so viel Gras wie eine Kuh - und es Millionen von ihnen gab, richteten sie in der amerikanischen Landwirtschaft großen Schaden an. Sie wurden und werden noch erbittert gejagt. Dennoch hielten sich die Staaten dieser Tiere: Das größte heute bekannt Gebiet liegt in Texas und umfaßt 12 000 Quadratkilometer.

Das bequemste Stachelschwein ist der in Afrika lebende Quastenstachler *(Atherura africana).* Das bis zu 45 Zentimeter lange Tier gräbt im Gegensatz zu anderen Stachelschweinarten keine eigenen Erdhöhlen, sondern siedelt sich in natürlichen Höhlen und in Baumlöchern an. Dabei bevorzugt es Unterkünfte in der Nähe menschlicher Ansiedlungen. Quastenstachler sind als Räuber auf Süßkartoffelfeldern gefürchtet.

Die beste Dauertarnung unter den Säugetieren haben die in Asien lebenden Eichhörnchen der Art Sciurus notatus. Sie passen sich einem anderen Tier an, das in den gleichen Lebensräumen existiert, einer Spitzhörnchenart *(Tupaia ferrugineus),* deren Fleisch für Raubtiere ungenießbar zu sein scheint. Die Tiere leben daher ziemlich ungefährdet. Im Laufe einer halben Million Jahre haben nun verschiedene Eichhörnchenarten, deren Fleisch Raubtieren sehr wohl zusagte, die Färbung der »verschmähten« Spitzhörnchen angenommen. Sie werden von den Raubtieren für Tupaias gehalten und in Ruhe gelassen. Die Tarnung - auch Mimikry genannt - ist auf ein Ausleseverfahren zurückzuführen. Nur *die* Eichhörnchen überlebten, die mehr und mehr die Färbung der Tupaias annahmen.

Die beste Wintertarnung hat das Hermelin *(Mustela erminea).* Dieses kleine Säugetier (bis zu 35 Zentimeter lang) hat normalerweise ein braunes Fell. Zu Beginn der Winterzeit haart das Hermelin. Sein Fell wird weiß, bis auf eine kleine schwarze Schwanzspitze.

Am längsten tauchen unter allen Säugetieren kann der Nördliche Entenwal *(Hyperoodon ampullatus).* (Siehe »Wasser«, Kapitel »Säugetiere«)

Am tiefsten tauchen unter den Säugetieren kann der Pottwal *(Physeter catodon).* (Siehe »Wasser«, Kapitel »Säugetiere«)

Die beste Tauchvorbereitung praktizieren die Nutrias *(Myocastor coypus).* Nutrias werden oft auch als Sumpfbiber bezeichnet. Sie gehören jedoch zur Familie der Biberratten. Die in Südamerika lebenden Tiere (Körperlänge bis zu 65 Zentimeter, der Schwanz 40 Zentimeter, das Gewicht bis zu zehn Kilogramm) haben ein Fell mit sehr dichter und weicher Unterwolle. Die ausgezeichneten Schwimmer und Taucher (bis zu fünf Minuten unter Wasser) besitzen an beiden Mundwinkeln Fettdrüsen. Nach dem Tauchen oder Schwimmen streichen sich die Nutrias, auf den Hinterbeinen sitzend, mit den Vorderpfoten über diese talgabsondernden Drüsen und schmieren damit ihr Fell ein. In kürzester Zeit haben die Nutrias so ihr Fell wasserabstoßend präpariert.

Das faulste Tier unter den Säugern ist - wie der Name schon sagt - das Faultier *(Familie Bradypodidae).* Diese Tiere werden bis zu 65 Zentimeter lang und erreichen ein Gewicht von 10 Kilogramm. Sie halten sich mit ihren Krallen im Geäst der Bäume des tropischen Regenwaldes in Mittel- und Südamerika fest, den Bauch nach oben. Die inneren Organe haben sich dieser Lebensweise angepaßt. Selbst die Leber hat sich um 180 Grad zum Rücken hin gedreht und wird – einmalig bei Säugetieren – vom Magen bedeckt. Das Faultier bewegt sich so langsam, daß seine Bewegungen wie eine Zeitlupenaufnahme aussehen. Um ein Bein vor das andere zu setzen, braucht das Faultier 1½ Minuten. Die Tiere können sich an den Zweigen fest verankern und sind nicht auf Nahrungssuche angewiesen, weil ihnen die Nahrung direkt in den Mund wächst. Ihre nach unten hängende Lebensweise führte zu einer besonderen Beweglichkeit des Kopfes, der, wie bei Vögeln, um 180 Grad bis auf den Rükken gedreht werden kann. (Siehe auch »Der beste Gastgeber«)

Das kurzsichtigste Tier unter den Großtieren der Welt ist das Spitzmaulnashorn *(Diceros bicornis)*. Das in Afrika lebende und bis zu 2 Tonnen schwere Tier kann auf eine Entfernung von 10 bis 20 Metern keinen toten Gegenstand, wie einen Baum, von einem Lebewesen, zum Beispiel einem Menschen, unterscheiden. Seine Kurzsichtigkeit wird dem Spitzmaulnashorn oft zum Verhängnis. Von asiatischen und afrikanischen Völkern wird das

Spitz- oder Schwarznashorn (1/20 natürlicher Größe)

Koala oder Beutelbär (1/6 natürlicher Größe)

Horn des Tieres für ein Potenzmittel gehalten. Wilderer töten die Tiere nur ihres Hornes wegen. Oft werden sie auch in Stahlschlingen gefangen. Das größte Horn, das je bei einem Spitzmaulnashorn gesehen wurde, besaß eine Spitzmaulnashorn-Kuh im Amboseli-Park in Namibia. Ihr Horn war 138 Zentimeter lang.

Das meistgejagte Tier Australiens war der Koala *(Gattung Phascolarctos).* Die Kletterbeutler (Körperhöhe bis zu 85 Zentimeter, Gewicht bis 16 Kilogramm) lebten zu Millionen in Australien. Der Koala wurde zuerst zum Spaß, später wegen seines Felles abgeschossen: Allein von 1900 bis 1927 wurden 4½ Millionen Felle in alle Welt verkauft. In Südaustralien und Westaustralien gibt es keine Koalas mehr, die Tiere sind auch in den australischen Staaten Neusüdwales und Victoria fast ausgerottet. Zur Zeit werden auf der Australien vorgelagerten Phillip-Insel, auf der die Tiere ebenfalls leben, Koalas eingefangen und auf dem Festland wieder heimisch gemacht. Der Name »Koala« bedeutet in der Ursprache Australiens »Nichttrinker«. Tatsächlich decken die Koalas ihren Flüssigkeitsbedarf beim Verzehr der von ihnen bevorzugten frischen Eukalyptus-Blätter.

Die einzigen parfumspendenden Tiere Afrikas sind die Klippschliefer *(Gattung Procavia).* Diese Tiere sind nur kaninchengroß und wiegen im Höchstfall 8 Pfund, gehören jedoch verwandtschaftsmäßig zu den Elefanten und Seekühen. Klippschliefer leben in Kolonien zusammen und suchen zur Kotabgabe ständig die gleichen Plätze auf. Die alternden Ablagerungen bilden einen Duftstoff - *Hyraceum* - der von den Negerstämmen zur Herstellung von Parfum verwendet wird.

Die höchste Körpertemperatur unter allen Säugetieren hat der Wolf *(Canis lupus).* Seine ständige Körpertemperatur beträgt zwischen 40, 6 und 41 Grad. Es folgt die Hausziege mit einer Körpertemperatur von 38 bis 40 Grad.

Die niedrigste Körpertemperatur hat der Ameisenigel *(Tachyglossus).* Seine Durchschnittskörpertemperatur beträgt 29 Grad. Die Ameisenigel sind eierlegende Säugetiere bis zu 80 Zentimeter Länge. Sie leben in Australien.

Den merkwürdigsten Transport ihrer Jungen unter den Säugern praktiziert die Schwarzring-Beutelratte *(Marmosa mexicana)*. Das Tier ist so groß wie ein Goldhamster und gehört zur Gattung der Beuteltiere. Die Jungen werden sehr früh (32 Tage nach der Empfängnis) geboren. Bei der Schwarzring-Beutelratte klammern sich die Jungen mit ihren Mäulern an die Zitzen der Mutter. Sie verwachsen dort sozusagen - 2 bis 5 Millimeter lang - mit der Zitze. Mit 8 bis 12 Jungen an den Zitzen geht die Mutter auf Jagd. Manchmal wird eines der Jungen abgestreift. Es stößt Laute aus, die im Ultraschallbereich liegen und für Menschenohren nicht hörbar sind. Die Ratten-Mutter empfängt jedoch die Signale, macht kehrt und legt sich nieder, um das Junge wieder aufzunehmen. Wenn die Jungen größer (42 Tage alt) sind, krallen sie sich noch bis zu 30 Tagen auf dem Rücken der Mutter fest.

Am wenigsten zu trinken brauchen die Säbelantilopen *(Oryx gazella dammah)*. Die nördlich vom Äquator, in der Nähe der Sahelzone lebenden Tiere (bis 200 Kilogramm) haben sich an die dort herrschende lange Trockenheit gewöhnt und sind in der Lage, bis zu vier Monate ohne Wasser auszukommen.

Den giftigsten Tritt unter den Säugetieren versetzt das Schnabeltier *(Ornithorhynchus anatinus)*. Dieses erst 1884 in Australien entdeckte Tier - allerdings nur das Männchen - verfügt über Sporen an den Beinen. Direkt hinter diesen Sporen liegt eine Giftdrüse. Bei der Verteidigung versucht das Schnabeltier, den Gegner mit seinen Sporen zu treffen, das Gift wird sofort abgesondert. Der Inhalt der Giftdrüsen genügt, um gleichgroße Säugetiere

Säbelantilope (1/16 natürlicher Größe)

(Körpergröße 50 Zentimeter) zu töten. Wird ein Mensch von einem Schnabeltier »gestochen«, so schwillt die Umgebung der Wunde an; der Mensch leidet monatelang an Lähmungserscheinungen.

Das größte Trommelfell besitzt der Gorilla *(Gorilla gorilla).* Es ist im Durchschnitt 97 Quadratmillimeter groß. Ihm folgt das Hausrind *(Bos primigenius taurus)* mit 86, das Pferd *(Equus przewalskii caballus)* mit 75 und der Mensch mit 62 Quadratmillimetern Trommelfell-Oberfläche. Dadurch können die großen Säuger die niederen Töne im Bereich bis zu 30 000 Hz besser wahrnehmen, die kleineren Tiere mit geringerer Trommelfell-Oberfläche nehmen die höheren Töne (bis 175 000 Hz) besser wahr. Auf diesem unterschiedlichen Hörvermögen beruht zum Beispiel die Hundepfeife. Ihre Tonhöhe liegt über 30 000 Hz. Der Hund kann den Ton der Pfeife hören, Menschen jedoch nicht.

Der fürsorglichste Vater unter den Säugetieren ist der Rotfuchs *(Vulpes vulpes).* Nach der Geburt der Jungen verläßt der Fuchsmann den Bau. Die Mutter bleibt im Bau, der Vater jagt. In einer bestimmten Entfernung vom Bau legt er seine Beute nieder, die regelmäßig von der Mutter geholt wird, um sich und ihre Jungen zu ernähren. Im Gegensatz zu vielen anderen Säugetierarten kommt es vor, daß beim Tod der Mutter der Vater allein die Versorgung der Jungen übernimmt.

Die ungewöhnlichste Krankheits-Vorbeugung praktizieren die Hasentiere *(Ordnung Lagomorpha).* Sie scheiden zwei Arten von Kot aus: die normalen, harten und runden Kotkügelchen und eine zweite Art, die weich und mit Schleim überzogen ist. Die Hasentiere nehmen die zweite Art der Ausscheidung sofort wieder auf und fressen sie. Grund dafür ist der Vitaminreichtum dieser weichen Kugel. Der weiche Kot wird aus verdauten Getreidekeimen im Blinddarm der Hasentiere gebildet. Er enthält gegenüber den normalen Ausscheidungen die fünffache Menge an Vitamin B1. Dieses Vitamin ist für alle Säugetiere zur einwandfreien Funktion des Nervensystems lebenswichtig. Tagesbedarf des Menschen an Vitamin B1: 2 Milligramm.

Den größten Vorrat an Wasser haben die Kamele *(Familie Camelidae).* Sie gehören zur Unterordnung der Schwielensohler; von ihnen leben noch vier Arten in Asien, Afrika und Südamerika. Kamele erreichen eine Körperlänge von 2,5 Meter. Die Kamele, die in menschlicher Obhut vor allem als Lasttiere in der Wüste gebraucht werden, führen einen »Trockenvorrat« an Wasser mit sich. Dieser befindet sich in Form von Fett in den Höckern *(Camelus ferus)* oder in dem Höcker *(Camelus dromedarius).* Bei Wassermangel »verbrennt« der Körper der Kamele das Fett: 100 Gramm Fett ergeben 107 Gramm Wasser. Ein Dromedar mit einem Höcker von 50 Kilogramm Gewicht hat so einen zusätzlichen Wasservorrat von 53 Litern. Ein Kamel kann in der Wüste bis zu 14 Tagen ohne Wasser verbringen, es verliert dann jedoch bis zu 25 Prozent seines Körpergewichtes. Wenn ein Mensch 5 Prozent seines Körpergewichtes durch Verdunstung verliert, ist sein Sehvermögen gestört; bei 10 Prozent verliert er unter Schmerzen den Verstand. Der Unterschied zwischen der Widerstandsfähigkeit des Kamels und der des Menschen liegt im Verlust des Blutwassers bei Hitze. Ein Zwölftel des gesamten Wassers im Körper eines Säugetieres ist durch das Blut gebunden. Bei Hitze verliert das Kamel weniger Blutwasser, das Blut der anderen Säugetiere, einschließlich des Menschen, wird jedoch dickflüssig; sie sterben am Hitzschlag.

Die ungewöhnlichsten Wächter haben die Tahrs *(Hemitragus jemlahicus).* Die Tahrs sind neben den Mähnenspringern die einzige Bockart, die zugleich mit Ziegen und Schafen verwandt ist. Die oft über 2 Zentner schweren Tiere leben in den Gebirgen des Himalaja und im Wüstengebirge Südwestarabiens. Um ungestört äsen zu können, haben sich die Tahrs mit Glanzfasanen zusammengetan. Die aufmerksamen Vögel bewachen die Herden der Tahrs. Bei der geringsten Vermutung einer Gefahr warnen sie die Tahr-Herde durch ihre Rufe. Diese Frühwarnung ermöglicht es den Tieren, an für die Feinde unzugängliche Stellen des Gebirges zu fliehen. Die Glanzfasane folgen ihnen fliegend dorthin.

Die tollkühnsten Wanderer sind die Echten Lemminge *(Gattung Lemmus).* Die 13 Zentimeter großen und bis zu 120 Gramm schweren Tiere rotten sich in bestimmten Jahren zu Millionen zusammen und unternehmen lange Wanderungen. Es wurde oft behauptet, die Lemminge verüben Selbstmord und stürzen sich ins Meer. Das Geheimnis um den angeblichen »Selbstmordzug« der Lemminge ist geklärt. Zu 90 Prozent bestehen die Züge der Lemminge aus Männchen, die einen neuen Lebensraum suchen. Durch Überbesiedlung bestimmter Gebiete, nicht bloß durch Lemminge, sondern auch durch andere Tierarten, sind die Lemminge gezwungen, sich neue Nahrungsgebiete zu suchen. Die meist schwangeren Weibchen bleiben in ihrem angestammten Lebensraum und sorgen so für den Bestand in diesem Gebiet, während viele Männchen und nur wenige Weibchen sich auf die Wanderschaft begeben. Sie durchqueren dabei Flüsse und Seen, beim Schwimmen hilft ihnen ein Luftpolster unter ihrem Fell. Wenn auch Tausende bei der Überquerung eines

Zebra-Herde (Bergzebras) (1/22 natürlicher Größe)

Flusses oder Sees ertrinken - das Gros der Wanderer kommt ans andere Ufer. Da die Lemminge nicht unterscheiden können, ob es sich um einen See oder um das Meer handelt, stürzen sie sich an den Küsten ins Wasser und gehen zu Hunderttausenden zugrunde.

Das beste Warnsystem unter allen Säugetieren haben die in Amerika lebenden Gabelböcke *(Antilocapra americana).* Das rehgroße Tier (Körperlänge bis 130 Zentimeter) besitzt an seinem Hinterteil lange weiße Haare. Falls eines dieser Tiere einen Feind, einen Leoparden, einen Wolf, einen Puma oder überhaupt etwas Ungewöhnliches bemerkt, kann es die weißen Haare willkürlich flach auseinanderspreizen. Dadurch entsteht eine Art »Spiegel«, der sowohl das Sonnenlicht als auch das Mondlicht reflektiert. Durch dieses optische Warnsystem können sich die Gabelböcke über Kilometer hinweg gegenseitig vor Feinden oder unerwünschten Annäherungen warnen. 1810 lebten in Amerika noch 50 Millionen Gabelböcke. Sie wurden in den siebziger Jahren des 19. Jahrhunderts zum großen Teil abgeschossen. Drei Tiere kosteten damals auf den Märkten 4 Mark. Der Bestand der Gabelböcke in Amerika ist heute gefährdet, ihre Kopfzahl beträgt weniger als 10 000.

Die schwersten Weibchen unter den Antilopen haben die Männchen der Nilgauantilope

Banteng, Wildrind Ostasiens, Stier (vorn), Kuh und Kalb (liegend) (1/20 natürlicher Größe)

(Boselaphus tragocamelus). Die Nilgauantilopen leben in Indien. Während sonst männliche Tiere weitaus schwerer werden, erreichen die Nilgauantilopen-Männchen bei einer Körperlänge von 180 Zentimetern nur ein Gewicht von 200 Kilogramm. Weibchen werden bis zu 2,20 Meter lang und rund ein Viertel schwerer als die Männchen.

Die treuesten Weibchen unter den Säugetieren haben die Vicuñas *(Lama vigugna)*. Es ist die kleinste Form der Lamas (Gewicht 50 Kilogramm, Körperlänge bis zu 1,90 Meter). Die Vicuñas haben ein kleines Verbreitungsgebiet im südamerikanischen Anden-Hochland und wurden von der Urbevölkerung, den Indianern, als Woll-Lieferant geschätzt. Jedes Männchen schart eine Herde von sechs bis fünfzehn Weibchen um sich. Der Vicuña-Mann fühlt sich für die gesamte Herde verantwortlich, ist der Wachsamste und leitet die Herde sowohl beim Weiden als auch bei der Flucht. Während die weiblichen Lamas davoneilen, bleibt der Vicuña-Hengst stehen und sichert so den Rückzug der ihm anvertrauten Herde. Wird bei der Jagd durch Menschen oder durch ein Raubtier ein Weibchen getötet, flieht die ganze Herde, einschließlich des Männchens. Trifft ein Pfeil oder ein Schuß das Männchen und es bricht zusammen, laufen die Weibchen pfeifend und klagend dicht neben dem Körper des Gefallenen im Kreis herum und lassen sich auch durch Schüsse und erneute Angriffe nicht vertreiben. Sehr oft werden sie durch dieses Verhalten Beute von menschlichen Jägern oder Raubtieren.

Der beste Wetterprophet unter den Säugetieren ist das Eichhörnchen *(Sciurus vulgaris)*. Das bekannteste wildlebende Säugetier hat ein sicheres Gespür für Wetterumstürze. Bereits sechs bis zehn Stunden vorher zeigen die Eichhörnchen durch Umherspringen auf den Bäumen Unruhe. Dazu kommt ein eigentümliches, in höchster Erregung ausgestoßenes Pfeifen. Bereits drei Stunden vor dem Ausbruch eines Gewitters – es muß noch keine Wolke am Himmel sein – ziehen sich die Eichhörnchen in ihre Kugelnester zurück und verstopfen die Ausgangslöcher.

Das größte Wildrind ist der Gaur *(Bos gaurus)*. Die in Hinterindien lebenden Rinder erreichen ein Gewicht von über 20 Zentnern. Sie leben in Herden von 8 bis 26 Tieren. Die Gaurs sind die einzigen Tiere, die die Tiger nicht fürchten. Während der Äsung werden Kälber in »Kindergärten« von Kühen behütet, ein Bulle übernimmt den Schutz der Gruppe. Nähert sich ein Tiger und versucht, eins der Kälber anzugreifen, geht der Bulle nicht wie andere Hornträger mit gesenktem Kopf auf ihn zu. Er bietet ihm die Seite dar und teilt Seitwärtshiebe mit dem mächtigen Geweih aus. Die Gaur-Kühe haben ein solches Vertrauen in die Kraft der männlichen Beschützer, daß sie währenddessen ruhig weiterfressen.

Der Gaur gilt für die Jäger seit Jahrhunderten als edles Wild. Seine zwei Arten mit sechs Unterarten sind vom Aussterben bedroht.

Das schönste Wildrind ist das Banteng *(Bos javanicus)*. Die bis zu 18 Zentner schweren Wildrinder leben in Burma, auf Java und auf Borneo. Die Bullen sind meistens blauschwarz oder schwarzbraun, die Kühe in leuchtendem Rotbraun gefärbt. Das Banteng ist besonders auf Borneo gefährdet. Nachdem die Regierung den Einheimischen die Kopfjagd auf Menschen verboten hat, wird das Haupt der Bantengs als Ersatztrophäe benutzt. Die Eingeborenen jagen die Tiere und präparieren deren Köpfe.

Die wichtigste Wildziege für die Menschen ist die Bezoarziege *(Capra aegagrus)*. Vor 7000 Jahren wurde aus den Bezoarziegen unsere heutige Hausform der Ziege gezüchtet. Die Tiere sind auf Siegel-Malereien sowie Bronzetöpfen und Tonarbeiten der alten Griechen zu sehen. Der Stammvater der Hausziege kam bis zu Beginn des Jahrhunderts noch in allen großen Gebirgen der Insel Kreta vor. Heute ist die Bezoarziege fast ausgerottet, nach Schätzungen existieren weniger als 200. Um den Bestand zu erhalten, wurden bereits 1930 ein Dutzend dieser Ziegen auf der unbewohnten Insel Theodoro vor Kreta ausgesetzt. Ihre Anzahl hat sich auf freier Wildbahn vermehrt. Die Ziege erhielt ihre Namen nach dem Bezoaren. Das sind aus Steinen und Haaren entstandene Gebilde in ihrem Magen, die bei den Menschen als Heilmittel galten.

Die feinste Wolle produzieren die in Südamerika heimischen Alpaka *(Lama guanicoë glama)*. Bereits die Inkas züchteten diese Kleinkamele als Haustiere, fingen jedoch auch wild lebende Alpakas und ließen sie nach dem Scheren wieder laufen.

Das einzige lebende tierische Zahlungsmittel sind die in Hinterindien beheimateten Gayale *(Bos gaurus frontalis)*. Es handelt sich um halbwilde Stirnrinder. Der Stamm der Nagas bedient sich der eingefangenen Gayale als Zahlungsmittel: Sie bezahlen damit ihre Steuern und ihre Strafen. Der Hochzeitspreis für eine Frau wird in Exemplaren Gayal festgesetzt.

Die größten Zähne hat der Afrikanische Steppen-Elefant *(Loxodonta africana oxyotis)*. Sie werden über 4 Meter lang. Beide zusammen können mehr als 4 Zentner wiegen. Die schwersten bekannten Elefantenzähne stammen von einem Bullen, der im Jahre 1898 zwölf Kilometer vom Kilimansharo entfernt geschossen wurde. Seine beiden Stoßzähne wogen zusammen 225 Kilogramm; sie wurden nach Amerika verkauft. Das längste Paar Stoßzähne stammt von einem Elefanten aus Kenia: Einer der Zähne mißt 4 Meter, der andere 4,12 Meter. Beide Zähne zusammen wogen 146 Kilogramm. Mit einem erheblichen Unterschied in der Zahnlänge folgt das Walroß *(Odobenus rosmarus)*. Bei einem ausgewachsenen Tier dieser Gattung können die Eckzähne bis zu 1 Meter lang werden.

Den radikalsten Zahnwechsel während ihres Lebens machen die Nasenbeutler *(Gattung Peramelis)* durch. Die in Australien lebenden Tiere besitzen in ihrer Jugendzeit ein nadelspitzes Gebiß, welches sich vorzüglich zum Vertilgen von Insekten eignet. Im geschlechtsfähigen Alter stellen die Tiere sich auf Fleischkost um. Dabei verändert sich ihr Gebiß, sie bekommen anstelle der spitzen Zähne gröbere Mahlzähne. Die Tiere (acht Gattungen mit zusammen neunzehn Arten) leben in Australien und erreichen eine Körperlänge bis 44 Zentimeter. Der Beutel, von dem diese Tiere ihren Namen haben, zeigt bei den Nasenbeutlern nach hinten. Die Jungtiere schlüpfen in den unterhalb des Afters liegenden Beutel und verbringen dort den größten Teil ihrer Kindheit.

Die wenigsten Zebras einer einzigen Art wurden 1913 sozusagen in letzter Minute unter Schutz gestellt. Noch Ende des 19. Jahrhunderts bevölkerten Hunderttausende Bergzebras *(Equus zebra zebra)* die Südspitze Afrikas. Durch vordringende Kolonialisierung und sinnlosen Abschuß wurden die Zebras so dezimiert, daß im Jahre 1913 nur eine Herde von siebenundzwanzig Stück übrig geblieben war. Sie wurde in das Bergzebra-Schutzgebiet von Cradock gebracht, wo sie sich nur zaghaft vermehrte. Heute leben auf der Welt 100 Kap-Berg-Zebras, die meisten davon in Zoologischen Gärten.

Die gewaltigsten Züge von Antilopen bildeten Mitte des vorigen Jahrhunderts im südlichen Afrika die Springböcke *(Antidorcas marsupialis)*. Die bis zu einem Zentner schweren Tiere lebten dort in solchen Massen, daß sie bei Nahrungsmangel regelrechte Armeen bildeten, die sich andere Futtergebiete suchten. Die Springböcke kamen in solch großen und gedrängten Herden, daß selbst angreifende Löwen und Geparden vom Heer der wandernden Antilopen zu Boden gerissen und zertreten wurden. Man schätzt, daß sich Züge bis zu 70 000 Tieren bildeten. Die Ansammlungen der Neuzeit betragen weniger als 1000 Tiere. Der Springbock bekam seinen Namen durch eine körperliche Eigenart: Bei der Wahrnehmung eines verdächtigen Geruchs oder ihm unbekannter Geräusche springt ein Bock mit zusammengekrümmtem Rücken, Vorder- und Hinterläufe zusamenklappend, hoch in die Luft. Dies ist ein Warnsignal für die immer in Herden weidenden Antilopen. Das Alarmsignal wird von den anderen Tieren aufgenommen, so daß nach einem Sprung innerhalb weniger Sekunden die gesamte Herde springend das Weite sucht.

Den merkwürdigsten Zweikampf praktizieren die Mähnenschafe *(Ammotragus lervia)*. Die Tiere – sie leben in abseits gelegenen und schwer zugänglichen Felsengegenden – stellen sich beim Zweikampf während der Paarungszeit Stirn an Stirn. Dann verhaken sie ihre nach hinten gekrümmten Hörner ineinander, stemmen die Füße gegen den Boden und versuchen rückwärts zu gehen. Wer es schafft, den anderen von seinem Standort wegzuziehen, gilt als Sieger. Der Unterlegene räumt das Feld.

Ginsterkatzenpärchen, im Hintergrund beim Anschleichen (¼ natürlicher Größe)

Kriechtiere

Die merkwürdigsten Augen unter den Schuppenkriechtieren besitzt das Chamäleon *(Camaeleonidae)*. Zwei unabhängig voneinander bewegliche Augen ermöglichen es dem Tier (Länge 6 bis 60 Zentimeter), gleichzeitig in verschiedene Richtungen zu schauen. Das Sehvermögen des Chamäleon ist ungewöhnlich scharf. Es kann selbst aus großer Entfernung einzelne Bewegungen kleiner Insekten erkennen. Grund für das ausgezeichnete Sehvermögen ist die hohe Anzahl von Nervenzellen im Auge des Tieres. Bei einem Chamäleon kommen 580000 einzelne Nervenfasern auf 1 Quadratmillimeter Auge. Der Mensch hat von diesen Zellen 160000, das Pferd *(Equus przewalskii caballus)* 12000 auf 1 Quadratmillimeter Auge.

Die einzigen fliegenden Echsen sind die Flugdrachen *(Gattung Draco)*. Es gibt 16 Arten von ihnen, sie leben in Süd-Ost-Asien und auf der Südspitze Afrikas. Flugdrachen sind ausgesprochene Bewohner tropischen Regenwaldes und haben zwei große, flügelartig geformte Hautlappen an den Flanken. Die letzten Rippen ihres Skelettes sind beweglich. Flugdrachen (Länge bis 30 Zentimeter) können aus einer Höhe bis zu 25 Metern starten. Sie lassen sich rückwärts nach unten fallen, drehen sich in der Luft und entfalten ihre »Flügel«. Dieser Gleitflug kann Entfernungen bis zu 90 Meter überbrücken, die Landung ist sehr zielgenau. Das Tier steuert seinen Flug sowohl mit dem Schwanz, als auch mit den Flügeln.

Die einzigen giftigen Echsen sind die Krustenechsen *(Familie Helodermatidae)*. Sie werden bis zu 80 Zentimeter lang und leben vom südlichen Teil der Vereinigten Staaten bis in den Süden von Mexiko. Die Krustenechsen spritzen ihr Gift beim Biß mit den Zähnen des Unterkiefers ein; diese Zähne sind präpariert und tragen an der Vorder- und Hinterseite je eine Furche zur Gifteinspritzung. Das Gift wird in den im Kopf liegenden Giftdrüsen erzeugt. Im Gegensatz zu Schlangen, die nach einem Biß sofort zurückzucken und die Flucht ergreifen, kaut die Krustenechse ein paar Sekunden auf der Bißstelle eines Säugetieres oder eines Menschen umher. Sie massiert dadurch das Gift ein. Es handelt sich um ein Blutgift, das kleine Säugetiere innerhalb von 2 Minuten tötet.

Die größte Echse der Welt ist der Komodo-Waran *(Varanus varanus komodoensis)*. Diese Echsen existieren nur auf Komodo, einer unbewohnten Insel im Malaiischen Archipel. Erst 1912 berichtete der Holländer P. A. Ouwens von jener sagenhaften Echse, die 7 bis 9 Meter lang werden soll. Der Erste Weltkrieg verhinderte eingehende Forschungen. Im Jahre 1926 startete von New York eine Expedition, um auf Komodo diese Echsen zu fangen. Das größte gefangene Exemplar maß vom Kopf bis zur Schwanzspitze 3,22 Meter, das Gewicht betrug 59 Kilogramm. Teilnehmer anderer Expeditionen berichteten, daß sie auf dieser Insel Warane gesehen hätten, die zwischen 7 und 9 Meter lang waren. Die Komodo-Warane sind Fleischfresser, die sich vorwiegend von Aas ernähren, sich aber auch nicht scheuen, ein Wildschwein oder ein Jungtier anzugreifen.

Die intelligenteste Echse zumindest bei der Futtersuche, ist der Drusenkopf *(Conolophus subcristatus)*. Diese Echse lebt im Inneren der Galapagos-Inseln, wird etwa 1 Meter lang und hat eine lebhafte Färbung (gelber Kopf, rot und braunrot an den Körperseiten, dunkelbraun auf dem Rücken und auf dem Schwanz). Diese Echse ist Vegetarier und frißt mit Vorliebe die stacheligen Früchte der Kakteen. Da es ihr aber nicht möglich ist, auf die Bäume zu klettern, klammert sie sich an den Baum, schüttelt ihn regelrecht oder trommelt mit den Füßen dagegen, bis die Früchte auf den Boden fallen.

Die einzige für Kriegszwecke verwendete Echse ist der Bengalen-Waran *(Varanus bengalensis).* Dieses Tier kommt in Asien sehr häufig vor. Es wird gelegentlich bei kriminellen Handlung »eingesetzt«. In ländlichen Gegenden binden Einbrecher einem Waran einfach ein Seil um den Leib. Dann wird der Waran die Schutzmauer der Gehöfte hochgejagt. Der Bengalen-Waran (Länge bis 2 Meter) ist in der Lage, sich in Nischen oder Lücken so festzuklammern, daß ein Mensch an dem vom Waran »gehaltenen« Seil eine 10 Meter hohe Mauer hochklettern kann. Selbst für Kriegszwecke wurden die Bengalen-Warane eingesetzt: Ein unzugängliches Fort, welches von Mohammedanern besetzt war und als uneinnehmbar galt, wurde mit 124 Waranen erobert. An den um die Körper der Warane gebundenen Stricken kletterten Mahratten-Krieger über die Mauer und überraschten die Besatzung. Dieses geschah 1889, als sich das indische Volk der Mahratten *(Dekkan)* anschickte, Indien zu erobern. Anfang des 20. Jahrhunderts wurden die Mahratten von den Engländern unterworfen.

Die einzige auf zwei Beinen laufende Echse ist die Kragenechse *(Chlamydosaurus kingii).* Sie wird 80 bis 90 Zentimeter lang und bewohnt den australischen Raum. Normalerweise lebt sie auf Bäumen, geht aber zur Nahrungssuche auf den Boden. Wird sie erschreckt oder glaubt sie sich in Gefahr, läuft sie auf zwei Beinen weg. Sie balanciert dabei ihr Körpergewicht mit dem Schwanz aus.

Die schnellste Echse ist die Smaragdeidechse *(Lacerta viridis).* Ein Olympiasieger im 100-Meter-Lauf erreicht 2 Sekunden nach dem Start eine Stundengeschwindigkeit von 25,9 Kilometer. Nach 50 Metern schafft er ungefähr 40 Stundenkilometer. Die Smaragdeidechse (Länge bis 17 Zentimeter) startet mit einer Stundengeschwindigkeit von 29 Kilometern. Sie kann die 100-Meter-Strecke in dieser Geschwindigkeit jedoch nur zu 75 Prozent schaffen, dann ist sie erschöpft.

Die einzigen Echsen mit Stimme sind die Geckos *(Gekkota).* Es gibt von ihnen 83 Gattungen mit 675 Arten. Als einzige unter den Echsen können die Geckos sowohl zirpen wie Insekten, bellen wie Säugetiere und quaken wie Frösche.

Die größte Eidechse der Welt ist die Perleidechse *(Lacerta lepida).* Sie kommt in Südfrankreich, Spanien, Portugal und auch in großen Teilen Nordafrikas vor. Die Perleidechse lebt nicht nur von Insekten, sondern frißt auch Vogeleier. Sie überfällt die Nester bodenbrütender Vogelarten, um die Jungen zu fressen. Sie erreicht eine Länge von 90 Zentimetern.

Die kleinste Eidechse heißt Schreiber Smaragdeidechse *(Lacerta Schreiberi).* Sie ist in Portugal und Spanien zu Hause und wird ausgewachsen nur 12 Zentimeter lang.

Die meisten Schwänze haben die Eidechsen *(Lacertidae).* Eidechsen haben die Angewohnheit, sich bei Gefahr und Flucht selbst zu verstümmeln, indem sie den Schwanz abwerfen. Das Abwerfen erfolgt durch einen speziellen Muskel; der Schwanz bricht an einer Bruchstelle im Schwanzwirbel. Er bewegt sich noch längere Zeit und lenkt dadurch die Verfolger ab. Oft reißt jedoch der Schwanz nicht ganz ab. Dann wächst aus der Wunde ein zweiter Schwanz. Der Vorgang kann sich beliebig wiederholen, so daß Eidechsen mit 12 und mehr vollständigen Schwänzen gefangen wurden.

Der beste Taucher unter den Eidechsen ist der Bindenwaran *(Varanus salvator).* Diese Echsen leben in Burma, Siam und auf den Sundainseln. Bei den Eingeborenen sind sie als Hühnerdiebe verhaßt. Wenn sie sich in Gefahr glauben, stürzen sich die Lungenatmer in Flüsse oder Seen. Bindenwarane (Länge bis 3 Meter) können eine Stunde lang ohne aufzutauchen im Wasser verbringen.

Die längste Zunge hat das Chamäleon (*Camaeleonidae*). Das Tier mit einer Körperlänge von 18 Zentimetern kann seine Zunge 24 Zentimeter weit herausschnellen lassen. Die mit einer keulenartigen Spitze versehene Zunge ermöglicht es dem Chamäleon, Beute-Insekten aus einiger Entfernung herbeizuholen.

Der raffinierteste Angler unter den Fröschen ist der in Südamerika lebende Hornfrosch (*Gattung Ceratophrys*). Er sitzt am Wasserrand, läßt seine Pfote ins Wasser hängen und bewegt seine Finger, einen unabhängig vom anderen. Kleine Fische halten den zuckenden Finger für ein Insekt, wollen zuschnappen und werden vom Hornfrosch mit der Pfote aus dem Wasser gezogen und verzehrt.

Die größten Ansammlungen bildet die in Amerika lebende Präriekröte (*Bufo cognatus*). In den amerikanischen Staaten Dakota und Minnesota kommt es alle paar Jahre zu einer Wanderung dieser Präriekröten. Der größte bekannte Zug wurde im September 1941 beobachtet: Damals erschienen etwa 15 Millionen dieser Frösche (Länge bis 7 Zentimeter) in der Stadt Grand Forks. Hunderttausende von Kröten wurden von Autos überfahren; Millionen Überlebende drangen in die Keller der Häuser ein.

Die merkwürdigste Brutmethode hat der Darwin-Nasenfrosch (*Rhinoderma darwini*). Dieser 2 Zentimeter große Frosch lebt in Chile und Patagonien. Das Weibchen des Darwin-Nasenfrosches legt 20 bis 50 Eier und verläßt das Nest. Das Männchen bewacht die Eier. Nach 10 bis 20 Tagen rührt sich die Brut. Das Männchen orientiert sich über die Reife eines Eies, indem es die Bewegung der Eihaut beobachtet. Es schnappt Tag für Tag die jeweils gereiften Eier mit der Zunge und läßt sie in seinen geräumigen Schallsack gleiten. Hier, im Leib des Vaters, schlüpfen die Kaulquappen. Der Schallsack wird durch die wachsende Kaulquappen immer größer. Im Laufe von 20 Tagen wandeln sich die Kaulquappen in Frösche um. Sie verlassen dann den Leib des Vaters durch dessen Mund.

Die giftigsten Eier legt der Aga (*Bufo marinus*). Dieser Frosch (bis zu 20 Zentimeter groß) lebt in Süd- und Mittelamerika. Nach dem Ablaichen sind die Eier – zum Schutz für die Brut – so giftig, daß ein einziges gefressenes Froschei genügt, um einen Hund oder eine Katze zu töten. Auch Menschen, welche irrtümlich Aga-Froscheier gegessen hatten, starben daran. In Südamerika werden oft Froscheier, außer die des Agas, als eine andere Art Kaviar gegessen.

Die meisten Eier legt der Krebsfrosch (*Rana areolata*). Das Tier (10 Zentimeter lang) lebt in Nordamerika. Pro Jahr legt es 12 Laichballen ab, jeder Laichballen enthält zwischen 4 500 und 5 000 Eier.

Die wenigsten Eier legt der Kubanische Zwergfrosch (*Sminthillus limbatus*). Das Weibchen dieses Frosches legt pro Jahr nur ein Ei.

Der am meisten exportierte Frosch ist die Riesenkröte (*Bufo marinus*). Normalerweise lebt sie in den tropischen Regionen Amerikas bis Nordargentinien. Diese Kröten fressen Spinnen, Tausenfüßler, Schlangen, Nacktschnecken und Würmer. Die Tiere (Länge 20 Zentimeter) wurde 1820 erstmals in Französisch-Guayana gefangen und auf der Insel Martinique ausgesetzt, um Insekten zu bekämpfen. Von dort aus wurde sie auf andere Inseln »exportiert«. Im Jahre 1930 war der Zuckerrohr-Anbau auf Hawaii durch Insekten bedroht. Es wurde vermutet, daß der Ertrag des Jahres 1931 kaum 5 Prozent der Ernte des Jahres 1930 betragen würde. Der Wissenschaftler Pembertos fing auf Puerto Rico 148 ausgewachsene Exemplare der Riesenkröte ein; sie wurde nach Hawaii exportiert. Inner halb von 2 Jahren hatten sich die Frösche auf 100 000 vermehrt und so viele Insekten vertilgt, daß 2 Jahre darauf die Farmer ihre normale Zuckerrohrernte hatten. Seitdem wird die Kröte bei Insektenplagen auf andere Inseln und auf das Festland exportiert.

Der fürsorglichste Frosch ist die Wabenkröte (*Pipa pipa*). Sie hat auf dem Rücken wabenartige Vertiefungen, von denen sie ihren Namen hat. Bei der Paarung umklammert das Männchen das Weibchen mit den Hinterfüßen. Auf dem Höhepunkt der Paarung macht das Männchen eine Drehung. Die vom Weibchen in diesem Moment ausgestoßenen Eier fallen auf den Bauch des Mannes und werden sofort befruchtet. Wenn sich das Paar wieder trennt, fallen die Eier auf den Rücken der Mutter, in die Waben. Die Eier versinken immer tiefer in ihnen, die Haut wuchert und umschließt die Eier. Jede einzelne Wabe besitzt durch die neugebildete Haut ein kleines »Fenster«. 2½ Monate lang schleppt die Wabenkröte (Größe 20 Zentimeter) ihre Jungen auf dem Rücken mit sich umher. Nach etwa 100 Tagen sind die Frösche erwachsen, sie verlassen die Waben auf dem Rücken der Mutter.

Die giftigsten Frösche sind die Baumsteigerfrösche *(Dendrobatinae)*. Sie sind in den mittel- und südamerikanischen Wäldern beheimatet. Der Frosch ist so giftig, daß die Indianer ihn zur Herstellung von Pfeilgift verwenden. Die Frösche werden mit einem Stück Holz aufgespießt und über dem Feuer getötet. Die Hitze läßt das Gift aus den Hautdrüsen austreten; es wird aufgefangen, In den gesammelten Sud tauchen die Eingeborenen ihre Pfeilspitzen. Trifft ein präparierter Pfeil ein kleines Säugetier oder einen Vogel, so werden sie auf der Stelle gelähmt und getötet. Beim Menschen wirkt das Gift erst nach längerer Zeit tödlich (2 Stunden). Die Wirkung des Giftes beruht auf dem großen Anteil von Adrenalin, einem im Mark der Nebennieren erzeugten Hormon. Es bewirkt eine Verengung der Blutgefäße, Beschleunigung des Herzschlages und eine Hemmung der Darmbewegung.

Der größte Frosch ist der Goliathfrosch *(Gigantarana goliath)*. Er lebt in den afrikanischen Staaten Angola und Kamerun und wird bis zu 45 Zentimeter lang. Seine Breite beträgt 26 Zentimeter. Die Oberschenkel eines Goliathfrosches werden so dick wie die Handgelenke eines Mannes, seine Augen sind so groß wie Menschenaugen.

Der kleinste Frosch ist der Kubanische Zwergfrosch *(Sminthillus limbatus)*. Ausgewachsene Exemplare erreichen knapp die Länge von 1 Zentimeter. Sie leben nur auf der Insel Kuba.

Der am höchsten lebende Frosch ist die Schwarznarbenkröte *(Bufo melanostictus)*. Ihr Lebensgebiet sind die Berge des Himalaja bis in eine Höhe von 3 500 Meter.

Der für die Medizin nützlichste Frosch ist der Glatte Krallenfrosch *(Xenopus laevis)*. Einer Entdeckung südafrikanischer Ärzte zufolge kann mit Hilfe eines solchen Frosches festgestellt werden, ob eine Frau schwanger ist oder nicht. Wird dem Weibchen eines Glatten Krallenfrosches der Urin einer schwangeren Frau injiziert, legt es innerhalb von 24 Stunden Eier. Diese Reaktion ist auf das Vorhandensein des Hormons Choriongonadotropin zurückzuführen, welches nur im Mutterkuchen schwangerer Frauen gebildet wird. Es veranlaßt diese Kröten, Eier zu legen. Der Schwangerschaftstest ist zu 99 Prozent sicher.

Der reaktionsschnellste Frosch ist der Spitzkopf-Riedfrosch *(Hyperolius concolor)*. Vom Erkennen eines Insektes, dem Rausstrecken der Zunge, deren Wiedereinziehen mit dem Insekt, bis zum Verschlingen der Beute vergehen 15 Hundertstelsekunden. Zum Vergleich: Ein guter menschlicher Schütze, der auf lebende Ziele schießt und schon anvisiert hat, braucht vom Auftauchen des Zieles bis zum Abdrücken 25 Hundertstelsekunden. Die Betätigung des Abzuges dauert eine weitere Hundertstelsekunde. Mit einer Entfernung von 30 Metern gerechnet, braucht die Kugel 4 Hundertstelsekunden, bis sie das Ziel getroffen hat. Der Mann mit dem Gewehr ist um 50 Prozent langsamer als die Kröte.

Der einzige schießende Frosch ist der Aga *(Bufo marinus)*. Im Falle eines Angriffes kann der Aga (Länge 20 Zentimeter) aus Drüsen, die hinter den Ohren liegen, Gift bis zu 50 Zentimeter weit schießen. Das Gift ist so stark, daß es selbst Schlangen, die es in den Rachen bekommen, sofort tötet.

Der einzige Frosch mit Haaren ist der Haarfrosch*(Trichobatrachus robustus)*. Nur in der Paarungszeit trägt das Haarfrosch-Männchen 15 Millimeter lange, durchblutete Hautfäden an den Schenkeln und an den Flanken. Während der Werbungszeit ist der Frosch besonders aktiv und braucht mehr Sauerstoff. Diese Haare sind für den Sauerstoffaustausch hervorragend geeignet und übernehmen einen großen Teil der bei Fröschen sonst üblichen Hautatmung. Der Haarfrosch (4 Zentimeter lang) lebt im westlichen Afrika.

Die einzigen lebenden Jungen bekommen drei Arten von Lebendgebärenden Kröten. Zwei von ihnen, *(Nectophrynoides vivipara* und *Nectophrynoides tornieri),* leben in Tansania. Die dritte lebendgebärende Krötenart wurde 1942 von Lamotte entdeckt: Die Westliche Lebendgebärende Kröte *(Nectophrynoides occidentalis)* kommt nur auf dem Berg Nimba (Guinea) vor. Im Gegensatz zu allen anderen Froscharten legen diese drei Arten keine Eier. Die Männchen der Lebendgebärenden Kröten (Länge bis 2,5 Zentimeter) verfügen über ein bauchwärts gerichtetes Begattungsorgan. Sie umklammern beim Paarungsakt das Weibchen. Der Samen gelangt direkt in die Kloakenöffnung des Weibchens. Die Jungen entwickeln sich in ihrem Leib. Sie haben jedoch keine Körper-zu-Körper-Verbindung (Nabelschnur) mit der Mutter, sondern ernähren sich von den Ausscheidungen der Gebärmutter. Die Lebendgebärenden Frösche bringen 2 bis 16 Junge auf die Welt. Bei anderen Fröschen erfolgt die Fortpflanzung durch aus dem Körper des Weibchens austretende Eier, die erst nach dem Verlassen des Körpers vom Männchen befruchtet werden und außerhalb des Körpers eine längere Entwicklungszeit brauchen.

Als einzige im Salzwasser laichen die Philippinen-Frösche *(Rana cancrivora).* Die Eier aller anderen Frösche gehen in Salzwasser zugrunde. Die Philippinen-Frösche benutzen in der Manila-Bucht die Höhlen der Krabben als Unterschlupf und laichen im Meerwasser (Salzgehalt bis 3 Prozent) ab.

Den größten Wasservorrat hat der Wasserreservoir-Frosch *(Cyclorana platycephalus).* Dieser Frosch (Länge 7 Zentimeter) lebt in den trockenen Gebieten Australiens. In seiner Blase und in eigenartigen Hauträumen kann er bis zu 1 Liter Wasser speichern. Die Eingeborenen graben bei Wassermangel solche Frösche aus, töten sie und trinken deren Vorrat.

Die einzigen zylindrischen Eier legt die Europäische Sumpfschildkröte *(Emys orbicularis).* Diese Schildkröte, die in ganz Europa zu Hause ist und auch in Deutschland vorkam, legt 10 an beiden Rändern abgerundete, zylinderförmige Eier.

Die größte Landschildkröte ist die Seychellen-Riesenschildkröte *(Testuda gigantea).* Die nur auf den Seychellen-Inseln vorkommenden Schildkröten erreichen eine Panzerlänge von 1,20 Meter und ein Gewicht von 300 Kilogramm. Sie sind die langlebigsten Tiere der Welt und werden im Schnitt über 200 Jahre alt.

Die älteste Schildkröte lebte auf St. Helena. Als Napoleon im Jahre 1815 auf die Insel St. Helena verbrannt wurde, war diese Seychellen-Riesenschildkröte *(Testuda gigantea)* 150 Jahre alt. Sie starb im Jahre 1965 im Alter von 300 Jahren. Der britische Weltreisende James Cook schenkte im Jahre 1737 dem König der Tongainseln eine Seychellen-Riesenschildkröte. Sie starb 1966.

Die angriffslustigste Schildkröte ist die Schnappschildkröte *(Chelhydra serpentina),* die eine Länge von 40 Zentimetern erreicht. Sie jagt Fische, Vögel, Schlangen und greift auch Menschen im Wasser an. Sie kann mit einem Biß einen Zeh oder einen Finger abklemmen.

Die kleinste Schildkröte ist die Mühlenberg-Schildkröte *(Clemmys muhlenbergii).* Sie wird maximal 11 Zentimeter lang und 130 Gramm schwer. Sie lebt vorwiegend auf dem Land, kann aber auch im Wasser jagen.

Die einzige kletternde Schildkröte ist die Großkopfschildkröte *(Platysternon megacephalum).* Sie hat einen Hakenschnabel, sehr scharfe, gebogene Krallen und einen rauhen Schwanz. Sie benutzt sie als Hilfsmittel, um senkrecht am Stamm eines Baumes hochzuklettern. Die in Südostasien lebende Schildkröte (Länge 20 Zentimeter) jagt in den Baumkronen Nestvögel.

Als einzige Scharniere am Panzer haben die Gelenkschildkröten *(Gattung Kinixys).* Sie leben in Mittel- und Südafrika. Ihr Rückenpanzer besitzt am hinteren Ende ein Scharnier, das es der Schildkröte (Länge 35 Zentimeter) ermöglicht, das letzte Drittel ihres Panzers auf- und zuzuklappen. Sie ist dadurch in der Lage, ihre hintere Seite während des Ruhens vor Angreifern zu schützen. Bei Wanderungen wird dieses Panzerteil hochgeklappt.

Den grausamsten Tod erlitten etwa 10 Millionen Exemplare der auf den Galapagos-Inseln lebenden Galapagos-Riesenschildkröten *(Testudo elephantopus).* Auf den zu Ekuador gehörenden Inseln (16 größere, 80 kleinere mit insgesamt 7844 Quadratkilometern) lebten noch vor 200 Jahren so viele dieser Schildkröten (Länge 1,20 Meter, Gewicht bis 200 Kilogramm), daß Besucher der Inseln laufen konnten, ohne den Boden zu berühren. Sie schritten über die Panzer der dort lebenden Tiere. Es bürgerte sich ein, daß die Segel- und später Dampfschiffe vor den Inseln Anker warfen und Schildkröten an Bord nahmen. Sie wurden lebend in den Laderäumen verstaut und lieferten bei Bedarf der Schiffsbesatzung frisches Fleisch und bei Wassermangel auch Wasser aus ihrer Blase. Das Fett der Riesenschildkröten wurde später durch speziell zum Schildkrötenfang ausgerüstete Schiffe gewonnen. Die Besatzungen fingen die Tiere und schmorten sie bei lebendigen Leibe in ihrer eigenen Rückenschale. Der Bestand der zweitgrößten lebenden Landschildkröte ist so dezimiert, daß strenge Schutzmaßnahmen eingeleitet wurden.

Die größten Ansammlungen bilden die giftigen Prärieklapperschlangen *(Crotalus viridis).* Sie leben in den südlichen Teilen Nordamerikas und halten ihren Winterschlaf in Massenquartieren. Bis zu 1000 der Schlangen (Länge 2,2 Meter) versammeln sich in einer Höhle für die 5monatige Ruhepause.

Die größte Beschleunigung der Verdauung erhalten Giftschlangen durch ihr Gift. Beim Verschlingen eines Beutetieres spritzen die Giftschlangen (von den 2500 Schlangenarten auf der Welt sind 900 giftig) dem bereits toten Opfer zusätzlich Gift ein. Durch dessen zersetzende Wirkung wird die Verdauungszeit um 50 Prozent herabgesetzt. Die Asiatische Lanzenotter *(Trimeresurus popeorum)* zum Beispiel braucht für die Verdauung einer Ratte ohne zusätzliche Gifteinspritzung 14, mit Gifteinspritzung 6 Tage. Wenn Schlangen die Giftdrüsen in Gefangenschaft operativ entfernt werden, verringert sich durch Verdauungsstörungen ihre Lebenserwartung um fast die Hälfte.

Die meisten Eier legt die in Amerika lebende Schlammnatter *(Farancia abacura).* Die bis zu 1,2 Meter lange Schlange produziert im Jahr bis zu 110 Eier. Sie ist die fruchtbarste Schlange.

Die größten Feinde der Giftschlangen sind die Königsnattern *(Gattung Lampropeltis).* Diese ungiftigen Schlingschlangen sind von Kanada bis Südamerika verbreitet. Eine Königsnatter (Länge bis 2 Meter) umwickelt andere Schlangen so schnell und so fest, daß diese keine Gelegenheit mehr haben zuzubeißen. Königsnattern tun dieses am häufigsten mit den giftigen Klapperschlangen *(Crotalus),* die sie erwürgen und anschließend fressen. Sie sind die einzigen natürlichen Feinde der Klapperschlangen.

Als einzige doppeltes Gift hat die Cascaval *(Crotalus durissus).* Sie wird auch Tropische Klapperschlange genannt, erreicht eine Länge bis zu 2 Meter und ist von Mexiko bis in das südlichste Amerika verbreitet. Die Cascaval erzeugt das für Klapperschlangen typische Blutgift in ihren Giftdrüsen; gleichzeitig aber ein Nervengift, wie es andere Giftschlangen haben. Aufgrund dieser Giftkombination waren bis vor wenigen Jahren 80 Prozent aller Cascaval-Bisse für Menschen tödlich. Es wurde ein Serum gegen das Gift der Cascaval entwickelt. Von 100 gebissenen Menschen kommen dadurch bei sofortiger Behandlung 80 mit dem Leben davon.

Das meiste Gift von allen Schlangen hat die Diamant-Klapperschlange *(Crotalus adamanteus),* die auf dem amerikanischen Kontinent lebt. Bei einem einzigen Biß sondert die Schlange (Länge bis 2,20 Meter) eine Giftmenge aus, die reicht, um 100 erwachsene Menschen zu töten.

Den perfektesten Giftapparat haben die Grubenottern *(Crotalidae).* Ihre Giftzähne sind geschlossene Röhren und als eine Art Kanüle ausgebildet. Sie können ihr gesamtes Gift unter großem Druck und ohne Verlust in den Biß einspritzen. Außerdem können ihre Giftzähne willkürlich bewegt und in Angriffsstellung gebracht werden. Falls ein Giftzahn ausgebrochen wird, wächst er sofort nach. Die Grubenottern wechseln von Zeit zu Zeit sogar freiwillig ihre Giftzähne aus: Die alten Röhrenzähne werden von der Schlange selbst verschluckt. Sie zieht sich 4 Tage zurück, bis der nächste Giftzahn nachgewachsen ist. Ähnliches gibt es bei keiner anderen Giftschlange. Zu den Grubenottern gehören die Texas-Klapperschlangen *(Crotalus atrox),* die Gehörnte Klapperschlange *(Crotalus cerastes)* und die Diamantklapperschlange *(Crotalus adamanteus).* Insgesamt gibt es von ihnen 6 Gattungen mit 130 Arten.

Die schnellste Gifteinspritzung haben die Echten Klapperschlangen *(Gattung Crotalus).* Sie spritzen ihren Opfern ihr Gift mit einer Geschwindigkeit von 3 Metern pro Sekunde in den Körper. Durch die auf Druck beruhende Geschwindigkeit wird das Gift rascher im Körper des Opfers verteilt; der körperliche Verfall setzt schneller ein. Bei anderen Giftschlangen beträgt die Geschwindigkeit der Gifteinspritzung zwischen 0,10 und 1 Meter pro Sekunde.

Die einzige nur nachts beißende Giftschlange ist der Thailändische Gelbe Bungar *(Bungarus fasciatus).* Der Gelbe Bungar (Länge über 2 Meter) ist eine gefährliche Giftschlange. Tagsüber aber sind diese Schlangen ungefährlich. Sie beißen weder ein Säugetier noch einen Menschen. Nachts erwachen sie jedoch zum Leben, greifen andere Schlangen, Säugetiere und auch Menschen an. Das Sekret des Gelben Bungar enthält ein sehr starkes Nervengift. Nach einem Biß tritt beim Menschen der Tod nach 25 Minuten ein. Das merkwürdige Verhalten dieser Schlangen ist auf ihre Lichtempfindlichkeit zurückzuführen. Sie sind Nachttiere, Tageslicht verkraften ihre Augen nicht; Blendung und Lichtschmerz machen den Gelben Bungar tagsüber so apathisch, daß Kinder mit ihm spielen können.

Die gefährlichste Giftschlange der Welt ist die Sandrasselotter *(Echis carinatus).* Sie wird bis zu 65 Zentimeter lang und ist in Asien verbreitet. Das Gift der Sandrasselotter ist fünfmal wirksamer als das Gift der Kobra *(Gattung Naja).*

Die größte Giftschlange der Welt ist die Königskobra *(Ophiophagus hannah).* Sie lebt in Indien, China und in großen Teilen von Burma und Siam. Eine ausgewachsene Königskobra ist über 5 Meter lang. Den Rekord hält eine Königskobra, die im Jahre 1969 in Burma gefangen wurde: Sie war 5,58 Meter lang.

Die kleinste Giftschlange der Welt ist die Bandy-Bandy-Schlange *(Vermicella annulata).* Die lediglich in Australien lebende Schlange wird ausgewachsen nur 25 Zentimeter lang.

Die gefährlichste afrikanische Giftschlange ist die Schwarze Mamba *(Dendroaspis polylepis).* Die Schwarzen Mambas haben die Angewohnheit, ihr Opfer nicht einmal, sondern mehrmals zu beißen. In Rhodesien tötete eine einzige Mamba, die in der Nähe eines Brunnens lebte, innerhalb von 3 Jahren 11 Menschen und über 200 Stück Vieh.

Die gefährlichste amerikanische Giftschlange ist die Texas-Klapperschlange *(Crotalus atrox).* Sie ist leicht reizbar und immer angriffsbereit. Ihre Länge beträgt bis zu 2,2 Meter. Der Biß der Texas-Klapperschlange fordert in Amerika die meisten Todesopfer unter den Menschen.

Die gefährlichste asiatische Giftschlange ist die Sandrasselotter *(Echis carinatus).* (Siehe »Gefährlichste Giftschlange der Welt«). Mehr Todesfälle geschehen jedoch durch den Biß der Kettenviper *(Vipera russelli).* Die Schlangen (Länge 1,70 Meter) sind über ganz Asien verbreitet. Sie erzeugen das meiste Gift unter allen Ottern und sind weitaus angriffslustiger.

Die gefährlichste australische Giftschlange ist der Taipan *(Oxyuranus scutulatus).* Ihr Gift ist so stark, daß ein gebissenes Säugetier (Kuh) innerhalb von 8 Minuten stirbt. Das Gift des Taipans lähmt nicht nur, sondern zerstört außerdem die roten Blutkörperchen im Kreislauf eines Säugetieres.

Die gefährlichste europäische Giftschlange ist die Sandotter *(Vipera ammodytes).* Ihr

Gift ist nicht so wirksam wie das der Schlangen anderer Kontinente, jedoch gehen die meisten Todesfälle durch Schlangenbisse in Europa auf ihr Konto. Diese Schlange lebt in den europäischen Gebirgen in Höhen bis zu 2200 Meter.

Die größte afrikanische Giftschlange ist die Schwarze Mamba *(Dendroaspis polylepsis)*. Sie erreicht eine Länge von 4 Metern.

Die größte amerikanische Giftschlange ist die Buschmeister *(Lachesis mutus)*. Sie erreicht eine Länge von 4 Metern. Ihr Kennzeichen ist ein verhornter Stachel am Schwanzende, mit dem sie zittern und einen Warnton hervorbringen kann. Die Buschmeister lebt in Südamerika.

Die größte asiatische Giftschlange ist die Königskobra *(Ophiophagus hannah)*. Sie wird über 5 Meter lang.

Die größte australische Giftschlange ist der Taipan *(Oxyuranus scutulatus)*. Sie wird 4 Meter lang.

Die größte europäische Giftschlange ist die Levanteotter *(Vipera lebetina)*. Sie erreicht eine Länge von 2 Metern. Das größte Exemplar maß 1,80 Meter und wog 3 Kilogramm.

Die schnellste Giftschlange ist die Schmalkopfmamba *(Dendroaspis angusticeps)*. Die Schlange (Länge 2 Meter) lebt in Nordafrika. Sie kann sich mit einer Geschwindigkeit von 13 Kilometer pro Stunde fortbewegen.

Die längsten Giftzähne hat die Gabun-Viper *(Bitis gabonica)*. Sie kommt in den Dschungeln Afrikas vor, hat einen Durchmesser von 25 Zentimetern und erreicht eine Länge von 2 Metern. Ihre Giftzähne werden 40 Millimeter lang.

Am längsten hungern können die Tiger-Pythons *(Python molorus)*. Im Pariser Zoo hat eine Tiger-Python (Länge bis 10 Meter) 1022 Tage kein Futter zu sich genommen und überlebt.

Das beste Infrarotsystem unter den Schlangen haben die Pythons *(Pythoniae)*. Bestimmte Körper haben bestimmte spezifische Temperaturen und senden eine Strahlung aus, die nur durch aufwendige technische Geräte wahrgenommen werden kann. Die Pythons haben eine empfindliche Membran im Kopf, die diese Infrarot- oder Wärmestrahlung registriert. Dadurch können sie Wärme-Strahlungs-Veränderungen in ihrer Umgebung bis zu 3 Tausendstel Grad wahrnehmen. Eine Riesenschlange ist in der Lage, die Wärmestrahlung eines Säugetieres mit geschlossenen Augen auf 8 Meter Entfernung zu orten und dessen Größe festzustellen. Über ein ähnliches, nicht so hoch ausgebildetes System verfügen die Klapperschlangen *(Crotalus)*. Ihre Membran reagiert jedoch mehr auf die von Beutetieren ausgehende Luftbewegung.

Die meisten lebenden Jungen gebiert die Große Anakonda *(Eunectus murinus)*. Diese größte Riesenschlange bringt bis zu 80 lebende Junge auf die Welt, von denen jedes bei der Geburt 70 Zentimeter lang ist.

Den langlebigsten Samen besitzen die Männchen der Halys-Schlange *(Agkistrodon halys)*. Sie ist über den ganzen nördlichen Teil Asiens verbreitet. Das Weibchen der Halys-Schlange (Länge bis 80 Zentimeter) kann, einmal befruchetet, die Samenzellen des Männchens 3 Jahre lange konservieren. Chinesische Wissenschaftler, die ein gefangenes Halys-Schlangen-Weibchen 3 Jahre, 1 Monat und 15 Tage abgesondert hielten, fanden nach Ablauf dieser Zeit 7 Junge in deren Terrarium.

Die einzige angelnde Schlange ist die Wasser-Mokassin-Schlange *(Agkistrodon piscivorus)*. Der Schwanz der Schlange ist von leuchtend gelber Farbe. Sie hält ihn als farbigen Köder ins Wasser und lockt damit Fische und Frösche an. Wenn die Beute sich anschickt, das Schwanzende zu verschlingen, wendet sich die Wasser-Mokassin-Schlange um und frißt die Geköderten. Die Schlange (1,5 Meter lang) lebt in den Südstaaten der USA. Sie wird wegen der weißen Innenseite ihres Rachens auch »Baumwollmund« genannt. Es ist eine Giftschlange, deren Biß jedoch selten tödlich ist.

Die einzigen fliegenden Schlangen sind die Schmuckbaumnattern *(Gattung Chrysopela)*.

Sie leben in Südostasien und in der Malaiischen Inselwelt. Sie sind Eidechsenfresser und suchen ihr Futter in den Bäumen. Die Schlangen kriechen die Stämme hoch. Ihr 1,5 Meter langer Körper ist mit zwei Flughäuten versehen. Wenn die Schlangen auf einem Baum kein Futter mehr finden, stürzen sie sich aus Höhen von 20 bis 25 Metern vom Geäst. Die Flughäute öffnen sich, die Schlangen gleiten in einer Entfernung bis zu 80 Meter von ihrem Absprungort zu Boden und besteigen den nächsten Baum.

Die gefräßigste Schlange ist die Netzpython oder Gitterschlange *(Python reticulatus).* Sie wird bis zu 10 Meter lang und lebt in Indien, auf den Sundainseln und auf den Philippinen. Ihr Gewicht beträgt bis zu 6 Zentner. Eine Gitterschlange wurde beobachtet, wie sie ein Zwergschwein mit dem Gewicht von 30 Kilogramm in 1¾ Stunden verschlang. Bereits einen Tag danach fraß sie einen 15 Kilogramm schweren und wiederum nur wenige Stunden später einen 25 Kilogramm wiegenden Ziegenbock. Am 6. September 1921 verschlang auf der Insel Salebabu eine 8 Meter lange Gitterschlange einen etwa 50 Kilogramm schweren eingeborenen Jungen. Die Schlange wurde zwei Tage später erlegt. Die Leiche des Jungen wurde fast unversehrt im Leib der Schlange gefunden.

Die größte Schlange der Welt ist die Große Anakonda *(Eunectes murinus).* Der Wissenschaftler Barbour fing im Jahre 1934 eine 14 Meter lange Große Anakonda. Der Körperdurchmesser betrug nach seinen Angaben an der dicksten Stelle 82 Zentimeter. Lediglich die in Südamerika lebende Große Anakonda sowie die Felsenpython *(Python sebae),* die Gitter- oder Netzpython *(Python reticulatus)* und die Tigerpython *(Python molorus)* werden über 8 Meter lang.

Die kleinsten Schlangen der Welt sind die afrikanischen Blindschlangen *(Typhlops erycinus).* Ihr Durchmesser beträgt weniger als 3 Millimeter, ausgewachsene Tiere erreichen eine Länge von 7 Zentimetern.

Die geschickteste Schlange ist die Dickkopfnatter *(Gattung Dipsas).* Sie gehört zur Familie der Schneckennattern. Die Dickkopfnatter ist in der Lage, ihren Unterkiefer in die Öffnung eines Schneckenhauses einzuzwängen. Sie schlägt ihre Zähne in den Körper der Schnecke *(Gastropoda)* und windet die Schnecke durch Drehungen ihres eigene Körpers aus deren Haus heraus. Diese Schlange lebt in Nordamerika und wird bis zu 1,20 Meter lang.

Die langlebigsten Schlangen sind die Anakondas *(Eunectes).* Sie erreichen auf freier Wildbahn ein Lebensalter von 50 Jahren. Die älteste in Gefangenschaft gehaltene Schlange war eine Große Anakonda *(Eunectes murinus)* im Zoo von Washington. Sie wurde 28 Jahre alt.

Die reaktionsschnellste Schlange ist die Texas-Klapperschlange *(Crotalus atrox).* Sie braucht vom Erkennen des Opfers, über Zustoßen und Beißen, dem Druck auf die Giftdrüsen, dem Gifteinspritzen und dem Zurückschnellen des Kopfes eine halbe Sekunde. Die Klapperschlange trägt am Ende ihres Körpers eine Rassel, mit der sie das Geräusch erzeugt, dem sie ihren Namen verdankt. Sie ist in der Lage, 100mal pro Sekunde zu klappern. Aufgrund der hohen Zahl der Bewegungen ist dieses Klappern für den Menschen nur als Schwirren zu hören. Die Klapper dieser Schlangen sind Überbleibsel vorangegangener Häutungen (3mal jährlich). Die Endschuppe wird nicht abgeworfen, sondern verfestigt sich jeweils zu Hornringen. Das Organ dient den Schlangen zur Warnung und Abwehr von Feinden. Sie selbst können das Geräusch nicht hören. Alle Schlangen sind taub und orientieren sich nur nach Bewegungen oder Bodenerschütterungen.

Die giftigste Speischlange ist die Schwarzhals-Kobra *(Naja nigricollis).* Sie beißt nicht, sondern speit ihr Gift einem Angreifer bis auf eine Entfernung von 3 Metern entgegen. Sie zielt dabei auf die Augen. Wenn das Gift die Augen trifft, kann es bei Säugetieren (auch bei Menschen) zu zeitweiliger Blindheit führen. Die in Afrika lebende Schlange (bis 1,20 Meter Länge) wendet das Speien zur Verteidigung, nicht zum Beutefang an.

Die perfekteste Tarnung hat die Rote Milchschlange *(Lampropeltis doliata syspila)*. Sie ist eine harmlose, ungiftige Schlange von 2 Meter Länge. Ihre Farben sind jedoch die gleichen wie die der hochgiftigen Echten Korallenschlange *(Colubridae)*. Dadurch werden sie von ihren Feinden für die gefährliche Korallenschlange gehalten und gemieden. Auch hier ist diese Nachahmung, Mimikry genannt, ein natürliches Ausleseverfahren. Nur die Roten Milchschlangen, die der rot-gelb-schwarzen Zeichnung der Korallenschlange am nächsten kamen, wurden von Feinden aus Angst geschont, überlebten und vermehrten sich.

Der einzige Trick mit dem im Zirkus und auf der Bühne Riesenschlangen *(Boidae)* ruhig gehalten werden, ist die Unterkühlung ihrer Körpertemperatur. Die Schlangen gehören zu den wechselwarmen Tieren. Im Gegensatz zu den Säugetieren entspricht ihre Körpertemperatur immer der ihrer Umgebung. Die Lebensfunktion der Tiere erhält erst ihre volle Kraft, wenn die ihnen zusagende Temperatur herrscht. Bei einer Riesenschlange beträgt diese Temperatur 33 Grad Celsius. Mit Schlangen arbeitende Artisten unterkühlen die Tiere vor der Vorführung bei einer Temperatur von 16 Grad Celsius. Durch die mangelnde Blutzirkulation werden Verteidigungsbereitschaft und Angriffslust herabgesetzt, die Schlangen sind träge.

Das kleinste Verbreitungsgebiet haben die Insel-Lanzenottern *(Bothrops insularis)*. Sie leben lediglich auf der Insel Queimada Grande, die zu Brasilien gehört. Die Insel ist nur zwei Quadratkilometer groß, die Giftschlangen (Länge bis zu 60 Zentimeter) kommen sonst nirgends vor. Die Lanzenottern sind vom Aussterben bedroht. Aber nicht wegen der Ausrottung durch den Menschen, sondern wegen einer durch die Enge bedingten Ausnahmeerscheinung unter den Schlangen. Der Wissenschaftler Hoge vom Giftschlangen-Serum-Institut in Butantan (Brasilien) stellte fest, daß nur 10 Prozent der dort lebenden Schlangenweibchen reine Weibchen sind. Die anderen verfügen über männliche Begattungsorgane. Hoge führt das auf eine - durch Inzucht bedingte - Störung der durch Erbanlage festgelegten Geschlechtsbestimmung zurück.

Die meisten Wirbel im gesamten Tierreich besitzen die Riesenschlangen *(Boidae)*. Ihr Rückgrat wird von 435 Wirbeln gebildet. Die menschliche Wirbelsäule besteht aus 7 Hals-, 12 Brust-, 5 Lenden-, 5 Kreuzbein- und 5 Steißbeinwirbeln, insgesamt 34 Wirbeln.

Die beste Zunge hat die afrikanische Eierschlange *(Dasypeltis scabra)*. Sie ist eine ungiftige Schlange (Länge bis zu 80 Zentimeter), die schlecht sieht und - wie alle Schlangen - taub ist. Sie hat sich auf das Fressen von Vogeleiern spezialisiert. Durch Abtasten eines Eies mit ihrer Zunge ist sie in der Lage festzustellen, wie groß das Ei ist, wie lange es gebrütet wurde, ob es frisch ist oder angebrütet. Diese Schlange lebt nur auf dem afrikanischen Kontinent.

Flugunfähige Vögel

Die längste Brutzeit haben die Königspinguine *(Aptenodytes patagonica)*. Die Vögel (Körperlänge 1 Meter, Gewicht 15 Kilogramm) sind Bewohner der Subantarktischen und der gemäßigten kalten Breiten. Wenn das Pinguinweibchen das Ei gelegt hat, geht es zur Nahrungsaufnahme ins Meer zurück, während dieser Zeit brütet der Mann. Er bleibt 40 Tage ohne Nahrung. Dann kommt das Weibchen zurück, findet ihren Mann in den Brutkolonien durch Lautäußerungen und übernimmt das Brutgeschäft. Es dauert weitere 11 bis 17 Tage.

Den längsten Darm hat der Strauß *(Struthio camelus)*. Allein der Dickdarm wird bei diesem Laufvogel 15 Meter lang. Die Gesamtdarmlänge (im ruhenden Zustand) des Menschen beträgt 1,8 Meter.

Die größten Eier legt das Straußen-Weibchen *(Stuthio camelus)*. Ein einziges Straußenei wiegt bis zu 1620 Gramm, hat eine Länge von 160 und eine Breite von 130 Millimetern. Das entspricht dem Gewicht von 30 Hühnereiern. Die Schale ist 2 Millimeter dick. Während der Brutzeit hat der Strauß außer einer Hauptfrau noch zwei bis vier Nebenfrauen. Er befruchtet sie alle, sie legen die Eier (bis zu 6 pro Weibchen) in ein einziges Nest. Danach verjagt der Straußen-Mann die Nebenweibchen. Er brütet die Eier aus und führt auch später als erster die Jungen. Das Gewicht eines Straußeneis beträgt 1,7 Prozent des Vogel-Gesamtgewichtes.

Das größte Ei im Verhältnis zum Körpergewicht legt der flugunfähige Kiwi *(Familie Aperygidae)*. Der nur auf Neuseeland lebende Laufvogel (Gewicht bis 4,5 Kilogramm) legt jährlich nur ein einziges Ei, das mit 1,5 Kilogramm 33 Prozent seines Körpergewichtes beträgt.

Das kleinste Ei im Verhältnis zum Körpergewicht legt der Kaiser-Pinguin *(Aptenodytes forsteri)*. Die Kaiser-Pinguine brüten nur an der Küste des antarktischen Festlandes auf Treibeisflächen. Ihr Brutgebiet reicht bis zu 1400 Kilometer an den Südpol heran. Die größten aller Pinguine (Gewicht bis zu 30 Kilogramm) legen pro Jahr 1 bis 2 Eier, deren Legegewicht 1,4 Prozent ihres Körpergewichtes entspricht.

Die längsten Federn besitzen die Nagao-Dori-Hühner *(Zuchtform von Gallus gallus)*. Sie sind auch unter dem Namen Phoenix-Hühner bekannt. Im Jahre 1655 wurden sie auf der südjapanischen Insel Shikoku von dem Inselbewohner Takechi Riemon gezüchtet. Ihre Schwanzfedern erreichen eine Länge von 6 Metern. Die Federn der außerhalb Japans gezüchteten Nagao-Dori-Hühner werden höchstens 4,5 Meter lang.

Die einzigen Vögel mit Geruchssinn sind die Kiwis *(Familie Aperygidae)*. Es sind Laufvögel, die auf Neuseeland leben und nur nachts aktiv werden. Die Kiwis (Körperlänge bis 90 Zentimeter) sind die einzigen Vögel, die keine Augentiere sind, also nicht zuerst auf optische Reize und Eindrücke reagieren. Dafür haben die Kiwis einen Geruchssinn, der allen anderen Vögeln fehlt.

Das größte Gewicht beim Schlüpfen haben die Jungen des Strauß *(Struthio camelus)*. Keines von ihnen wiegt weniger als 1 Kilogramm. (Siehe »Die größten Eier«)

Der schnellste Laufvogel an Land ist der afrikanische Strauß *(Struthio camelus).* Der Strauß (Körpergewicht bis 160 Kilogramm, Körperhöhe bis 3,10 Meter) lebt in den offenen Savanen, aber auch im dichtesten afrikanischen Busch und im felsigen Bergland. Auf der Flucht erreichen die Vögel eine Stundengeschwindigkeit von 65 Kilometern.

Das größte Nest baut das Grabhuhn *(Megapodius freycinet),* welches an der Ostküste Australien lebt. Wie bei den Thermometerhühnern (siehe »Die besten Wärme-Ingenieure«), baut das Grabhuhn ein Nest, dessen Zusammensetzung aus Laub und Erde Grundlage für eine gleichbleibende Temperatur ist und in dem die Jungen ausgebrütet werden. Das Nest des Grabhuhns (Rebhuhngröße) erreicht einen Durchmesser von 12 Metern und eine Höhe von 5 Metern.

Die besten Rundblick-Augen hat der Brillenpinguin *(Sphenicus demersus).* Er brütet auf den Inseln vor der südafrikanischen Küste. Die Augen des Brillenpinguins (Körperlänge bis zu 70 Zentimeter) sind so gestaltet, daß er mit jedem Auge ein Einzelbild empfangen kann. Die Rundblick-Augen garantieren diesem flugunfähigen Vogel ohne Kopfdrehung einen dauernden Überblick über seine Umgebung und somit eine vorzeitige Warnung vor Feinden.

Die besten Wärme-Ingenieure unter allen Lebewesen sind die Thermometerhühner *(Leipoa ocelata).* Sie gehören zur Ordnung der Großfußhühner *(Megapodiidae)* und leben in den trockenen Gebieten Australiens. Während des Winters scharrt der Hahn eine 2 bis 2,50 Meter tiefe Grube aus. Er bringt Laub und Erde in diese Grube. Darüber entsteht ein Hügel von 1,5 Meter Höhe. Das Thermometerhuhn (Körperlänge bis 2 Meter, Gewicht 11 Kilogramm) braucht für den Bau 4 Monate. Durch den einsetzenden Regen werden Laub und Erde naß; die auf die Mischung scheinende Sonne entwickelt Wärme. Die Hennen legen ihre Eier in diesen Haufen und werden nach der Ei-Ablage vom Männchen vertrieben. Der Hahn übernimmt das Brutgeschäft. Die Eier müssen eine Brutwärme von 33,5 Grad Celsius haben. Da es jedoch tagsüber sehr warm und nachts sehr kalt ist und auch die Temperaturen während der Tageszeiten schwanken, muß der Hahn durch Wegschaffen von Erde und Hinzufügen neuen Laubes die Temperatur immer auf 33,5 Grad halten. Der Hahn prüft die Temperatur im Bruthaufen ständig dadurch, daß er seine Zunge an den verschiedensten Stellen in den Bruthaufen stößt. Die Zunge ist so empfindlich, daß er eine Abweichung von 1 Zehntelgrad spüren kann. Das Ausbrüten in diesem »Brutofen« dauert 7 Monate. Während der gesamten Zeit mißt und reguliert der Hahn die Wärme.

Der größte Vogel der Welt ist der Strauß *(Struthio camelus).* Seine Höhe beträgt bis zu 3,10 Meter, er erreicht ein Gewicht von 200 Kilogramm.

Landschnecken

Die größten Eier legt die Gemeine Riesenschnecke *(Achatina fulica)*. Diese Schnecken leben vorwiegend in Afrika und werden bis zu 30 Zentimeter lang. Die Länge ihres Gehäuses beträgt 20, dessen Breite 10 Zentimeter. Die Schnecken werden von den Eingeborenen als Nahrungsmittel gesammelt. Jede Schnecke legt pro Jahr 4mal je 20 bis 30 Eier. Jedes Ei hat eine Länge von 2,5 Zentimetern.

Die größte Landschnecke ist die Echte Achatschnecke *(Achatina achatina)*. Sie lebt im tropischen Dschungel und wird 35 Zentimeter lang; ihr Gehäuse erreicht eine Länge von 25 Zentimetern und wird bis zu 13 Zentimeter breit.

Die kleinste Landschnecke ist die Zwergschnecke *(Punctum pygmaeum)*. Sie hat eine flache Schale und hält sich vorwiegend unter faulendem Laub und moderndem Holz auf. Sie wird 3 Millimeter lang.

Die kräftigste Schnecke ist die Weinbergschnecke *(Helix pomatia)*. Sie ist in der Lage, das 200fache ihres eigenen Gewichtes zu ziehen. 25 Weinbergschnecken wären theoretisch in der Lage, ein Gewicht von 70 Kilogramm – einen ausgewachsen Menschen – auf einem Wagen fortzubewegen.

Die seltenste Schnecke ist der »Schneckenkönig«. Es ist eine Weinbergschnecke *(Helix pomatia)*, die im Gegensatz zu ihren Artgenossen eine Linkswindung im Aufbau des Schneckenhauses besitzt. »Schneckenkönige« sind normale Weinbergschnecken. Unter 10 Millionen dieser Schnecken mit rechtsgewundenem Haus kommt jedoch ein »Schneckenkönig« nur ein einziges Mal vor.

Landinsekten

Die besten Architeken sind die Termiten *(Isoptera)*. Diese bis zu 20 Millimeter langen Ameisen bauen ein komplettes »Hochhaus«, mit Brautgemach für die Königin und ihren Gemahl, mit Kinderzimmern und einer Klimaanlage. Es findet ein Luft- und Wärmeaustausch statt, der mittels eines ausgekügelten Kanalsystems den ganzen Bau entlüftet und frische Luft zuströmen läßt. Die höchsten Termitenhügel sind 6 Meter hoch. Das höchste Gebäude der Welt (ein Geschäftshaus in Chicago) ist 443 Meter. Würden die Menschen im Verhältnis zu ihrer Größe genauso hoch bauen wie die Termiten, müßte das höchste Gebäude der Welt 800 Meter hoch sein.

Die eigenartigste Befruchtung haben die Skorpione *(Scorpiones)*. Während eines Befruchtungstanzes legt das Männchen sein Sperma auf dem Boden ab. Dann ergreift es das Weibchen bei den Armen. Sowie das Weibchen über dem Samenhaufen ist, wird es vom Männchen gestochen. In diesem Moment öffnet sich unten am Leib des Weibchens eine Klappe. Mit geöffnetem Leib sinkt es auf den Samenhaufen. Nach ein paar Minuten erholt es sich wieder von dem für andere Tiere tödlichen Stich; das Weibchen ist jetzt befruchtet. Eine ähnliche Art der Befruchtung haben die Silberfischchen *(Lepisma)*. Die Männchen dieser Insekten arbeiten jedoch mit kleinen, gesponnenen Fäden, über die sie die Weibchen stolpern lassen, damit sie den auf dem Boden abgelegten Samen in Form einer mit der Spitze nach oben gerichteten Pyramide *(Spermatophore)* in ihren Leib aufnehmen.

Die größte Explosion innerhalb eines Lebewesens geschieht im Leib des Bombardierkäfers *(Phersosophus aguatus)*. Im Hinterleib des Käfers gelegene Drüsen stellen zwei chemische Substanzen her, die in getrennten Kammern innerhalb seines Leibes aufbewahrt werden. Eine der Kammern sondert ein 23prozentiges Wasserstoff-Superoxyd (H_2O_2) ab. Wird ein Bombardierkäfer (Länge bis 2 Zentimeter) angegriffen, öffnen sich die Kammern. Die beiden chemischen Substanzen kommen in der Hauptkammer zusammen und explodieren. Sauerstoff wird frei, die vermischte Substanz spritzt dem Angreifer entgegen. Bei großen Bombardierkäfern ist diese Explosien vernehmbar. Kriechtiere und Vögel schrecken vor dem Geruch zurück und tragen Schäden davon, wenn sie das Explosionsgemisch in den Rachen bekommen.

Der beste Fallensteller unter den Insekten ist der Ameisenlöwe *(Familie Myrmeleonidae)*. Der Ameisenlöwe ist die Larve eines libellenähnlichen Insektes, das Ameisenjungfer genannt wird. An einer sonnigen Stelle schaufelt er sich mit den Vorderbeinen Sand auf den Kopf. Mit einer ruckartigen Bewegung wirft er den Kopf zurück und schleudert den Sand fort. Das macht der Ameisenlöwe solange, bis er eine 3½ bis 4 Zentimeter tiefe Grube gegraben hat, die nach unten spitz zuläuft. Auf dem Boden dieser Grube sitzt der Ameisenlöwe und wartet auf Insekten, die auf dem lockeren Rand des Trichters ins Rutschen kommen, genau vor seine Greifzangen. Der bis zu 3 Zentimeter lange Ameisenlöwe lähmt seine Beute durch Einspritzen von Gift und tötet sie schließlich durch einen Biß der Saugzangen.

Die einzige leuchtende Fliege existiert auf Neuseeland. Ihr Name ist Waitomo-Gnitze.

(Arachnocampa luminosa). Sie ist etwa doppelt so groß wie eine normale Mücke. Die Larven der Waitomo-Gnitze spinnen sich 5 bis 6 Zentimeter lange Hüllen, von denen selbst gesponnene Fäden von 15 bis 60 Zentimeter Länge herabhängen. Die Fäden haben im Abstand von etwa 3 Zentimetern kleine klebrige Kügelchen. Der Hinterleib dieser Larve erzeugt ein Licht, das die herabhängenden Fäden bescheint. Dadurch werden andere Insekten angelockt und bleiben an den Kügelchen hängen. Die herabhängenden Fäden mit den Kügelchen dienen der Waitomo-Gnitze gleichzeitig als Hörfäden: Sowie ein lautes Geräusch ertönt, geht das in ihrem Hinterleib erzeugte Licht aus. Das Larvendasein dieser Fliege dauert 4 Monate. Während dieser Zeit fressen sie sich an den gefangenen Insekten fett. Danach schlüpfen sie und fressen während ihres einmonatigen Lebens nicht mehr. Nach der Paarung legen die Weibchen wieder ihre Eier in den Waitomo-Höhlen ab.

Die besten Gastgeber sind die Roten Waldameisen *(Formica rufa).* Wie Haustiere halten sie sich die Raupen eines Schmetterlings, des Arion-Bläulings *(Maculinea arion).* Die Puppe des Arion-Bläulings häutet sich auf den Thymianpflanzen und verläßt sie als Raupe. Wenn Rote Waldameisen eine Raupe sehen, klettern sie sofort auf deren Rücken und beginnen zart ihre Drüsen zu streicheln, bis ein süßer Saft herauskommt, den die Ameisen mögen. Die Raupe krümmt sich zusammen, die Ameisen schleppen sie in ihren Bau. Dort wird sie in einem separaten Gemach gehalten und mit den eigenen Larven der Ameisen gefüttert. Dafür produziert sie den Saft für die Ameisen. Nach 6 Wochen verläßt die Arionlarve unbehelligt den Ameisenbau, häutet sich abermals und fliegt als Schmetterling davon.

Die eigenartigste Geburtshilfe leisten die Mottenmilben *(Pyemotes herfsi).* Sie gebären voll entwickelte Junge. Werden Männchen geboren, so bleiben die Neugeborenen rund um den Mutterleib sitzen, stechen diesen an und ernähren sich von dessen Säften. Erscheint jedoch ein Weibchen in der Geburtsöffnung, ziehen die Männchen die Schwester aus der Geburtsöffnung heraus. Diese Geburtshilfe wird nur weiblichen Mottenmilben gewährt. Sofort nach der Geburtshilfe wird die Schwester von den brüderlichen Geburtshelfern begattet.

Die radikalste Geburtenregelung und auch die einzige unter den Insekten haben die Mehlkäfer *(Tenebrio molitor).* Die Larve des Mehlkäfers ist der Mehlwurm. Wenn die Mehlkäfer (bis zu 1,5 Zentimeter groß) über zu viele Artgenossen stolpern, strömt aus einer am Hinterleib gelegenen Drüse ein Gas. Dieses Gas ist für die Larven der Käfer tödlich. Sie reduzieren damit die Kopfzahl. Das Gas hat noch eine andere Eigenschaft: Es betäubt den Fortpflanzungstrieb der erwachsenen Käfer, sie paaren sich nicht mehr.

Die besten Haustierhalter unter den Insekten sind die Schwarzen Wiesenameisen *(Lasius niger).* Sie bauen für Blattläuse *(Aphidina)* separate kleine Lehmhütten an Stengeln und Blattstielen. In diesen »Schutzhütten« können sich die Blattläuse vor Feinden verbergen. Die Ameisen melken diese Blattläuse. Sie geben einen Saft ab, den die Ameisen lieben. Wenn Blattläuse ihr von den Ameisen gebautes Heim nachts heimlich verlassen, suchen die Wiesenameisen wie Hirten morgens die Blattläuse zusammen und bringen sie auf dem Rücken zurück zu ihren Behausungen. Genügt einem Ameisenstaat die Anzahl der Blattläuse nicht, die sie außerhalb ihres Quartieres untergebracht haben, so holen sie sich Blattläuse von der freien Wildbahn. Die Gelbe Wiesenameise hält sogar 2 Arten von Blattläusen. Eine oberirdisch in von den Ameisen selbst gefertigten kleinen Behausungen, eine unterirdisch im Ameisenstaat. Wenn die Blattläuse Eier legen, sammeln die Ameisen sie ein und bewahren sie den Winter hindurch in ihrem eigenen Bau auf. Bei Anbruch des Frühjahrs bringen sie die Eier zu den richtigen Futterpflanzen, damit sich die Blattläuse gut entwickeln und später gemolken werden können.

Der beste Hochspringer im Verhältnis zu seiner Körpergröße ist der Floh. Mit seinen 2½ bis 4 Millimetern Länge springt er 20 Zentimeter hoch. Im Verhältnis zu der Größe eines Flohes müßte ein menschlicher Hochsprung-Weltrekordler aus dem Stand 157 Meter hoch springen.

Die größten Insekten der Welt sind die Gespensterschrecken *(Phasmida).* Sie leben in tropischen Ländern und haben ihren Namen von ihrem abenteuerlichen Aussehen, das an Gespenster erinnert. Gespensterschrecken werden bis zu 40 Zentimeter lang.

Die stärksten Insekten sind die Nashornkäfer *(Dynastinae).* Sie wiegen bis zu 3 Gramm und schleppen das 850fache ihres Gewichtes. Zum Vergleich: Der Weltrekord der menschlichen Schwergewichtsklasse liegt bei 337,5 Kilogramm. Würde ein Mensch die gleiche Leistung wie der Nashornkäfer vollbringen, müßte der Olympische Rekord bei 97750 Kilogramm im Heben liegen. Das sind fast 100 Tonnen und entspricht dem Gewicht eines mittleren Blauwales. Auch die Biene *(Apoidae)* ist bei den fliegenden Insekten unter den Rekordhaltern: Sie trägt im Flug 24mal ihr eigenes Körpergewicht und kann Lasten ziehen, die 300mal ihr Gewicht ausmachen.

Die nützlichste Larve ist die Larve der Kaisergoldfliege *(Lucilia caesar).* Sie gehört zur Familie der Schmeißfliegen *(Calliphoridae).* Die erwachsenen Fliegen legen ihre Eier in der menschlichen und tierischen Nahrung ab. So gelangen die Larven auch in eiternde Wunden und ernähren sich dort. Diese Eigenart hat sich die Medizin zunutze gemacht. Die Larven der Kaisergoldfliege werden in stark verschmutzte und eiternde menschliche Wunden gesetzt. Innerhalb weniger Stunden haben sie diese gesäubert, danach werden sie wieder entfernt. Künstliche Wundreiniger würden Entzündungen hervorrufen.

Die größte Leuchtkraft haben die südamerikanischen Leuchtschnellkäfer *(Pyropherus noctilucus).* Ihr Licht ist so hell, daß sich die Eingeborenen auf nächtlichen Ausflügen ein solches Insekt an die Hand oder den Fuß binden, um Licht zu haben. Die Energie für die Leuchtkraft wird in zelleigenen Körperchen *(Mitochondrien)* erzeugt. Das Licht der Käfer ist kalt, es wird keine Wärme abgegeben. Während des spanisch-amerikanischen Krieges (1898) wurde von den Amerikanern ein nächtlicher Überfall auf eine spanische Garnison übernommen: Einzige Lichtquelle war ein mit Leuchtschnellkäfern gefülltes Glas. 40 Leuchtschnellkäfer (Länge 1 Zentimeter) erzeugen die Helligkeit einer normalen Kerze. Erst 6000 der in Europa heimischen Großen Leuchtkäfer *(Lampyris noctiluca)* haben die gleiche Leuchtkraft.

Das höchste Lebensalter unter den Insekten erreichen die Termiten *(Isoptera).* Sie werden bis zu 60 Jahre alt.

Die beste Nase haben die Ameisen *(Formicoidea).* Der englische Wissenschaftler Sir John Lubboc führte ein Experiment durch: Er nahm eine Ameise aus einem Bau, tauchte sie in schwachen Alkohol, schließlich in Wasser und zuletzt in den Saft von zerquetschten Ameisen anderer Bauten. Die so behandelte Ameise konnte ohne weiteres in den Bau jener Ameisen gebracht werden, deren Geruch sie durch den Saft an sich hatte, selbst wenn sie größer war und anders aussah. Nach weniger als 2 Stunden verlor sie diesen künstlich erhaltenen Geruch, wurde als Fremde erkannt und von den anderen Ameisen getötet.

Die größte Schubkraft haben die Schrecken *(Ordnung Saltatoria).* Diese Insekten – zu ihnen gehören auch die Heuschrecken – besitzen reizempfindliche Nerven in den Sprungbeinen. Diese steuern in jedem der Beine 3000 Muskelfasern, die das Tier beim Sprung wie von einem Katapult geschossen erscheinen lassen. Die gebündelte Schubkraft der Muskelfasern leistet beim Sprung das 20000fache des Eigengewichtes einer Schrecke.

Die einzigartigste Schußwaffe besitzt der Nordamerikanische Dunkelkäfer *(Eleodes).* Er stellt sich bei Angriffen auf den Kopf und spritzt ein Sekret aus seinen im Hinterleib gelegenen Drüsen, das jeden Angreifer bis in eine Entfernung von 1 Meter trifft.

Den gefährlichsten Speichel hat der Menschenfloh *(Pulex irritans).* Ein Tropfen dieses Speichels würde genügen, um bei 1500000 Menschen Hautentzündungen hervorzurufen. Bei einem Stich läßt ein einziger Floh jedoch nur 0,00004 Kubikmillimeter Speichel in eine Wunde rinnen, um das Blut des Opfers an dieser Stelle gerinnungsfähig zu machen. Für eine Speichelmenge in der Größe eines normalen Wassertropfens speicheln 1750000 Flöhe.

Die größten Staaten bilden die Termiten *(Isoptera)*. Unter den mehr als 2000 Arten dieser Insekten gibt es Völker, die 60 Millionen Einzelköpfe in einem Staat erreichen.

Die beste Tarnung hat die Fangschrecke *(Hymenopus coronatus)*. Sie lebt in Malaysia und hat sich als Dauerquartier die rosafarbenen Blüten einer Orchidee ausgesucht. Ihr Körper ähnelt so sehr diesen Blüten, daß Insekten sie als Blüten anfliegen und Nektar suchen. In diesem Augenblick schnappt die Fangschrecke (Länge 8 Zentimeter) zu und frißt sie.

Die besten Taucher unter den Insekten sind die Taumelkäfer *(Gyrinidae)*. Sie ernähren sich von im Wasser lebenden Larven. Zur Jagd setzen sich die Käfer (Länge 6 Millimeter) auf die Wasseroberfläche und halten nach Beute Ausschau. Entdecken sie ein im Wasser schwimmendes Opfer, tauchen sie hinab und packen es. Der Taumelkäfer taucht bis zu 40 Zentimeter tief.

Die meisten Weibchen auf einen Mann gibt es in der Familie der Gespensterschrecken *(Phasmida)*, die ihren Namen ihrem gespensterhaften Aussehen verdanken. Bei einer Art *(Carausius morosus)* kommt auf 1000 Weibchen ein Männchen. Grund für die geringe Anzahl der Männchen ist eine Eigenart dieser Insekten: Sie brauchen für die Befruchtung ihrer Eier kein Männchen. Wenn die Eier den Leib verlassen, sind sie bereits befruchtet.

Der beste Weitspringer im Verhältnis zu seiner Größe ist der Menschenfloh *(Pulex irritans)*. Dieses Tier (2 bis 3 Millimeter lang) springt 40 Zentimeter weit. Zu dieser Leistung befähigt den Floh eine einmalige Eigenschaft: Er kann in seinem Körper Energie ansammeln. Dazu braucht er eine Zehntelsekunde, zum Springen lediglich eine Tausendstelsekunde. Der menschliche Weltrekord im Weitsprung steht bei 8,90 Meter. Das Größenverhältnis zugrundegelegt, müßten menschliche Olympiateilnehmer 270 Meter weit springen.

Die besten Wundklammern bilden für die Eingeborenen der indonesischen Insel Bali die Zangen der Ameisen *(Formicoidae)*. Zur Behandlung größerer Verletzungen fangen die Eingeborenen Ameisen. Durch die Berührung befinden sich die Ameisen in verteidigungsbereitem Zustand, ihre Zangen sind weit geöffnet. Der Kopf der Ameise wird so an die Wunde herangeführt, daß eine der Zangen den einen und die andere Zange den anderen Wundrand berühren. Das Insekt beißt zu. In diesem Moment wird der Kopf der Ameise abgetrennt; die zurückbleibenden Zangen bilden eine natürliche Wundklammer. Durch die an den Kiefern haftende Ameisensäure (H-COOH) wird eine Wundinfektion vermieden. Mit 5 bis 7 Ameisen können Wunden von 10 Zentimeter Länge geklammert werden. Dieses Verfahren war bis 1780 auch in Frankreich und Italien üblich.

Spinnen

Der beste Fischer unter den Spinnen ist eine argentinische Spinnenart mit dem lateinischen Namen *Diapontia kochii.* Sie webt an der Wasseroberfläche ein trichterförmiges Netz, besonders kurz vor Regenfällen. Dieses Netz wird auf Steinen im Fluß drapiert. Im steigenden Wasser taucht das Netz unter. Kaulquappen, oft sogar kleine Fische verfangen sich darin. Die Spinne holt das Netz ein und frißt den Fang.

Das am schnellsten wirkende Gift besitzt die Javanische Riesenspinne *(Mygale javanica).* Nach einem Biß der bis zu 8 Zentimeter langen Spinne verendet ein 10mal größeres Lebewesen innerhalb einer Minute. Größere Lebewesen, wie ein Mensch, sterben 10 Minuten nach dem Biß des Tieres.

Die einzigen Hochzeitsgeschenke bringen die Männchen der Jagdspinne *(Pisaura listeri).* Das Männchen fängt eine Fliege, webt sie ein und überreicht sie dem Weibchen als Brautgabe. Nichtpaarungswillige Weibchen verjagen den Mann samt seinem Geschenk. Nimmt ein Spinnenweib das Geschenk jedoch an, ist es paarungsbereit.

Die geschicktesten Jäger sind die Lassospinnen, von denen jeweils einige Arten in Australien *(Dicrostichus),* in Amerika *(Cladomelea)* und in Afrika *(Mastophora)* leben. Sie spinnen kein Netz, sondern nur einen einzigen Faden, an dessen unterem Ende viele kleine Speicheltröpfchen hängen. Die Lassospinne faßt diesen Faden mit ihrem kürzesten Bein, dem dritten – und bewegt diesen 50 bis 70 Zentimeter langen Faden hin und her. Kommt ein Insekt in die Nähe, so schwingt die Spinne das Lasso in dessen Richtung. Das Insekt bleibt hängen, der Faden wird eingezogen und das Insekt samt Faden verspeist. Danach produzieren die Lassospinnen einen neuen Faden.

Das größte Nest und zugleich auch das haltbarste spinnt die Nephila. Ihre Netze haben einen Durchmesser von 1,80 bis 2,80 Meter. Die Nephila selbst ist 15 bis 18 Millimeter groß. Die Netze der Nephila sind so widerstandsfähig, daß die Eingeborenen auf Neu-Guinea der Spinne die Netze wegnehmen und damit fischen gehen. Sie können mit dem Netz der Spinne bis zu 2 Pfund schwere Fische aus dem Wasser ziehen, ohne daß das Gespinst zerreißt. Das Spinngewebe ist so dicht und so fest, daß bis vor wenigen Jahrzehnten aus dem Netz dieser Spinnen Mützen genäht und ertappten Ehebrechern über das Gesicht gezogen wurden. Sie erstickten. Es war eine offizielle Hinrichtungsart nach dem Eingeborenen-Gesetz.

Die giftigste Spinne ist die »Schwarze Witwe« *(Latrodectus mactans).* Zwar verfügen Männchen und Weibchen dieser Spinnenart über Drüsen, die ein starkes Nervengift enthalten. Jedoch nur der Biß des Weibchens – es ist etwa erbsengroß – ist für kleine Säugetiere tödlich und für Menschen lebensgefährlich. »Schwarze Witwen« kommen in Südeuropa und in den Tropen vor. Sie tragen auf der Unterseite des Hinterleibes zwei rote, ineinandergehende Ellipsen.

Die größte Spinne ist die Vogelspinne *(Orthognatha).* Sie erreicht eine Länge von 11 Zentimetern. Vogelspinnen leben in allen warmen Ländern.

Die kleinsten Spinnen sind die Zwergspinnen *(Familie Ergigonidae)*. Sie werden nur 3,5 Millimeter lang. Die Vertreter dieser Gruppe sorgen für den »Altweibersommer«: Sie spinnen einen Faden, klammern sich daran fest und fliegen auf diesen Fäden durch die Luft. Die Zwergspinnen sind mit Hilfe ihrer leichten und flugfähigen Fäden sogar in der Lage, Ozeane zu überqueren.

Die mutigste Spinne ist die Vogelspinne *(Orthognatha)*. Sie greift Ratten, Kröten, Vögel, Fledermäuse und sogar Schlangen an. Der Wissenschaftler Krumm-Held beobachtete in Mexiko, wie eine Vogelspinne sich von einem Baum auf den Boden hinabließ und eine schlafende Klapperschlange *(Gattung Crotalus)* in den Kopf biß. Danach eilte sie wieder am Stamm hoch und wartete. Die Klapperschlange war nach 60 Sekunden tot.

Die dünnsten Spinnfäden produzieren die cribellaten Spinnen. Im Gegensatz zu den ecribellaten Spinnen stellen sie keine klebrigen Fangfäden her, sondern bürsten mit Hilfe ihres vierten Beinpaares eine Fangwolle auf ihre Fäden. Diese Fangwolle besteht aus einer großen Anzahl lockerer Einzelfäden. Insekten verstricken sich in dieser Fangwolle. Ein Faden hat eine Dicke von 0,000015 Millimetern. Erst 66 666 solcher Fäden ergeben einen Durchmesser von 1 Millimeter.

Die beste Täuschung ihrer Opfer praktiziert die Ameisenspinne *(Myrmarachne formicaria)*. Diese kleine Spinne (Länge 6 Millimeter) frißt Ameisen. Ihre Körperform ist jedoch so ausgebildet, daß selbst die Ameisen *(Formicoidea)* sie nicht von ihresgleichen unterscheiden können.

Die beste Tarnung unter den Spinnen hat die Falltürspinne *(Nemesia cementaria)*. Die Spinne lebt auf dem Boden und baut eine Höhle, die mit einem Deckel versehen ist. Dieser wird von der Spinne mit Scharnieren an einer Seite des Höhleneinganges befestigt. Der Deckel ist so getarnt, daß man ihn von der Umgebung nicht unterscheiden kann. Nachts lüftet die Spinne den Deckel und kommt heraus. Ein nichtsahnendes Opfer wird sofort gepackt, mit einem einzigen Stich betäubt und in die Höhle geschleppt. Bevor sich die Spinne jedoch ans Fressen macht, schließt sie sorgfältig die Falltür.

Das gefräßigste Tier im Vergleich zu allen Lebewesen ist die Spinne *(Arachnida)*. Es gibt kein Tier auf der Welt, das wie die Spinne täglich das 26- bis 30fache ihres eigenen Körpergewichtes als Nahrung braucht.

Als einzige unter Wasser lebt die Wasserspinne *(Argyroneta aquatica)*. Sie führt einen Luftvorrat in Form kleiner Bläschen mit, die auf dem Hinterleib silbrig glänzen. Ihr Unterwasserhaus ist ein kleiner Luftballon, den sie durch Luftzufuhr unter Wasser bildet. Diese Luftblase hat einen Durchmesser von 3 Zentimetern. Die Wasserspinne braucht zur Erneuerung ihrer Atemluft nur ein einziges Mal am Tag aufzutauchen.

Würmer

Der längste Bandwurm ist der Fischbandwurm *(Dibothriocephalus latus)*. Er schmarotzt auch im Menschen. Der Fischbandwurm wird bis zu 16 Meter lang. Sein Leib besteht aus mehr als 3000 einzelnen Gliedern, von denen jedes 5 Millimeter lang und 9 Millimeter breit wird.

Der häufigste Menschen-Bandwurm ist der Rinderbandwurm *(Taeniarhynchus saginatus)*. Er gehört zu den »unbewaffneten« Bandwürmern, da sein Kopf nicht die sonst typischen Hakenkränze besitzt. Sein Kopf hat lediglich vier Saugnäpfe. Bevor diese Bandwürmer einen Menschen als »Wirt« erreichen, leben die Köpfe (Durchmesser 5 Millimeter) in rohem und auch in gebratenem Fleisch. Diese Würmer können Hitze bis zu 50 Grad und längere Zeit (10 Wochen) Kälte bis zu minus 5 Grad Celsius vertragen. Der Rinderbandwurm erreicht im Menschen eine Länge von 11 Metern.

Die meisten Eier legt das Weibchen des Spulwurms *(Ascaris lumbricoides)*. Es sind 60 Millionen im Jahr.

Als einzige Säure zur Paarung benötigen die Trichinen *(Trichinella spiralis)*. Diese Würmer mit einer Länge von 1,4 bis 1,8 Millimeter leben in verschiedenen Kleinraubtieren, aber auch im Hausschwein *(Sus scrofa domestica)* und im Wildschwein *(Sus scrofa)*. Durch den Genuß des Fleisches dieser Tiere gelangen Trichinen in den Magen des Menschen. Die Magensäure zerstört das Fleisch und legt die Trichinen-Larven frei. Sie wachsen im Magen des Menschen heran und paaren sich in dessen Dünndarm. Die Männchen sterben; die Weibchen bohren sich in die Darmwand ein und bringen dort bis zu 2000 Larven zur Welt. In ganz Europa wurde nach einem Erlaß in Deutschland (1877) nach und nach die Trichinen-Schau für frischgeschlachtete Hausschweine eingeführt. Dadurch ging die von den Würmern verursachte Krankheit *(Trichinose)* zurück. In den Vereinigten Staaten von Amerika ist die Trichinenschau keine Pflicht. Von der Bevölkerung (230 Millionen) sind 18 Prozent Trichinen-Träger.

Der längste Regenwurm lebt in Australien und heißt Riesenregenwurm *(Megascolidis australis)*. Das größte Exemplar maß im ausgestreckten Zustand 3,45 Meter und besaß einen Durchmesser von 3,1 Zentimetern.

Die meisten Regenwürmer kommen auf den mitteleuropäischen Wiesen vor. Wenn die Wiesen mit Feuchtigkeit versorgt werden, siedelt sich der Gemeine Regenwurm *(Lumbricus terrestis)* dort an. Die Würmer (Länge bis 30 Zentimeter) fressen Erde und verdauen organische Stoffe, während sie die anorganischen Stoffe ausscheiden. Auf einem Quadratmeter mitteleuropäischer Wiese leben bis zu 2500 Regenwürmer mit einem Gesamtgewicht von 8 Kilogramm.

Die gefährlichsten Würmer sind die Pärchenegel *(Schistosomidae)*. Diese Würmer leben stets in Paaren. Das Männchen besitzt eine ausgeprägte Bauchrinne, in der das Weibchen geborgen wird. Die Pärchenegel (Länge bis 16 Millimeter) wandern durch die Haut in den Leib des Menschen ein und übertragen die Tropenkrankheit Bilharziose.

Zweites Buch

LUFT

Fliegende Säugetiere

Der einzige Blutsauger unter den Säugetieren ist die Vampirfledermaus *(Desmodus rotundus)*. Sie lebt in Mittelamerika und in den nördlichen Gegenden Südamerikas. Diese Tiere sind 10 Zentimeter groß und beschleichen Säugetiere sowie schlafende Menschen. Sie ritzen mit ihren rasiermesserscharfen Vorderzähnen die Haut, besonders an den Fingern, im Gesicht und am Hals. Sobald die Wunde anfängt zu bluten, saugen sich die Vampirfledermäuse voll. Tiere und Menschen würden es spüren, wenn sich eine solche Vampirfledermaus nach dem Flug auf ihrem Körper niederläßt. Die Vampire landen jedoch in einiger Entfernung von ihrem Opfer. Den Rest der Strecke gehen sie zu Fuß; sie schleichen sich an. Nachdem sie dem Körper eine Wunde beigebracht haben, saugen sie, soviel sie können. Sehr oft geschieht es, daß sie zu viel gesaugt haben, um noch fliegen zu können. Dann gehen sie - obwohl sie geschickte Flieger sind - ebenfalls zu Fuß in das nächste Versteck und warten, bis sie verdaut haben. Pferde, Ziegen, Kühe und auch Menschen sind schon am Biß der blutsaugenden Fledermaus gestorben. Dieses liegt nicht daran, daß die Fledermäuse zuviel Blut aus dem Körper saugen. Ihr Speichel enthält jedoch einen Stoff, der die Gerinnung des Blutes verhindert. Aus einer Wunde, die eine Vampirfledermaus gerissen hat, fließt ungehindert Blut, ohne zu gerinnen.

Die einzige Echopeilung unter den fliegenden Säugetieren haben die Fledertiere *(Ordnung Chiroptera)* in ihrem Körper installiert. Zu den Fledertieren gehören die Flederhunde *(Megachiroptera)* und die Fledermäuse *(Microchiroptera)*. Das Echolot, auch vom Menschen verwendet, dient zur Entfernungsmessung mit Hilfe von Schallstößen. Gemessen wird die Zeit von der Abgabe des Signals bis zum Wiedereintreffen der von einem Gegenstand reflektierten Schallwellen. Eine Reihe von Fledertieren sendet Peillaute von 2 Tausendstelsekunden Dauer aus. Diese Peillaute werden 10- bis 40mal in der Sekunde wiederholt. Die meisten Fledertiere erzeugen die Laute, deren Schall später von den Objekten reflektiert wird, mit der Zunge. Die einzige Ausnahme ist die Fledermaus Hufeisennase *(Rhinolophidae)* deren Nase als Richtstrahler dient. Mit Hilfe des Echos können die Fledertiere Insekten, die nur 1 Tausendstelgramm schwer und 2 Millimeter lang sind, in der Dunkelheit durch die zurückgeworfenen Schallwellen orten. Die Menschen benutzen das Echolot erst seit 1912: Entsetzt über den Untergang des größten Schiffes der Welt, der »Titanic«, erfand der Deutsche Alexander Beam das Echolot, mit dessen Hilfe unter Wasser schwimmende Eisberge geortet werden können.

Die einzigen fischenden Fledermäuse sind das Große Hasenmaul *(Noctilio leporinus)* aus dem tropischen Teil Amerikas und die Pizonyx vivesi, die im Golf von Kalifornien lebt. Die Fledermäuse sind durch ihr Echolot in der Lage, unter der Wasserfläche schwimmende Fische wahrzunehmen. Sie stürzen im Gleitflug auf die Wasseroberfläche zu, packen die weitaus größeren Fische mit ihren starken Krallen und fliegen mit der Beute zu stillen Stellen, an denen sie die Fische verzehren. Diese beiden Arten der Fledermäuse sind die einzigen nachts fischenden Säugetiere.

Die größte Fledermaus ist die Große Spießblattnase *(Vampyrum spectrum)*. Sie lebt aus-

Der große Vampir (¼ natürlicher Größe)

schließlich im tropischen Amerika, erreicht eine Körperlänge von 20 Zentimetern und eine Flügelspannweite von 80 Zentimetern.

Die kleinste Fledermaus ist die Zwergfledermaus *(Pipistrellus nanulus).* Sie mißt vom Kopf bis zum Schwanz 3,5 Zentimeter. Ihr Gewicht beträgt 1,5 Gramm.

Die langlebigste Fledermaus ist die Große Hufeisennase *(Rhinolophus ferrumequinum).* Sie wird 30 Jahre alt.

Die meisten Herzschläge unter den Säugetieren hat die Zwergfledermaus *(Pipistrellus pipistrellus)* mit 900 Herzschlägen pro Minute. Sie wird gefolgt von den Landmäusen *(Muridae)* mit 650 und dem Igel *(Unterfamilie Erinaceinae)* mit 300 Herzschlägen in 60 Sekunden. Der Mensch hat normalerweise 70 Herzschläge pro Minute.

Am besten klettern von allen Fledermäusen kann die Neuseeland-Fledermaus *(Mystacina tuberculata).* Im Gegensatz zu anderen Fledermäusen ist die Haut an der Unterseite der Füße dieser Fledermaus sehr stark gerunzelt; sie schmiegt sich beim Laufen der Unterlage an. Zudem hat die Neuseeland-Fledermaus zusätzlich zu ihren Krallen an Füßen und Daumen noch kleine Nebenkrallen, die ihr beim Klettern einen festeren Halt verschaffen. Die Neuseeland-Fledermaus erbeutet ihr Futter vorwiegend beim Laufen und beim Klettern. Damit ihre Flughäute ihr Lebensweise nicht stören, hat die Natur vorgesorgt: Unmittelbar am Körper hat diese Fledermaus zwei Hautfutterale, in der ihre Flughäute beim Bodenaufenthalt geborgen werden können.

Den einzigen Kreißsaal unter den Säugetieren haben die Fledermäuse *(Microchiroptera).* Fledermäuse bilden zur Zeit der Geburt ihrer

Jungen eine reine Frauengesellschaft. In Ansammlungen von mehreren hundert bis zu 5000 Tieren bringen sie in einer einzigen Höhle oder in einem Raum ihre Jungen zur Welt und ziehen sie auf. Die Fledermaus-Männchen haben zu diesen Örtlichkeiten keinen Zutritt und werden verjagt, falls sie dort eindringen wollen. Lediglich die Hufeisennasen *(Rhinolophidae)* machen eine Ausnahme: Eine gewisse Anzahl von Männchen darf in der »Wöchnerinnen-Station« zugegen sein. Während der Geburts- und Aufzuchtzeit der Jungen vereinigen sich die Männchen verschiedener Arten der Fledermäuse zu Männergesellschaften, so zum Beispiel die Zweifarbige Fledermaus *(Vespertilio murinus)* und der Abendsegler *(Nyctalus noctula).*

Den langlebigsten Samen unter den Säugetieren haben die Fledermäuse *(Microchiroptera).* Nach der Begattung bleibt der männliche Samen im Leib der Fledermaus 156 Tage am Leben, ohne daß eine Befruchtung erfolgt. Erst nach Ablauf dieser Zeit wird die Schwangerschaft eingeleitet. Diese unter den Säugetieren einzigartige Fortpflanzung ist eine Anpassung an die klimatischen Gegebenheiten: Die Begattung der Weibchen geschieht im Herbst. Bei einer durchschnittlichen Schwangerschaft von 60 Tagen würden die Jungen im tiefsten Winter zur Welt kommen. Der Samen des Männchens überdauert jedoch diese Zeit, die Fledermäuse gebären während der warmen Jahreszeit. Bei den meisten Säugetieren, einschließlich des Menschen, beträgt die Lebensdauer des Samens 48 Stunden.

Vögel

Die Gliederung im Tierreich am Beispiel eines Vogels, des Kuckucks
(Cuculus canorus)

Stamm Der Kuckuck gehört zum Stamm der Rückgrattiere *(Chordata)*. Kennzeichen dieser Tiere ist das Vorhandensein eines Stützorgans im Körper und eines Nervenzentrums oberhalb dieses als Chorda doralis bezeichneten Organs. Zu den Chorda-Tieren gehören die Fische *(Pisces)*, Säugetiere *(Mammalia)* und Kriechtiere *(Reptilia)*.

Unterstamm Der Kuckuck gehört zum Unterstamm der Wirbeltiere *(Vertebrata)*. Kennzeichen dieser Tiere ist ein bewegliches Achsen-Skelett, die Wirbelsäule. Zu ihnen gehören auch die Säugetiere, die Fische und die Kriechtiere.

Klasse Der Kuckuck gehört zur Klasse der Vögel *(Aves)*. Kennzeichen der Vögel sind Federn und die Verschiedenheit zwischen Vorder- und Hintergliedmaßen. Ihre Fortpflanzung erfolgt durch im Leib befruchtete Eier, die nach dem Verlassen des Körpers durch Temperatureinwirkung gebrütet werden.

Ordnung Der Kuckuck gehört zur Ordnung der Kuckucksvögel *(Cuculiformes)*. Kennzeichen dieser Ordnung der landbewohnenden Baumvögel ist die Anzahl von 10 Handschwingen.

Familie Der Kuckuck gehört zur Familie der Kuckucke *(Cuculidae)*. Die Ordnung der Kuckucksvögel ist in zwei Familien unterteilt. Eine davon sind die Turakos *(Musophagidae)*. Die zweite Familie, die Kuckucke, hat 40 verschiedene Gattungen.

Gattung Der Kuckuck gehört zur Gattung der Eigentlichen Gauche *(Cuculus)*. Diese Gattung ist wiederrum unterteilt in 7 Arten.

Art Der Kuckuck *(Cuculus canorus)* ist eine dieser Arten. Zur Unterscheidung von den anderen 6 Arten der Kuckucke trägt er nach dem System des schwedischen Wissenschaftlers Linné (1707–1778) hinter seinem Gattungsnamen »Cuculus« noch den Artnamen »canorus«. Jede Tierart wird nach dem Linné'schen System mit zwei Namen bezeichnet.

Kuckuck (Weibchen) (½ natürlicher Größe)

Der beste Abwärtskletterer unter allen Vögeln ist der Kleiber *(Sitta europaea)*. Der über ganz Europa verbreitete sperlingsgroße Vogel (Länge 14 Zentimeter, Gewicht unter 20 Gramm) ernährt sich von Sämereien und Baumfrüchten, wie Haselnüssen, Bucheckern und Hanf. Der Kleiber hat eine eigenartige Methode entwickelt, die Sämereien zu öffnen: Er klemmt sie in passende Baumspalten und hackt dann mit dem Schnabel darauf los, bis er an die eigentliche Frucht gelangen kann. Bei Nahrungsüberschuß sammeln Kleiber Früchte und verstecken sie in Baumspalten, aus denen sie ihren Vorrat in Notzeiten herausholen. Die Kleiber sind stämmig gebaute Vögel, die einen Baum von oben anfliegen und zur Futtersuche mit dem Kopf nach unten den Stamm abklettern. Dabei sind sie lediglich auf ihre Füße angewiesen.

Die größte Ansammlung war der Zug der Wandertauben *(Ectopistes migra torius)* in Amerika. Die Wandertauben kamen in unvorstellbaren Mengen vor. Ein 1901 beobachteter Schwarm wurde auf 2 Milliarden, 400 Millionen, 300 Tausend Tiere geschätzt. Die Vögel wurden von Amateur- und Berufsjägern abgeschossen. Das letzte bekannte Exemplar der Wandertauben starb am 1. September 1914 im Zoologischen Garten von Chincinnati (USA). Wissenschaftler schließen jedoch nicht aus, daß in den Vereinigten Staaten noch 10 Paare brüten. Die größten existierenden Ansammlungen von Vögeln gibt es in den Vogelbergen der skandinavischen Insel Grimsös. Die Brutkolonien der Dreizehenmöwe *(Rissa tridactyla)* werden auf 10 Millionen Einzelexemplare geschätzt.

Die größten Appartements bauen die Siedelweber *(Philetairus socius)*. Einige Paare dieser Vögel finden sich zusammen und bauen an einem Ast ein Dach. Während der Bauzeit finden sich immer mehr Paare - keine Einzelvögel - ein, um sich an den Bauarbeiten zu beteiligen. Nach der Fertigstellung des Daches wird mit der Anlage der einzelnen Wohnungen begonnen. Alle Vögel arbeiten zusammen. Nach Ende der Bauzeiten ziehen die einzelnen Paare in die Appartements ein - jedes Paar in ein eigenes. Diese Vogelpaare leben in Einehe. Es kommt zu keiner Verbindung mit anderen Männchen oder Weibchen. In einem solchen Gemeinschaftsbau haben 20 bis 60 Vogelpaare Platz. Die größten Nester der Siedelweber haben einen Durchmesser von 6 Metern.

Der beste Architekt ist Cassinis Webervogel *(Malimbus cassini)*. Diese Vögel bauen freischwebende Hängenester, an einem einzigen Ast aufgehangen. Um die Konstruktion sicher für ihre Jungen zu gestalten und auch fest zu verankern, müssen die Vögel eine Reihe sehr komplizierter Weberknoten anfertigen. Sie benutzen dazu ihren Schnabel. Ein Nest der Webervögel hält Windstärke zehn aus, ohne daß sich die Knoten lösen. Von den Webervögeln (Sperlings- bis Amselgröße) gibt es siebzig Eigentliche Weber *(Ploceinada)*, die meistens im südlichen Afrika leben. Alle diese Vögel - zu ihnen gehören der Maskenwebervogel *(Textor velatus)* als der verbreiteste Webervogel im südlichen Afrika und der Goldweber *(Textor subaureus)* - knüpfen ihre Nester. Die Bauwerke von Cassinis Webervogel sind in der Ausführung die haltbarsten und sorgfältigsten.

Die häufigsten Vögel Asiens sind die Mennigvögel *(Pericrocotus)*. Sie gehören zu den Stachelbürzlern, die ihren Namen von dem verbreiterten und zugespitzten Bürzel ihrer Hinterfedern haben. Bei den meisten Mennigvögeln - in Australien und Afrika gibt es sie nicht - sind die Männchen auffallend rot und schwarz gefärbt, während die Weibchen durch ihr leuchtend gelbes oder oranges Federkleid auffallen. Die Mennigvögel bevorzugen als Aufenthaltsort Baumwipfel und ernähren sich von Insekten, die sie meist gemeinsam und in Schwärmen jagen. Sie halten dabei durch leise musikalische Laute miteinander Verbindung.

Die meisten Atemzüge machen die Kolibris. (Siehe »Kolibris«)

Den frühesten Aufbruch in die Sommerquartiere unternehmen die Blauracken *(Coracias garrulus)*. Der Vogel, der oft auf Getreidemandeln sitzt und deshalb von den Bauern »Mandelkrähe« genannt wird, hat ein leuchtendes Gefieder und ist aus Mitteleuropa durch die Umwandlung der Landschaft fast vertrieben worden. Einzelne Paare brüten noch in Mecklenburg und im Burgenland in Österreich. Aus ihrem Winterquartier Afrika kommend, erreichen die Blauracken Europa Mitte Mai. Bereits Anfang August sammeln sie sich wieder und fliegen zurück nach Afrika.

Die kürzeste Zeit zum Ausbrüten braucht das Ei des Kuckucks *(Cuculus canorus)*. Bereits nach zehn Tagen schlüpft aus dem in einem fremden Nest abgelegten Ei das Junge.

Die längste Zeit zum Ausbrüten benötigt das Ei des Königsalbatros *(Diomedea epomophora)*. Diese Vögel haben die größte Flügelspannweite unter allen Seevögeln (bis 3,30 Meter) und brüten 79 Tage, bis das Junge schlüpft. Königs-Albatrose legen nur ein einziges Ei. Im Alter von 280 Tagen kann das ausgebrütete Junge das erste Mal fliegen.

Das längste Balzlied singen die Auerhähne *(Tetrao urogallus)*. Das größte Rauhfußhuhn der Welt - sie werden so genannt, weil ihre Läufe mit Federn versehen sind - wird bis zu 6 Kilogramm schwer. Jeder Auerhahn hat ein bestimmtes Balzlied, das er zur Zeit der Paarung bei der Werbung um ein Weibchen (»Balz«) jeden Morgen bei Sonnenaufgang beginnt. Jedes Balzlied hat mehrere Strophen. Ein Auerhahn wiederholt eine Strophe seines Balzliedes bis zu 10mal in einer Minute und singt seine Balzarien bis zu 600mal an einem Tag.

Das exakteste Bild vom Verhalten eines Vogels gibt es über die Graugans *(Anser anser)*. Der zu den Echten Gänsen gehörende Vogel wurde in mühsamer und langwieriger Arbeit von Nobelpreisträger Konrad Lorenz erforscht. Lorenz adoptierte als »Mutter« Gänseküken und verbrachte monatelang Tag und Nacht mit ihnen. Ein Auszug aus seinem Bericht: »Unglaublich viel Zeit habe ich an jenem ersten Gänsesommer mit meinen zehn Kindern verbracht, und unglaublich viel habe ich von ihnen gelernt. Glückliche Wissenschaft, in der ein wesentlicher Teil der Forschung darin besteht, daß man in Gesellschaft einer Schar Wildgänse in den Donau-Auen herumkriecht und schwimmt. Tiere lassen sich nicht drängen. Will man Wildgänse kennenlernen, muß man mit ihnen leben, und will man mit ihnen leben, muß man sich ihrem Lebenstempo anpassen. Ein Mensch, der nicht von Natur aus mit einer gottgewollten Faulheit ausgestattet ist, kann das gar nicht. Ein konstitutionell tätiger, fleißiger Mensch würde wahnsinnig werden, mutete man ihm zu, einen Sommer lang als Gans unter Gänsen zu leben, wie ich es getan habe.«

Den wenigsten Platz zum Brüten brauchen die Trottellummen *(Uria aalge)*. Die Trottellummen gehören zu den Alkenvögeln (Länge bis 50 Zentimeter, Gewicht über 1000 Gramm) und brüten in den kälteren Gegenden der Erde. Große Brutansammlungen von Trottellummen existieren auf Grönland, an den Küsten Alaskas und Norwegens sowie auf der zur Sowjetunion gehörenden Insel Nowaja Semlja. Die Trottellummen legen nur ein Ei (Gewicht 110 Gramm). Sie bauen keine Nester, das Ei wird auf dem Boden abgelegt. In den Brutkolonien nisten bis zu 30 Paare der großen Vögel auf einem Quadratmeter.

Am meisten brütet der Haussperling *(Passer domesticus)*. Während eines Jahres legt das Weibchen des Sperlings 5mal Eier und brütet sie aus.

Die bewegungsärmste Brutzeit vollzieht die Waldschnepfe *(Scolopax rusticola)*. Schnepfen ernähren sich von Kerbtieren und Insekten. Als Ausnahme unter den Vögeln haben sie einen tastempfindlichen Schnabel, mit dem sie nach ihrer Beute suchen. Schnepfen sind als Jagdwild sowohl bei Menschen als auch bei raubenden Säugetieren begehrt. Die Schnepfen (Spannweite bis zu 60 Zentimeter, Gewicht bis zu 400 Gramm) haben eine hervorragende optische Tarnung. Ihr Gefieder ist auf dem Vorderkopf grau, der Hinterkopf und der Nacken sind braun und rostgelb quer gestreift. Wenn sich eine Schnepfe an den Waldboden andrückt, kann weder ein Mensch noch ein Säugetier selbst aus kürzester Entfernung den Vogel erkennen. Während der Brutzeit - das Weibchen brütet allein - sitzt die Schnepfe unbeweglich auf ihrem Nest. Die Lebensfunktionen des Vogels sind herabgesetzt, er bewegt nicht einmal ein Auge oder die Nickhaut. Dadurch strömt die Schnepfe für nasenempfindliche Säugetiere weniger Geruch aus und kann deshalb sehr schlecht gewittert werden.

Die kürzeste Brutzeit haben die Alken *(Familie Alcidae)*. Es sind möwenähnlich aussehende Seevögel mit 21 im Atlantik und im Pazifik lebenden Arten. Die Alken (Länge bis zu 50 Zentimeter) kümmern sich nur zwei Monate um ihr - meist einziges - Junges. Danach überlassen sie es sich selbst. Die Brutzeit ist die Zeitspanne vom Legen eines oder mehrerer Eier bis zur Entlassung der Jungen aus der elterlichen Obhut.

Die perfektesten Chorsänger sind die Flötenvögel *(Gattung Gymnorhina)*. Sie gehören zu den Rabenverwandten und leben in Australien. Ihre Körperlänge beträgt 45 Zentimeter; die Spannweite ihrer Flügel über 50 Zentimeter. Die Flötenvögel finden sich bei Sonnenaufgang zum Gemeinschaftskonzert zusammen, das nur von männlichen Flötenvögeln bestritten wird. Während die Individuen anderer Vogelarten auch im Chor unterschiedliche Lieder singen, vereinigen sich die Flötenvögel zu einem perfekten Chor, der gemeisam seine Lieder darbietet. Zu einem zweiten Chorgesang finden sich die männlichen Flötenvögel bei Beginn der Dämmerung zusammen. Die Lieder des Morgens und des Abends unterscheiden sich. Bei Konzerten der Flötenvögel sind oft über 5000 Einzelwesen beteiligt.

Der mutigste Dienstbote unter den Vögeln ist der Krokodilwächter *(Pluvianus aegypticus)*. Dieser in Afrika und Asien lebende kleine Vogel ernährt sich im Rachen der Krokodile *(Crocodylia)*. Der Krokodilwächter säubert die Zähne der Echsen von Fleischresten. Es ist noch kein Fall bekannt geworden, daß ein Krokodil einen solchen Vogel gefressen hat. Der Krokodilwächter erfüllt noch eine andere Aufgabe: Falls der Echse Gefahr durch herannahende Feinde droht, warnt er die Echse durch Rufe.

Die meisten Duelle gibt es zwischen den prächtig herausgeputzten Männchen der Kampfläufer *(Philomachus pugnax)*. Die amselgroßen Vögel bewohnen die Küsten Nordeuropas und des nord- und östlichen Asiens. Die Weibchen des Kampfläufers sind um ein gutes Drittel kleiner als der Mann und auch unauffälliger (Oberseite rötlich mit dunklen Flecken) gezeichnet. Während der Winterzeit trägt der männliche Kampfläufer ein gleichfarbiges Federkleid. Zu Beginn der Paarungszeit ändert sich sein Aussehen jedoch radikal. Die Männchen entwickeln ein Prachtkleid mit einer an mittelalterliche Ritter erinnernden Halskrause. Während andere männliche Vögel sonst Duelle um ein Weibchen austragen, kämpfen diese Vögel um des Kampfes willen. Fernab von den Weibchen suchen sie ihre angestammten Duellplätze auf. Ein Männchen wartet auf das andere, dann gehen die beiden aufeinander los. Nach einem heftigen Gefecht ruhen beide aus, nach der Pause beginnt der Zweikampf abermals. Die Zweikampf-Stätten sind immer erhöhte, feuchte und von kurzem Rasen bedecke Stellen, die von einer Anzahl Männchen täglich aufs neue besucht werden. Nie kämpfen auf solchen Turnieren mehrere Vögel zugleich gegeneinander. Der Schnabel spielt als Waffe eine große Rolle, Verletzungen kommen jedoch durch die aufgeplusterte und farbenprächtige Halskrause recht selten vor. Die weiblichen Kampfläufer halten sich währenddessen weit entfernt vom Kampfplatz auf. Sie kennen weder den Sieger noch den Besiegten aus diesen Duellen. In den Pausen (etwa 10 Minuten) der ständigen Zweikämpfe suchen die Duellanten ihnen unbekannte Weibchen auf, begatten sie und eilen sofort wieder auf die Walstatt zurück. Nach der Begattung brütet das Weibchen allein und versorgt später ohne Hilfe die Jungen.

Das einzige Echolot unter den Vögeln haben die Salanganen *(Collocalia)*. Es sind Nachtschwalben, die die berühmten eßbaren Vogelnester erzeugen. Sie wohnen in Höhlen und sind hauptsächlich nachts unterwegs. Sie orientieren sich durch Ausstoßen von Tönen in Höhe von 7000 kHz. Das Echo ihrer Töne wird durch Hindernisse zurückgeworfen. Anhand des zurückkommnden Echos können die Vögel (Länge bis 16 Zentimeter) genau die Lage, die Entfernung und die Art des Hindernisses feststellen. Sie fliegen bei vollkommener Dunkelheit mit Hilfe des einzigartigen Echolots. Die Zahl 7000 kHz gibt die Anzahl der Schwingungen pro Sekunde an. 7000 kHz bedeutet, daß sie Töne mit einer Frequenz von 7 000 000 Schwingungen pro Sekunde ausstoßen.

Die einzigen kreiselförmigen Eier legt das Weibchen des Großen Brachvogels *(Numenius arquata)*. Der in Moorgegenden brütende Schnepfenvogel (Gewicht etwa 600 Gramm, Flügelspannweite über einen Meter) legt vier Eier in ein muldenartig in den Boden gekratztes Nest. Die Eier sind wie Kinderspielkreisel geformt und benötigen zum Ausbrüten eine sehr hohe Temperatur (zwischen 37 und 41 Grad). Damit diese erreicht wird, reißen sich die Vögel eine kahle Stelle in ihr Federkleid, den »Brutfleck«. Dort ist dann die Haut besonders gut durchblutet und wirkt somit wärmespendend. Um die Gesamtfläche der Eier zu verringern, legen die Großen Brachvögel alle Eier mit dem spitzen Pol nach innen. Die Fläche, die der Brachvogel bei der Brut bedecken muß, verringert sich dadurch, die erforderliche Bruttemperatur kann erreicht werden.

Die meisten Eier legt das Rebhuhn *(Perdix perdix)*. Diesen Vögeln wird von allen Seiten nachgestellt. Sowohl der Mensch als auch Säugetierräuber und Vögel betrachten Rebhühner als ihre Nahrung. Durch sein erdangepaßtes Tarnkleid ist das Rebhuhn zwar schwer von seiner Umgebung zu unterscheiden. Dennoch kommt es zu großen Verlusten, die nur durch die größte Anzahl von Eiern bei einer Brut ausgeglichen werden kann. Eine Rebhuhnhenne brütet mit großer Hingabe, dabei fallen ihr viele Federn aus. Ein Gelege besteht in der Regel aus 17 bis 22 Eiern. Wenn weniger als neun Eier in einem Nest sind, ist das ein sicheres Anzeichen dafür, daß das Rebhuhn bereits einmal beim Brüten gestört und sein Nest zerstört wurde. In einem solchen Fall bauen Rebhühner ein neues Nest. Die Rebhuhnhenne legt dann – biologisch bedingt – nur wenige Eier in dieses Nest.

Kampfläufer (½ natürlicher Größe)

Uhu (1/4 natürlicher Größe)

Die meisten Eier im Verhältnis zum Gewicht legt das Wintergoldhähnchen *(Regulus regulus).* Das Wintergoldhähnchen ist der kleinste europäische Singvogel (Länge bis 9,5 Zentimeter). Das Weibchen legt zweimal im Jahr 7 bis 11 Eier, deren Gewicht zusammen jedesmal 144 Prozent seines eigenen Körpergewichtes entsprechen. Weil der Vogel zu klein ist, mit seinem Körper die Eier beim Brüten zu bedecken, bauen die Wintergoldhähnchen Nester mit zusammengebogenen oberen Kanten. Das Nest wird mit Moos, Federn und Haaren gepolstert. Es wirkt wärmespeichernd. Nur so ist es dem gemeinsam brütenden Paar möglich, den Eiern die erforderliche Brutwärme zu geben.

Der beharrlichste Einzelgänger unter den Vögeln ist der Waldbaumläufer *(Certhia familiaris).* Die Waldbaumläufer und die ihm verwandten Gartenbaumläufer *(Certhia brachydactyla)* sind die einzigen Stammaufwärtskletterer unter den Sperlingsvögeln. Während die Gartenbaumläufer in Höhlen bis zu 20 Exemplaren zusammen die Nacht verbringen, ist der Waldbaumläufer (Länge bis zu 13 Zentimeter, Gewicht unter 12 Gramm) ein Einzelgänger. Sowohl Weibchen als auch Männchen schlafen getrennt. Erst im Winter, ab minus 12 Grad, begeben sich die Waldbaumläufer in Gesellschaft und schlafen dann mit anderen in einer Übernachtungsstätte.

Die unterschiedlichsten Eier legen die Kukkucke *(Cuculidae).* Bei dieser Vogelart weichen die Farben der Eier am meisten voneinander ab. Sie können gelb, blau, grün, weiß sein oder auch spezifische Zeichnungsmuster tragen, die von braun bis zu violett reichen. Die Unterschiede in der Färbung der Kuckuckseier sind darauf zurückzuführen, daß der Kuckuck seine Eier in fremde Nester legt. Die einzelnen Kuckucks-Arten haben sich auf die Eiablage in unterschiedlichen Wirtsvögel-Nestern spezialisiert. Ihre Eier passen sich der Färbung der Eier in diesen Nestern an.

Die besten Eltern unter den Vögeln sind die Kolkraben *(Corvus corax).* Diese Vögel (Länge bis 70 Zentimeter, Gewicht 1500 Gramm) leisten ihren Jungen Geburtshilfe. Wenn die Jungen die Eierschale nach dem Brüten mit ihrem Schnabel durchbrechen, legt das Weibchen die Eier im Nest in diesem Augenblick so hin, daß das Junge bequem schlüpfen kann. Nach dem Schlüpfen reinigt sie zuerst das Junge und frißt später die Eierschalen auf. Während der Brutpflege regeln sowohl Männchen als auch Weibchen die richtige Temperatur im Nest. Durch Wenden und Verlagerung der Nestpolsterstoffe sorgen sie je nach Außentemperatur für Wärme oder Kühlung. Am sechsten Tag nach dem Schlüpfen beginnt die Rabenmutter, ihre Jungen zu baden. Sie legt sich mit dem Unterbauch ins Wasser und fliegt zurück ins Nest. Auf dem tropfenden Gefieder badet sie ihre Jungen. Beide Elternteile sorgen für Sauberkeit im Nest, indem sie den Kot der Jungen sofort auffressen. Im Alter von 35 bis 45 Tagen verlassen die Jungen das Nest.

Die zähesten Eroberer unter den Vögeln sind die Girlitze *(Serinus serinus).* Der etwa 11 Zentimeter lange Vogel mit einem Gewicht unter 12 Gramm scheut bei der Suche nach neuem Lebensraum auch die kälteren Gefilde nicht. Ursprünglich lebten die Vögel nur im warmen Klima Südeuropas, Asiens und Arabiens. 1967 gab es die erste Brut eines Girlitz-Paares in Großbritannien. Heute sind die zur Finkenfamilie gehörenden Vögel über ganz England verbreitet, haben inzwischen Dänemark erobert, sind von Nordfrankreich aus über Spanien und Portugal bis nach Algerien und Marokko vorgedrungen und dort heimisch geworden.

Die einzige unter der Erde brütende Eule ist die Kaninchen-Eule *(Speotyto cunicularia).* Diese Eulen leben in Präriegebieten. Im Gegensatz zu den anderen Eulen, die über dem Boden dürftige Nestbauten errichten; brütet die Kaninchen-Eule in verlassenen Bauten von Säugetieren. Sie bevorzugt dabei die Erdhöhlen der Präriehunde *(Gattung Cynomys).* Diese Eulen (Länge bis 20 Zentimeter, Gewicht 200 Gramm) besetzen die Bauten und erweitern sie. Das in Dauerehe lebende Paar brütet unterirdisch 2 bis 6 Eier aus.

Die geselligsten Eulen sind die Waldohreulen *(Asio otus).* Waldohreulen sind sowohl in Europa als auch in Asien verbreitet und besiedeln auch Teile von Nordamerika. Die nachts jagenden Tiere (Länge bis zu 40 Zentimeter, Spannweite bis zu 100 Zentimeter) verbringen den Tag in Gesellschaft. An einem einzigen Ort wurden im Tagesquartier bis zu 25 Waldohreulen gezählt. Die namensverwandte Zwergohreule *(Otus scops),* die oft als »kleine Ausgabe« der Waldohreule bezeichnet wird, ist jedoch mit dem Uhu *(Bubo bubo)* mehr verwandt. Sie lebt in Süd- und Westeuropa, Asien und Afrika und wird bei einer Länge von 19 Zentimetern nur 100 Gramm schwer.

Die größte Eule ist der Uhu *(Bubo bubo).* Er wird 5 Kilogramm schwer, die Spannweite seiner Flügel beträgt 1,80 Meter. Der deutsche Name dieses Vogels stammt vom Gesang des Männchens, welcher an ein langgezogenes »U-hoh« errinnert. In Mitteleuropa ist der Uhu fast ausgerottet, der Bestand wird auf 500 Paare geschätzt.

Die hilfreichste Eule ist die Sumpfohreule *(Asio flammeus).* Sie transportiert die winzigen Goldhähnchen *(Regulus regulus)* während des Fluges auf ihrem Rücken. Der erste Bericht darüber stammt vom 16. Oktober 1879, als der Engländer Wilson in London das erstemal einen solchen »Huckepackflieger« aus dem Gefieder einer Eule fliegen sah. Die Sumpfohreulen erreichen eine Spannweite von 100 Zentimetern, das Goldhähnchen wird 9 Zentimeter lang.

Die kleinste Eule ist der Elfenkauz *(Micrathene whitneyi).* Er wird 55 Gramm schwer, die Spannweite - von einer Flügelspitze bis zur anderen - beträgt weniger als 30 Zentimeter. Der Elfenkauz lebt in Nordamerika, seine Nahrung besteht hauptsächlich aus Insekten.

Die ungewöhnlichste Freundschaft verbindet Tauben und Schleiereulen *(Tyto alba).* Die Schleiereulen bewohnen zerklüftete Felsgelände, haben sich aber auch in Kirchtürmen, Schloßruinen und auf Bauernhöfen eingenistet. Die Vögel (Spannweite 90 Zentimeter) ernähren sich von Mäusen, Ratten, Maulwürfen, Fledermäusen und kleinen Vögeln. Deshalb werden sie auch von allen Vögeln gefürchtet - außer von Tauben. In alten Kirchtürmen hausen Tauben und Schleiereulen zusammen, ohne daß die Tauben angegriffen oder ihre Nester von den Eulen ausgeraubt werden. Auch die ausgeschlüpften Jungtiere der Tauben fühlen sich in der Nähe der Schleiereule sicher. Wenn eine Schleiereule in einen Taubenschlag fliegt, gibt es dort keinerlei Aufregung. Es wurden sogar des öfteren brütende Schleiereulen in Taubenschlägen beobachtet.

Die einzigen blinden Kinder unter den Vögeln brüten die Eulen *(Strigiformes)* aus. Die Jungtiere anderer Vogelarten können vom ersten Moment ihres Schlüpfens an sehen. Diese Eulenjungen erlangen ihre Sehfähigkeit erst nach 4 bis 6 Tagen.

Als einzige ohne Nachwuchs bleiben die Schnee-Eulen *(Nyctea scandiaca)* bei Futtermangel. Die in den nördlichen Regionen der Alten und Neuen Welt lebenden Vögel (Größe 70 Zentimeter, Spannweite 1,40 Meter) ernähren sich von Mäusen und Lemmingen. Wenn solche Nahrung nicht in genügend großer Anzahl vorhanden sind, legt das Weibchen bis zwei Jahre lang keine Eier, obwohl es begattet wird. In ernährungsgesicherten Jahren brüten die Schnee-Eulen manchmal 6 bis 12 Eier aus.

Die besten Ohren unter den Vögeln hat der Waldkauz *(Strix aluco).* Eulen können im Gegensatz zu Säugetieren dreidimensional peilen, das heißt, sie nehmen gleichzeitig akustisch geradeaus, rechts und links, oben und unten wahr. Ein beuteanfliegender Waldkauz findet - nach Gehör - selbst nachts, seine Beute in 100 Meter Entfernung auf 1 Grad genau.

Die meisten Spitznamen hat der Steinkauz *(Athene noctua).* Der Steinkauz gehört zu den kleineren Eulen Europas und nistet vorwiegend in Höhlen. Seine Länge beträgt 20 Zentimeter, sein Gewicht liegt unter 200 Gramm. Steinkäuze jagen meist während der Morgendämmerung und im freien Gelände, nie aber im Wald. Steinkäuze sind sehr ruffreudig. Ihr »Kiwit« übersetzten Menschen sehr oft mit »Kommt mit«, weil man glaubte, der Ruf des Vogels bedeute, daß ein Kranker sterben müsse. Durch die häufige Lautäußerung des Vogels fiel der Ruf eines Steinkauzes des öfteren mit der Todesstunde eines Menschen zusammen. Dadurch bekam der Steinkauz im Volksmund verschiedene Namen, unter anderem Leichenvogel, Toteneule, Totenvogel, Leichenträger und Wehklagemutter.

Das schönste Federkleid besitzen die Paradiesvögel *(Familie Paradisaeidae).* Die in Australien, auf Neu-Guinea und in Tasmanien lebenden Vögel haben eine Größe von 117 bis 120 Zentimeter. Um die Schönheit der Paradiesvögel ranken sich seit dem 16. Jahrhundert Sagen. Das letzte übriggebliebene Schiff der Armada des spanischen Weltumseglers Magellan, die »Victoria«, lief am 8. September 1522 in Sevilla ein. Unter den wenigen Kostbarkeiten an Bord befanden sich einige Vogelbälge, die Matrosen von den Eingeborenen in Neu-Guinea getauscht hatten. Durch die kunstvolle Präparierung konnten die Spanier an diesen Federkleidern weder Knochen noch Füße entdecken. Deshalb hielt sich die Sage, Paradiesvögel würden in der Luft geboren und verbrächten ihr ganzes Leben, ohne eine Minute abzusetzen, fliegend. Weil sie so schön seien, habe ihnen der Herrgott verboten, auf die Erde zu kommen. Deshalb fehlten ihnen auch die Füße. Als Nahrung bräuchten diese Vögel nichts anderes als Tau. Erst 1824 erbeutete der französische Gelehrte René Lesson das erste-

Großer Paradiesvogel (1/4 natürlicher Größe)

mal lebende Paradiesvögel, die - im Gegensatz zu den jahrhundertealten Auffassungen - über kräftige Füße verfügten. Er fing Große Paradiesvögel *(Paradisaea apoda)* und Rote Paradiesvögel *(Paradisaea rubra)*. Von dieser Zeit an hatten diese Vögel, die über einen zwölffedrigen langen Schwanz verfügen, keine Ruhe mehr. Nicht nur die Eingeborenen jagten sie, um sich mit ihren Federn zu schmücken. Auch in Europa wurden Paradiesvogelfedern auf Hüten und auf Kleidern Mode. 1899 und 1900 wurden von Neu-Guinea allein 60000 Bälge von Paradiesvögeln ausgeführt, darunter auch die vom Kragenparadiesvogel *(Lophorina superba)* und Paradieshopf *(Epimachus speciosus)*. Seit dem Jahre 1924 ist die Jagd auf Paradiesvögel für Europäer verboten, lediglich die Eingeborenen dürfen sie erlegen. Bei den Paradiesvögeln besitzen nur die Männchen dieses farbenprächtige schönste Federkleid der Welt. Die Männchen finden sich zur Paarungszeit zu Gesellschaften zusammen und tanzen vor den Weibchen. Dabei spreizen sie ihre Federn willkürlich und umgreifen mit ihren starken Füßen teilweise sogar Äste, um sich - zur besseren Wirkung auf die Weibchen - mit dem Kopf nach unten hängen zu lassen. Dadurch fallen die Federn locker; das Untergefieder vereinigt sich zu einem auffallenden Kontrast mit den Farben des Obergefieders.

Die besten Fischer sind die Pelikane *(Pelecanidae)*. Diese Vögel (Körperlänge 1,80 Meter, Spannweite 3 Meter) können nicht tauchen, fischen jedoch seichte Gewässer in Gruppen ab. Sie sind Gemeinschaftsfischer, die Treiberketten bilden und die Fische durch Flügelschlagen in seichtes Wasser jagen. Sie sperren dabei die Wasserfläche ab und treiben sich die Beute gegenseitig zu. Es kommt bei diesen Vögeln sogar zu einer Fangordnung: 3 oder 4 Treiberketten schwimmen hintereinander und gestaffelt, damit kein Fisch entkommt.

Der fleißigste Fischer ist der Eisvogel *(Alced atthis)*. Wegen seiner für europäische Verhältnisse ungewöhnlichen Farbenpracht wird der Vogel (Länge bis 17 Zentimeter, Gewicht bis 35 Gramm) gern als »fliegender Edelstein« bezeichnet. Nach einer alten Legende gehört der Eisvogel zu den Lebewesen, die Noah mit in seine Arche genommen hatte. Damals sei der Vogel unscheinbar und einfarbig gewesen. Als Noah mit seiner Arche landete, sei der Eisvogel so ungestüm aus dem Holzschiff herausgekommen, daß ihm die untergehende Sonne den Bauch angesengt und die blaue Farbe des Himmels sich in sein Rückengefieder gebrannt habe. Eisvögel ernähren sich von kleinen Fischen und Krebstieren. Sie sind geschickte Taucher, die sich kopfüber ins Wasser stürzen und nach dem Eintauchen ihre Flügel spreizen. Durch diese Tauchart können sie auch in seichten Gewässern nicht auf den Grund prallen. Eisvögel holen Fische bis zu 10 Zentimeter Länge aus dem Wasser. Sie werden von ihnen mit dem Kopf voran verschlungen. Trägt ein Eisvogel einen Fisch umgekehrt im Schnabel, kann man sicher sein, daß er diesen Fisch nicht selbst fressen will, sondern zu seinen Jungen bringt. Ein Eisvogel muß für seinen Eigenbedarf täglich zwischen 90- und 130mal tauchen. Dabei erbeutet er zwischen 8 und 12 Fische. Während der Fütterungszeit seiner Jungen erhöhen sich die täglichen Tauchgänge auf 200.

Am höchsten fliegen die Nonnenkraniche. (Siehe »Kraniche«)

Der schnellste Flug von Vögeln auf einer Langstrecke war der Flug von 5000 Kiebitzen *(Vanellus vanellus)* im Dezember 1927 von England über den Atlantik nach Labrador. Diese Entfernung von 3800 Kilometern haben die Vögel in 24 Stunden bewältigt, die durchschnittliche Fluggeschwindigkeit betrug 145 Stundenkilometer. Ihre Leistung haben sie allerdings nur durch die Mithilfe des Rückenwindes erreichen können. Im selben Jahr überflog Charles Lindbergh als erster Mensch im Alleinflug den Atlantik. Er brauchte für die Strecke New York - Paris 33½ Stunden. Bei einer Entfernung von 6000 Kilometern flog Lindberghs Maschine mit einer Durchschnittsgeschwindigkeit von 179 Stundenkilometern. (Siehe »Die höchste Zuggeschwindigkeit« und »Die schnellsten Vögel der Welt«)

Die längste Flugstrecke ohne Pause legen die Goldregenpfeifer *(Pluvialis dominica)* und die Küstenseeschwalben *(Sterna paradisea)* zurück. Auf ihren Wanderungen fliegen sie 36000 Kilometer ohne Zwischenlandung. Die

Goldregenpfeifer fliegen via Labrador nach Brasilien über das Meer, der Rückflug zur Frühjahrszeit geht über Land. Die Küstenseeschwalben fliegen bei Anbruch des Winters von Europa nach Australien und kehren auf der gleichen Flugstrecke zurück.

Die meisten Flügelschläge pro Sekunde machen die Kolibris. (Siehe »Kolibris«)

Die wenigsten Flügelschläge braucht der Pelikan *(Pelicanidae)* beim Fliegen. Er bewegt seine Schwingen nur ein einziges Mal pro Sekunde.

Die größte Flügellänge weist der Anden-Kondor *(Vultur gryphus)* auf. Der Anden-Kondor lebt in allen südamerikanischen Bergen, kommt jedoch auch an die Küsten. Die Flügellänge eines Vogels wird im zusammengelegten Zustand vom Flügelansatz bis zur Spitze der längsten Flügelfeder gemessen. Die Flügellänge des Anden-Kondors beträgt bis zu 1,40 Meter.

Die kürzeste Flügellänge besitzt die zu den Kolibris gehörende Hummelelfe. (Siehe »Kolibris«)

Die merkwürdigste Füttermethode unter den Vögeln haben die Prachtfinken *(Estrildidae)*. Sie verdauen, wie andere Vögel auch, ihre Nahrung im Kropf vor, übergeben das Vorverdaute an die Jungvögel, jedoch nicht portionsweise, wie es andere Vögel tun, sondern senken ihren Schnabel tief in den Hals des Nestlings und pumpen den gesamten Kropfinhalt direkt in den Magen des einzelnen Jungen. Von den Prachtfinken gibt es 35 Gattungen mit 130 verschiedenen Arten. Sie sind Bewohner der Steppen und der Trockenwälder auf allen Kontinenten.

Das meiste Futter im Verhältnis zu ihrem Körpergewicht brauchen die Kolibris. (Siehe »Kolibris«)

Das wenigste Futter brauchen die Haushühner *(Gallus gallus)*. Ein Huhn frißt täglich lediglich 3,5 Prozent seines eigenen Körpergewichtes. Ein Huhn von 1 Kilogramm Gewicht kommt mit 35 Gramm Futter pro Tag aus.

Die farbenprächtigste Gans ist die Brandgans *(Tadorna tadorna)*. Sie bewohnt bevorzugt die Meeresstrände Arabiens, brütet aber auch an den deutschen Meeresküsten. Wegen ihrer Brutgewohnheit nennen sie die deutschen Küstenbewohner oft »Höhlengans«, weil sie zur Brut vorhandene Erdhöhlen ausnützt oder für ihre Brut eine Erdhöhle gräbt. Eine weitere Eigenart der Brandgänse: Sie suchen zum Mausern, das heißt zum Wechseln ihres Federkleides, stets eine bestimmte Gegend auf. Von Deutschland aus ist es der Große Knechtsand in der Nordsee.

Der seltenste Gast in Mitteleuropa ist der Unglückshäher *(Perisoreus infaustus)*. Der Vogel (Länge bis zu 31 Zentimeter) gehört zu den Rabenverwandten und bewohnt Nadelwaldgebiete in den nicht zu heißen Gegenden Nordeuropas und Asiens. Nur ganz selten verläßt er diese Gefilde und kommt nach Mitteleuropa. Sein Erscheinen wurde von den Bewohnern Mitteleuropas mit bevorstehendem Unglück in Verbindung gebracht, deshalb bekam er den Namen Unglückshäher. In Lappland jedoch wird der Vogel als »Glücksvogel« bezeichnet. Fast die gleichen Wohngebiete wie der Unglückshäher hat der Tannenhäher *(Nucifraga caryocatactes)*. Er legt die weitesten Strecken zurück, um Futter zu sammeln. Ein Tannenhäher fliegt zur Nahrungssuche bis zu 20 Kilometer weit und speichert den Vorrat in der Nähe seines Nestes. Im Gegensatz zu anderen Sammlern findet er den angelegten Vorrat (Zirbeln, Tannenzapfensamen und Haselnüsse) in Winterszeiten wieder, auch unter einer Schneedecke von 50 Zentimetern.

Die merkwürdigste Gattenliebe zeigen die Nashornvögel *(Bucerotidae)*. Sie leben in Afrika, in Arabien, in Südasien und auf verschiedenen warmen Inseln (Philippinen, Neu-Guinea). Der Nashornvogel mauert während der Brutzeit sein Weibchen ein. Dazu benützt er Erde, die er zu einem festen Wall vor dem Eingang der in Bäumen gelegenen Nisthöhlen verarbeitet. Für das brütende Weibchen bleibt lediglich ein kleines Loch, durch das er ihr das Fressen reicht. Er tut das, um das Weibchen und die Brut vor Räubern – Schlangen und Affen – zu schützen. Nashornvögel kommen in 14 Gattungen mit 55 verschiedenen Arten vor.

Die Größe der einzelnen Arten schwankt zwischen Tauben- und Truthahngröße. Ihren Namen haben sie von den auf dem Schnabel gewachsenen Hörnern. Alle Nashornvögel mauern ihre Weibchen ein, außer dem ebenfalls zu dieser Gruppe gehörenden Hornraben *(Gattung Bucorvus).* Diese leben auf dem Boden, das Weibchen wird nicht eingemauert, muß sich aber während der Brutzeit ihr Futter selbst suchen. Die Hornraben (Gewicht bis 5 Kilogramm, Länge bis zu 1,20 Meter) leben mit einem Weibchen in Dauerehe. Die ausgebrüteten Jungen bleiben bis zu 3 Jahren mit der Familie zusammen, danach tritt die Geschlechtsreife ein, und sie werden selbständig.

Am meisten gefürchtet von den Menschen waren vom Mittelalter bis in die Neuzeit hinein die unregelmäßigen Züge der Seidenschwänze *(Bombycilla garrulus).* Lange Zeit war es unbekannt, wo und wie die Vögel (Körperlänge bis zu 22 Zentimeter) brüteten. Forschungsreisende suchten die Herkunft des Seidenschwanzes zu ergründen, der in großen Scharen und in unregeläßigen Abständen bis nach Südeuropa vordrang. Erst 1856 gelang es dem Engländer John Wolley, festzustellen, daß das bevorzugte Brutgebiet dieser Vögel die sibirische Taiga ist. Dort ernähren sich die Seidenschwänze von Beeren. Wenn ihre Futterversorgung gefährdet ist, ziehen sie in großen Zügen südwärts und werden sogar in Nordafrika gesichtet. In Europa wurde das Auftauchen großer Mengen von Seidenschwänzen als ein Unglückszeichen gewertet. Im Jahre 1631 berichtet eine Chronik, daß diese Vögel in großen Mengen erschienen seien und man nun Teucrung, Krieg, Not und Krankheit befürchte. Der Vogel galt als Vorbote der Pest. In Holland heißt er noch heute »Pestvogel«.

Die außergewöhnlichste Ernährungsweise unter den Geiern hat der Bartgeier *(Gypaëtus barbatus).* Bartgeier (Größe 1,15 Meter, Spannweite bis zu 2.90 Meter) leben in den Hochgebirgen Asiens. In Mitteleuropa sind sie fast ausgerottet: Der letzte Bartgeier in Deutschland wurde 1855 bei Berchtesgaden getötet; 1887 wurde der letzte Bartgeier in der Schweiz vergiftet. Der Bartgeier nimmt Knochen von Tieren auf. Mit diesen Knochen in den Fängen fliegt er in großer Höhe über einen Felsen und läßt sie so lange fallen, bis sie zerschellen. Aus dem zersplitterten Knochen frißt der Geier das Mark heraus. Er ist in der Lage, auch unzerkleinerte Knochen zu verschlingen. Der Bartgeier hat Stammplätze, an denen er seine Beute aufbricht. Teilweise bedecken dann Knochensplitter ein Gebiet von 100 Quadratmetern knöchel- oder knietief. Der Bartgeier reißt in den Alpen oft junge Schafe oder Kälber. Deswegen wird er auch als »Lämmergeier« bezeichnet.

Der größte Geier ist der Anden-Kondor *(Vultur gryphus).* Er lebt an der Westküste Südamerikas in bergigen Gebieten, den Anden. Anden-Kondore erreichen eine Körperhöhe von 1,40 Meter und eine Spannweite von mehr als 3 Metern.

Der kleinste Geier ist der Schmutzgeier *(Neophron percnopterus).* Er lebt vornehmlich in Wüsten und in Steppen, hat eine Körperhöhe von 66 Zentimetern und eine Spannweite von 1,60 Meter.

Den längsten Hals unter den Geiern hat der Gänsegeier *(Gyps fulvus).* Der Hals ist seiner Ernährungsweise angepaßt: Dieser Geier hat sich auf das Ausweiden großer Tierleichen spezialisiert und wühlt in den Eingeweiden der Kadaver. Ein Federkleid würde bei der Nahrungsaufnahme verschmutzen. Deswegen ist der Hals nur dünn befiedert und sehr lang. Der Hals des Gänsegeiers (17 Halswirbel) kann bis zu 45 Zentimeter lang werden. Der Geier (Körperlänge 1 Meter, Spannweite 2,40 Meter) lebt im südlichen Europa und in Asien.

Die höchste Zug-Geschwindigkeit erreichen die Wildenten *(Anas platyrhynchos).* Sie fliegen bei ihren jahreszeitbedingten Wanderungen mit einer Dauergeschwindigkeit von 90 bis 100 Kilometer pro Stunde.

Die niedrigste Zug-Geschwindigkeit haben die Schwalben *(Hirundinidae).* Sie fliegen auf ihren Flügen in die Sommerquartiere und zurück mit einer Geschwindigkeit von durchschnittlich 35 Stundenkilometern.

Das geringste Gewicht haben die Jungen der Hummelelfe. (Siehe »Kolibris«)

Der einzige nur Affen fressende Adler ist der Affenadler *(Pitheophaga jefferyi).* Er wurde erst 1894 auf den Philippinen entdeckt und ernährt sich von Makaken *(Macaca),* kleinen Affen, die er aus den Bäumen herausgreift. Der Affenadler (Länge bis 80 Zentimeter, Gewicht 5 Kilogramm) ist ein seltener Raubvogel, von dem nur noch 50 Paare auf zwei Philippinen-Inseln brüten.

Der berühmteste Adler der Welt war der Weißkopf-Seeadler »Old Abe«. Der gezähmte Adler diente als Maskottchen des 8. Wisconsin-Infanterieregiments während des amerikanischen Krieges von 1861 bis 1865. Ein Leutnant sorgte für sein Wohlergehen. Der Weißkopf-Seeadler *(Haliaeetus leucocephalus)* wurde das Wappentier der Vereinigten Staaten Er war bis vor 15 Jahren über ganz Amerika verbreitet. Zu dieser Zeit wurde bei diesen Adlern (Spannweite bis zu 2,10 Meter) das erstemal eine systematische Vergiftung durch Schädlingsbekämpfungsmittel festgestellt. Da in den USA von 1920 bis 1960 insgesamt 140 000 Weißkopf-Seeadler von Jägern abgeschossen wurden und durch die Vergiftung weitere Hunderttausende eingingen, gehört dieser Adler zu den gefährdeten Vogelarten der USA.

Der größte Adler der Welt ist der Seeadler *(Haliaeetus albicilla).* Er erreicht eine Körperlänge von 1 Meter, die Spannweite seiner Flügel beträgt 2,60 Meter. Diese Adler leben an Meeresstränden und an Ufern der Binnenseen.

Der kleinste Adler ist der Zwergadler *(Hieraaetus pennatus).* Er lebt in Innerasien und wird 53 Zentimeter groß. Seine Spannweite beträgt 1,20 Meter.

Der stärkste Adler ist der Steinadler *(Aquila chrysaetus).* Er ist etwas kleiner als der Seeadler *(Haliaeetus albicilla).* Sein Gewicht beträgt bis zu 5 Kilogramm, die Spannweite 2,30 Meter. Seine Fänge sind so stark, daß es selbst der vereinigten Kraft von zwei ausgewachsenen Männern nicht möglich ist, auch nur einen einzigen seiner vier Zehen aus einer geschlagenen Beute zu lösen. Der Steinadler jagt Murmeltiere, junge Rehe, ausgewachsene Füchse und Marder. Wenn er Vögel im Fluge schlägt, ist er als einziger unter den Adlern in der Lage, sich während des Fluges auf den Rücken zu drehen und seine Beute von unten zu packen.

Die seltsamste Jagdmethode hat der Schrei-Seeadler *(Haliaeetus vocifer).* Er lebt an den Stränden der wärmeren Meere. Dieser Adler (Spannweite bis 1,70 Meter) lauert anderen fischenden Vögeln auf. Beobachtet er zum Beispiel einen Komoran, einen Pelikan oder einen Riesenreiher mit Beute, so überfällt er diese Vögel. Der Schrei-Seeadler krallt sich an deren Hals fest, bis sie ihre eben verschlungene Fischbeute wieder auswürgen. Die Überfallenen werden danach wieder losgelassen und suchen das Weite, der Schrei-Seeadler frißt die erbeuteten Fische.

Der beste Schlangenfänger ist der Gaukler *(Terathopius ecaudatus).* Er lebt in Afrika und erhielt seinen Namen wegen seiner an Zirkus-Kunststücke erinnernden Werbung um ein Weibchen. Der Gaukler lebt vorwiegend von Schlangen, darunter auch hochgiftigen wie den Puffottern *(Gattung Bitis).* Er fliegt auf die am Boden kriechenden Schlangen zu und reizt sie immer wieder zuzustoßen. Ist sie ermattet, greift er sie mit seinen Fängen und läßt sie so lange zu Boden fallen, bis sie tot ist. Der in Europa lebende kleine Schlangenadler *(Circaetus gallicus)* tanzt auf dem Boden um die Beuteschlange. Nachdem er sie ergriffen hat, schneidet er ihr mit seinen Fängen den Kopf ab und verschlingt ihren Körper ganz.

Die schnellste Beuteübergabe praktizieren die Weihen *(Gattung Circus).* Diese Greifvögel aus der Familie der Habichtartigen leben in neun Arten auf dem ganzen Erdball. In Mitteleuropa ist besonders die Rohrweihe *(Circus aeruginosus)* verbreitet, die im Gegensatz zu anderen Weihen besonders groß und kräftig ist (Körperlänge bis zu 50 Zentimeter). Sie jagt Bleßhühner, junge Schwäne und andere Vögel sowie Säugetiere. Die Rohrweihe beansprucht ein großes Jagdgebiet für sich allein (bis zu 2000 Hektar) und duldet auch keine Eindringlinge der eigenen Art, während die Wiesenweihen *(Circus pygarsus)* in Gruppen von mehreren Vögeln jagen. Bei Wiesenweihen wurde beobachtet, daß ein Weibchen zugleich mit zwei Männchen verpaart war und alle drei gemeinsam die Aufzucht der Jungen übernahmen. Wie bei vielen Greifvögeln übernimmt das Männchen während des Brütens und der Aufzucht der Jungen die Futterversorgung. Dabei übergeben die männlichen Weihen ihren Weibchen die geschlagene Beute im Fluge. Andere Greifvögel bringen sie direkt zum Horst oder legen sie in Horstnähe nieder.

Der schnellste Falke ist der Baumfalke *(Falke subbuteo).* Er lebt in Europa und in Asien. Das Weibchen übertrifft mit etwa 300 Gramm Gewicht das Männchen um ein Drittel. Der Baumfalke jagt nur fliegende Tiere, unter anderem Lerchen, Mehlschwalben und Mauersegler, die von Haus aus sehr schnell sind. Besonders gerne fängt er Libellen, denen er noch im Fluge mit dem Schnabel die harten Flügel vom Körper trennt und sie fliegend verzehrt. Der Baumfalke erreicht bei Sturzflügen auf seine Beute eine Stundengeschwindigkeit von 310 Kilometern.

Der beharrlichste Greifvogel ist der Turmfalke *(Falco tinnunculus).* Die Turmfalken (Länge bis zu 35 Zentimeter, Gewicht bis zu 250 Gramm) sind die einzigen der 14 Greifvogelarten Mitteleuropas, die auch in der Stadt heimisch geworden sind. Sie nisten sowohl in alten Gemäuern als auch auf Kirchtürmen und fliegen zur Nahrungssuche aufs Land. Der Turmfalke verfügt als einziger Greifvogel über die Fähigkeit des »Rüttelflugs«. Er verharrt flatternd in der Luft und spreizt zur Stabilisierung seiner Position den Schwanz je nach Windstärke mehr oder weniger nach oben. Der positionstreue Rüttelflug ermöglicht es dem Turmfalken, auf der Erde lebende Säugetiere - vor allem Mäuse - besser zu erkennen. Nach Erspähen einer Beute stößt der Turmfalke steil nach unten, um das Tier zu greifen. Sehr oft entkommt das Beutetier. Der Turmfalke steigt dann wieder auf und verharrt - mit Unterbrechungen - stundenlang im Rüttelflug über dieser Stelle, um schließlich das Tier doch noch zu überlisten.

Der häufigste Greifvogel in Europa ist der Mäusebussard *(Buteo buteo).* Diese Vögel erreichen bei einem Gewicht von knapp einem Kilogramm eine Spannweite bis zu 1,45 Meter. Während der Balzzeit und der Liebesspiele fliegen diese Vögel sehr hoch und stürzen, einander jagend, aus dem Flug heraus auf einen Wald zu, fangen sich ab und beginnen ihr Spiel von neuem. Wegen seiner wie ein Katzenmiauen klingenden Rufe erhielt der Bussard seinen Namen: Das Wort »Bus« bedeutet im Altdeutschen Katze. Er wird in einigen Gegenden auch Katzenaar genannt, wobei das Wort »Aar« für Adler steht. Der Mäusebussard ernährt sich vorwiegend von Kleinsäugern, nimmt aber auch Regenwürmer, Schnecken und Eidechsen. Von den Jägern wird er verfolgt, weil er zuweilen junge Hasen und Rehkitze schlägt. Bekannt ist jedoch auch, daß der Mäusebussard giftige Schlangen wie Kreuzottern annimmt und mit ihnen kämpft. Er ist gegen das Gift der Kreuzotter nicht gefeit. Aus Holland wurde berichtet, daß ein Bussard tot in seinem Nest lag, unter ihm eine lebende Kreuzotter. Der Vogel hatte das Reptil geschlagen und in seinen Horst gebracht, wo es ihn biß. Durch die Ähnlichkeit des Flugbildes wird der Mäusebussard sehr oft mit dem Wespenbussard *(Pernis apivorus)* verwechselt. Im Gegensatz zu den Mäusebussarden ernähren sich diese in Europa von Mai bis Oktober jagenden Vögel vorwiegend von Wespen, Hummeln und Bienen. Teilweise graben Wespenbussarde Erdwespennester mit Schnabel und Krallen aus. Bei Untersuchungen von Wespenbussarden wurde festgestellt, daß ihr Mageninhalt aus Bienen und Wespen bestand, denen der Stachel fehlte. Deshalb wird angenommen, die Greifvögel entfernen vor dem Verschlucken der Beute die letzten Hinterleibsringe und somit den Stachel. Während der Wespenbussard in wärmeren Gegenden überwintert, kommt der im hohen Norden bis zum 75. Breitengrad lebende Rauhfußbussard *(Buteo lagopus)* zum Überwintern nach Mitteleuropa. Der Rauhfußbussard (Spannweite bis zu 1,60 Meter) bekam seinen Namen nach seinen befiederten Beinen.

Der stärkste Greifvogel ist die Harpyie *(Harpia harpya).* Dieser Greifvogel lebt in den südamerikanischen Urwäldern und wird 1 Meter groß. Sein Gewicht beträgt 5 Kilogramm und seine Spannweite 2,20 Meter. Eine Harpyie kann ein Beutetier von 25 bis 30 Kilogramm Gewicht in ihren Fängen bis zu 80 Kilometer weit in ihr Nest transportieren. Unter den Indianern des Kontinents sind die Federn dieses Greifvogels die begehrteste Handelsware. Sehr oft werden Jungvögel unter Lebensgefahr aus dem Nest genommen und aufgezogen, um später die Federn der ausgewachsenen Vögel zu verkaufen.

Das größte Revier beanspruchen die Habichte *(Accipiter gentilis)* für sich. Sie leben paarweise zusammen. Der männliche Habicht erreicht mit 750 Gramm Höchstgewicht nur zwei Drittel des Körpergewichts des Weibchens. Weil er leicht ist, konzentriert er sich auf kleinere Beute, wie Tauben und Rebhühner, während das schwerere Weibchen in der Lage ist, auch Hasen bis zu drei Pfund zu schlagen. Die durch die Natur bedingten Größenunterschiede haben eine Arbeitsteilung mit sich gebracht: Während der Brut- und der Aufzuchtzeit für die Jungen versorgt der Habicht das Weibchen und die Jungen mit kleinerer, leicht zerlegbarer Beute. Er legt die geschlagenen Tiere etwas vom Nest entfernt ab, das Weibchen holt sie und verfüttert sie an die Jungen. In dieser Zeit mausert sich das Weibchen und verliert die Schwungfedern. Während der Mauser kann sie also nicht jagen und muß vom Männchen ernährt werden. Habichtpaare grenzen ihr Revier gegenüber anderen Paaren ab. Ein Paar beansprucht etwa 5000 Hektar für sich allein.

Der größte Spezialist ist der Fischadler *(Pandion haliaëtus)*. Während andere Adler abwechslungsreiche Nahrung schätzen, ist der bussardgroße Fischadler lediglich auf Fische spezialisiert. Aus einer Höhe von zehn bis fünfzig Metern erspäht er seine schwimmende Beute und stürzt nach unten. Er taucht völlig ins Wasser ein und benützt während des Eintauchens den Schwanz als Ruder, damit er nach dem Greifen der Beute sofort wieder an die Oberfläche getrieben wird. Seine kräftigen und gedrungenen Füße ermöglichen es ihm, einen Fisch unlösbar festzuhalten. Der Halteeffekt wird durch viele kleine Dornen, die sich an den Gelenken der Zehen befinden, verstärkt. Der Fischadler - sein Bestand ist in Europa gefährdet - wiegt etwas über drei Pfund, ist jedoch in der Lage, Fische bis mehr als vier Pfund im Wasser zu schlagen. Mit der Beute in den Fängen geht sein Sturzflug sofort in einen Steigflug über. Es wurde beobachtet, wie Fischadler zu schwere Fische erbeuteten. Die Kraft und das Gewicht der abwärts strebenden Fische sowie die unlösbar in den Körper des Beutetieres verhakten Krallen verhinderten, daß sich die Greifvögel wieder lösen konnten. Sie wurden in die Tiefe gezogen und ertranken.

Den schnellsten Sturzflug beherrscht der Wanderfalke *(Falco peregrinus)*. Die Wanderfalken (Länge bis zu 50 Zentimeter, Gewicht bei Weibchen bis zu 900 Gramm) leben auf allen Kontinenten der Welt. Durch ihren Körperbau sind sie am besten der Langstreckenjagd angepaßt und durchstreifen auf der Suche nach Beute oft Räume bis zu 600 Kilometer. Hat ein Wanderfalke seine Beute erspäht, stürzt er mit angelegten Flügeln auf sie zu. Dabei erreicht er kurzfristig eine Stundengeschwindigkeit von 350 Kilometern.

Die perfekteste Täuschung anderer Vögel vollbringt der Sperber *(Accipiter nisus)*. Der Sperber, einer der kleinsten Greifvögel, ist in ganz Europa, Asien und Afrika verbreitet. Das Weibchen ist mit einer Körperlänge von 38 und einer Spannweite von 65 Zentimetern weitaus größer als das Männchen. Sie wiegt bis zu 300 Gramm, er nur 130 Gramm. Das Männchen kann wegen seines kleinen Körpers das Gelege nicht ganz bedecken. So brütet das Weibchen allein, während das Männchen sie und - später - die Jungen versorgt. Sperber jagen kleine Säugetiere und Vögel. Da die kleineren Vögel sehr wachsam sind, wenn ein Sperber seine Kreise zieht, muß der Sperber täuschen. Er bringt es fertig, seinen Flug so zu verändern, daß die Vögel den Eindruck haben, es käme ein für sie ungefährlicher Häher. Wenn der Sperber aufgrund dieser Täuschung nahe genug an seiner Beute ist, stürzt er herunter und ergreift sie.

Der beste Handwerker unter den Vögeln ist der Schneidervogel *(Orthotomus sutorius)*. Er baut aus einem einzigen Blatt, das er nicht vom Ast abbricht, ein Nest: Er wickelt das Blatt zusammen und bohrt mit dem Schnabel Löcher in dessen beide Enden, die er danach mit Fäden aus Spinnseide oder Bastfasern zusammenzieht. Dabei benutzt er seinen Schnabel als Nadel. Die Schneidervögel (Länge 17 Zentimeter) sind in Indien, China und dem malaiischen Gebiet verbreitet.

Den kürzesten Aufenthalt in seiner Heimat verbringt der Pirol *(Oriolus oriolus)*. Der Singvogel ist über ganz Europa und Asien verbreitet und überwintert in Afrika. Bei der Ankunft in ihrer Heimat befestigen Weibchen und Männchen mit Speichel Fäden an einer Astgabel und hängen an dieser dünnen, aber haltbaren Konstruktion ihr Nest auf. Zwischen zwei und fünf Junge schlüpfen nach fünfzehn Tagen und werden nach weiteren zwei Wochen bereits flugfähig. Der Pirol trifft aus seinen Winterquartieren erst gegen Ende des Frühlings in Europa ein und wird deshalb auch »Pfingstvogel« genannt. Die Pirolzüge verlassen Europa bereits wieder im August.

Die meisten Herzschläge in der Minute hat die Schwarzkopfmeise *(Gattung Parus)*. Ihr Herz schlägt in 60 Sekunden 1000mal. Gefolgt wird sie vom Kanarienvogel *(Serinus canaria)* mit 670 und vom Sperling *(Passer)* mit 600 Herzschlägen pro Minute. Das Herz eines erwachsenen Menschen schlägt etwa 70mal in der Minute.

Die einzigen Hubschrauberflüge unter den Vögeln unternehmen neben den Kolibris (siehe »Kolibris«) die Goldhähnchen *(Regulus regulus)*. Durch eine große Anzahl von Flügelschlägen (35 bis 80 pro Sekunde) sind diese Vögel in der Lage, sich an einem Punkt in der Luft zu halten und teilweise sogar rückwärts zu fliegen.

Am längsten hungern können die Mauersegler *(Apus apus)* und deren Junge. Die Mauersegler ernähren sich von Insekten. Während der Regenzeit oder bei kaltem Wetter, wenn die Aktivität unter den Insekten nicht groß ist, können Mauersegler (Länge 16 Zentimeter, Spannweite 35 Zentimeter) keine Insekten fangen und müssen aus Futtermangel hungern. Sie sind in der Lage, 30 Tage lang ohne Nahrung zu leben. Ihre Jungen verfallen bei Futtermangel in einen schlafähnlichen Zustand mit herabgesetztem Stoffwechsel und verringerter Lebenstätigkeit. Mauersegler sind in allen Städten und Dörfern Europas beheimatet.

Das begehrteste Jagdwild unter den Vögeln ist der Jagdfasan *(Phasianus colchicus)*. Er gehört zur Unterfamilie der Fasanen *(Phasianinae)*, die dreizehn Gattungen mit 29 Arten hat. Einer dieser Fasanen, das Bankivahuhn *(Gallus gallus)* ist der Stammvater aller Haushühner. Der größte Vertreter der Familie der Fasanen ist der Königsfasan *(Syrmaticus reevesii)*. Bereits im 13. Jahrhundert berichtete Marco Polo, gerade vom Hof der chinesischen Kaiser zurückgekehrt, von einem »wunderbaren Huhn mit langen Federn«. Es dauerte noch vier Jahrhunderte, bis die Königsfasane in den ersten europäischen Fasanerien auftauchten. Sie haben eine Länge von 2,10 Meter, davon entfallen 1,60 Meter auf den Schwanz. Später wurde versucht, den Königsfasan mit den weitaus kleineren Arten der Jagd- und Edelfasane zu kreuzen. Das schlug fehl, weil Königsfasane ein großes Revier beanspruchen und jeden Jagdfasan als Eindringling töten. Eine Einkreuzung mit dem Himalaja-Glanzfasan *(Lophophorus imperjanus)* erwies sich als zu schwierig, weil diese Fasane in einer Höhe bis zu 4000 Meter leben, während Jagdfasane niedere Gebiete bevorzugen. Erste Kreuzungsversuche mit dem Diamantfasan waren ebenfalls nicht erfolgreich. Der 1828 erstmals von Lady Amherst aus Asien eingeführte Diamantfasan *(Chrysolophus amherstiae)* sollte, um den europäischen Jagdfasan attraktiver zu machen, mit diesem gekreuzt werden. Es kam bei den Versuchen zu Zwischenfällen, weil männliche Diamantfasane während der Balz vor Raserei oft die Weibchen umbringen. Alle heutigen Jagdfasane stammen aus Asien. Es gibt von ihnen 34 Unterarten, die jeweils durch geografische Gegebenheiten entstanden sind. Der Sage nach brachten die Argonauten, die unter ihrem Anführer Jason das Goldene Vlies erbeuten wollten, die Urform der Fasane aus dem Lande Kolches am Ufer des Schwarzen Meeres mit. Während der Zeit des Römischen Reiches kannten dessen Kaiser den Fasan bereits als Leckerbissen. Der Kaiser Heliogabal ließ sieben Jahre lang jeden Tag die vierzig Löwen seiner Menagerie mit frisch erlegten Fasanen füttern. Auf den Tischen der Reichen gab es Fasan in 124 verschiedenen Zubereitungsarten, bis der Kaiser Julian während seiner Regierungszeit Fasane als »Schlemmerei« von den Tafeln verbannen ließ. Allein in den Vereinigten Staaten von Amerika werden jährlich 38 Millionen Fasane geschossen, auf der ganzen Welt jährlich 150 Millionen. Durch die Fürsorge der Jäger ist der Bestand an Fasanen nicht gefährdet.

Der gewandteste Kletterer ist der Mauerläufer *(Tichodroma muraria).* Der Vogel (Länge bis zu 17 Zentimeter) bevorzugt felsige Gegenden und sucht seine Nahrung - Kerbtiere und Insekten - in den Felsspalten. Bei der Futtersuche fliegt der Mauerläufer senkrechte Wände von oben herab an und krallt sich mit seiner überlangen Hinterzehe an den kleinsten Unebenheiten fest. Selbst an Überhängen findet er Halt, oft verbessert er durch ein kurzes, ruckartiges Flügelschlagen seine Position. Mauerläufer konnten in jüngster Zeit auch an hohen Gebäuden, besonders an Kirchen aus Naturstein, bei der Nahrungssuche beobachtet werden.

Den engsten Kontakt mit ihren auszubrütenden Eiern haben die Rohrammern *(Emberiza schoeniclus L.)* Die einheimischen Singvögel (Gewicht etwa zehn Gramm) brüten ausschließlich an sumpfigen Orten mit hohen Wasserpflanzen. Rohrammern sind wendige Kletterer und können sich selbst auf dem kleinsten Ast und an schwankenden Schilfrohren festhalten. Während des Brutgeschäfts preßt sich das Weibchen fest auf die Eier und läßt sich auch durch herannahende Gefahr nicht stören. Bei Gefahr kommt zu ihrer Hilfe meist das abseits wartende Männchen herbeigeflogen und schreit kläglich, um die Aufmerksamkeit etwaiger Angreifer und Störenfriede auf sich zu lenken.

Die merkwürdigste Körperpflege betreiben 170 der insgesamt 8600 Vogelarten der Welt. Dazu gehören die Drossel *(Turdinae)*, die Stare *(Sturnidae)* und die Sperlingsvögel *(Passeriformes).* Diese Vögel picken einzeln laufende Ameisen *(Formicoidae)* oder mehrere Exemplare aus einem Haufen heraus und stecken diese Insekten unter Flügel und Körpergefieder. Damit erreichen die Vögel zweierlei: Erstens fressen die Ameisen die im Gefieder lebenden Schmarotzer, wie Federlinge *(Mallophagen),* und zweitens wird durch die Abwehr der ergriffenen Insekten Ameisensäure (HCOOH) ins Gefieder gespritzt. Diese Säure tötet Schmarotzer ab und befreit die Federn von fetthaltigen Stoffen. Diese Methode der Körperpflege war den Wissenschaftlern bis 1930 nicht bekannt. Ein Junge aus der australischen Stadt Melbourne schrieb in jenem Jahr dem Ornithologen A. H. Chisholm, er habe gesehen, wie sich Stare Ameisen unter die Flügel steckten. Der Wissenschaftler nahm die Mitteilung ernst und forschte nach. Seine Forschungen führten zu dem Begriff des »Einemsens« (englisch »anting«) unter den Vögeln. Die Vögel reiben sich mit den Ameisen ein oder behalten die lebenden Insekten bis zu 48 Stunden im Gefieder. Teilweise werden sie danach gefressen.

Die meisten Rekorde unter den Vögeln haben die Kolibris *(Trochilidae),* die in Mittel-, Südamerika und auf einigen tropischen Inseln leben, zu verzeichnen. Es gibt von ihnen 140 Gattungen mit 400 unterschiedlichen Arten. Sie werden zwischen 8 und 24 Zentimeter lang und 2 bis 25 Gramm schwer. Auffallend an ihnen ist der im Verhältnis zum Körper sehr große Schnabel, der bei den einzelnen Arten zwischen 6 und 110 Millimeter mißt. Die Kolibris machen die meisten Atemzüge unter allen Vögeln. Während des Sitzens atmen sie 250 mal pro Minute. Fliegen diese kleinen Vögel jedoch sehr schnell oder verharren fliegend an einer Stelle in der Luft, so müssen sie 300mal in 60 Sekunden Luft holen. Neben den Goldhähnchen *(Regulus regulus)* sind die Kolibris als einzige Vögel in der Lage, sich durch eine große Anzahl von Flügelschlägen (35 bis 80 pro Sekunde) an einem Punkt wie ein Hubschrauber in der Luft zu halten und teilweise sogar rückwärts zu fliegen. Die Kolibris brauchen auch am meisten Sauerstoff unter allen Vögeln. Ihre Körper sind sehr klein und haben im Verhältnis zu anderen Vögeln mehr Oberfläche. Damit die Körpertemperatur konstant bleibt, müssen die Kolibris mehr atmen und verbrauchen mehr Sauerstoff pro Gramm ihres Körpergewichtes als jedes andere Tier, einschließlich der Säugetiere. Der Sauerstoffverbrauch eines Kolibris ist im nichtfliegenden Zustand erstaunlicherweise achtmal so hoch wie der einer Schwalbe *(Hirundinidae)*. Während des Fluges verbraucht ein Kolibri 14mal soviel Sauerstoff wie diese. Der Bedarf pro Gramm Körpergewicht und Stunde beträgt 70 Kubikzentimeter reinen Sauerstoffs. Die Zahl der roten Blutkörper *(Erythrozyten)*, die den Sauerstoff transportieren, ist bei den Kolibris doppelt so hoch wie bei anderen Vögeln. Sie benötigen auch das meiste Futter unter allen Vögeln und fressen täglich das Dreifache ihres Körpergewichtes.

Die kleinsten Eier legt der Grauweiße Kolibri *(Mellisuga minima)*. Der Vogel lebt auf der Insel Jamaika und wiegt zwei Gramm. Seine Eier haben eine Länge von 12,5 Millimeter und ein Gewicht von 0,25 Gramm. 240 Eier dieses Kolibris wiegen soviel wie ein normales Hühnerei, 6480 von ihnen soviel wie das größte Ei der Welt, ein Straußenei.

Die kürzeste Flügellänge besitzt die zu den Kolibris gehörende Hummelelfe *(Chaetocercus bombus)*. Einer dieser Flügel mißt vom Körper bis zur Spitze lediglich 2,5 Zentimeter. Die Hummelelfe besitzt unter allen Vögeln der Welt auch die geringste Spannweite ihrer Flügel (Spannweiten bei Vögeln werden über den Rücken von Flügelspitze zu Flügelspitze im ausgebreiteten Zustand gemessen). Bei der Hummelelfe beträgt dieser Abstand 7 Zentimeter. Ihre Eier legt die Hummelelfe in das kleinste Nest der Welt. Es hat einen Durchmesser von nur 4 Zentimetern. Die Jungen dieses Kolibris haben beim Schlüpfen das geringste Gewicht von allen Vögeln, sie wiegen nur 0,15 Gramm.

Der größte Kolibri ist der Riesengnom *(Patagona giga)*. Er erreicht eine Länge von 9 und eine Spannweite von 30 Zentimetern.

Der am höchsten lebende Kolibri ist die Flaggensylphe *(Ocreatus underwoodii)*. Die Länge dieses Vogels beträgt 15, seine Flügellänge 4,5, seine Schwanzlänge 9 Zentimeter. Diese Kolibris sind vom Norden Südamerikas bis Brasilien und Venezuela verbreitet. Die Flaggensylphe lebt in Gebirgen bis zu 2000 Meter Höhe.

Den merkwürdigsten Schwanz besitzt der Sappho-Kolibri *(Sappho sparganura)*. Dieser Vogel lebt in Bolivien. Seine Oberseite ist scharlachrot. Auf dem Kopf und auf der Unterseite ist er metallgrün, die Schwingen sind purpurbraun. Die Schwanzfedern haben eine braune Farbe und gehen zur Spitze hin in ein feuriges Orange über. Die Steuerfedern dieses Kolibris sind nach außen hin gleichmäßig gesteigert, die äußersten Schwanzfedern sind über 5mal so lang wie die mittleren.

Der leichteste flugfähige Vogel der Welt lebt auf Kuba. Es ist der Hummelkolibri *(Mellisuga hellenae)*. Ein ausgewachsenes Exemplar des Hummelkolibris wird mit Schnabel 5,5 Zentimeter lang und wiegt 1,5 Gramm.

Am höchsten fliegen die Nonnenkraniche *(Grus leucogeranus)*. Die Vögel (Länge bis 140 Zentimeter) werden auch »Schneekraniche« genannt. Sie leben in West- und Ostsibirien, ziehen bei Einbruch des Winters in wärmere südliche Gegenden und fliegen auf ihren Wanderzügen in einer Höhe von 6000 Metern. Die höchste bekanntgewordene Flughöhe, die ein Vogel jemals erreicht hat, beträgt 8800 Meter. Sie wurde von einer Wildgans *(Anser anser)* in der Sowjetunion erreicht, die 1961 mit einem Kleinstmeßgerät ausgerüstet auf ihre Wanderung geschickt wurde. Die Flughöhe dieser Wildgans entspricht bis auf 48 Meter der Gipfelhöhe des höchsten Berges der Welt, des Mount Everest. Düsenflugzeuge auf Langstrecken fliegen in einer Höhe von 8000 bis 11000 Meter.

Der älteste Kranich war ein Schreikranich *(Grus americana)*. Er lebte 55 Jahre im Zoo der amerikanischen Stadt Washington. Auf freier Wildbahn werden Kraniche bis zu 40 Jahre alt.

Der einzige baumbrütende Kranich ist der Kronenkranich *(Balearica pavonina)*. Der Vogel ist gekennzeichnet durch ein Federkrönchen auf dem Kopf; dies ist einzigartig unter den Kranichen. Er wird von allen Kranichen am schnellsten in Menschenobhut zahm. Als einzige bauen die Kronenkraniche (Länge bis 95 Zentimeter) Nester in Bäumen. Alle anderen Kranicharten (10 verschiedene) legen ihre Nester an schwer zugänglichen Stellen auf dem Boden, im Moor oder auf winzigen Inseln an.

Topaskolibri (¾ natürlicher Größe)

Die einzigen immer flugfähigen Kraniche sind der Jungfernkranich *(Anthropoides virgo)* und der Kronenkranich *(Balearica pavonina)*. Normalerweise wechseln alle Kraniche ihr Gefieder langsam zwischen Juli und Oktober. Lediglich die für ihren Flug wichtigen Schwungfedern fallen nur jedes zweite Jahr innerhalb von zwei Tagen aus und erneuern sich in 10 Tagen. Die Vögel müssen während dieser Zeit am Boden bleiben. Die Jungfernkraniche und die Kronenkraniche verlieren ihre Schwungfedern nur allmählich und ersetzen sie sofort durch neue. Dies ermöglicht es den Vögeln, stets flugfähig zu bleiben. Diese Eigentümlichkeit der beiden Kranicharten hat sich durch ihr Leben in der Steppe herausgebildet. Die in Afrika und in den baumlosen Gegenden Mittelasiens wohnenden Vögel haben dort keine Deckungsmöglichkeit. Zu ihrem eigenen Schutz müssen sie jederzeit einem Angreifer durch Fliegen entkommen können.

Der größte Kranich ist der Sarus-Kranich *(Grus antigone)*. Er lebt in Pakistan, in Indien sowie auf der Malaiischen Halbinsel. Der Sarus-Kranich erreicht eine Körperlänge von 1,60 Meter und eine Spannweite von 2,80 Meter.

Der am höchsten lebende Kranich ist der Schwarzhalskranich *(Grus nicricollis)*. Er brütet in Tibet in einer Höhe bis zu 3300 Meter.

Der kleinste Kranich ist der in Mittelasien lebende Jungfernkranich *(Anthropoides virgo)*. Er wird 95 Zentimeter lang, seine Spannweite beträgt weniger als 1,50 Meter.

Die kürzeste Zeit zum Dezimieren einer Kranich-Art brauchten die Amerikaner. Von dem nur in Amerika lebenden Schreikranich *(Grus americana)* existierten im Jahre 1900 circa 2 Millionen Exemplare. Sie wurden so oft geschossen, daß 1965 nur noch 24 Exemplare dieser Art lebten. Im Wood-Buffalo Nationalpark (Kanada), wo diese Kraniche überwintern, wurde der Bestand sorgfältig geschützt. Im Jahre 1979 brüteten dort 54 Paare.

Die brutalsten Kinder in der Vogelwelt sind die Jungen des Kuckucks *(Familie Cuculidae)*. Der Kuckuck legt seine Eier in fremden Nestern ab, in denen bereits Eier des Wirtsvogels sind. Bereits 10 Stunden nach seinem Schlüpfen erwacht in dem Kuckucksjungen der Trieb, das meiste Futter von den Pflegeeltern zu erhalten. Dazu muß er die Futterkonkurrenz, die eigenen Jungen des Brutpaares, verringern. Kaum einen halben Tag alt, kriecht der Kuckuck unter die im Nest befindlichen Jungen, lädt sie sich einzeln auf den Rücken, hält sie mit seinen hochgeklappten Schwingen fest, klettert auf den Nestrand und befördert die Jungvögel in die Tiefe. Nur 1 Prozent der Vögel überlebt den Sturz. Sie werden aber von den Eltern nicht mehr angenommen, verhungern oder werden Beute der Raubtiere.

Nur ein einziges Ei in jedes Nest legt der Kuckuck *(Cuculidae)*. Bevor er jedoch sein Ei in das fremde Nest bringt, räumt der Kuckuck in Abwesenheit der Nesteltern schon den größten Teil der von diesen gelegten Eier beiseite. Er vernichtet sie, um seinem Jungen durch die geringere Anzahl der Jungvögel bessere Fütterungsmöglichkeiten und größere Überlebenschancen einzuräumen. 50 Prozent der insgesamt 128 Kuckucks-Arten sind Brutschmarotzer und legen ihre Eier in fremde Nester. Die anderen Kuckucks-Arten brüten selbst. Ein brutschmarotzender Kuckuck legt im Laufe eines Jahres 16 bis 18 Eier, von denen jedes in einem anderen Nest untergebracht wird.

Der größte Kuckuck ist der Fratzenkuckuck *(Scythrops movaehollandiae)*. Er erreicht eine Körperlänge bis zu 70 Zentimeter und ein Gewicht von 1 Kilogram. Er lebt in Asien, auf den Malaiischen Inseln und in Australien.

Der kleinste Kuckuck gehört zu der Gruppe der Goldkuckucke *(Chrysococcyx)*. Er ist ein Glanzkuckuck *(Chalcites)* und wird 14 Zentimeter lang. Sein Gewicht beträgt 25 Gramm.

Das größte Kuckucksei legt der Laufkuckuck *(Carpococcyx radiceus)*. Er lebt auf den Inseln Sumatra und Borneo. Seinen Namen bekam der Vogel, weil er häufig auf dem Boden läuft und springt. Das Ei eines Laufkuckucks ist 5 Zentimeter mal 3,5 Zentimeter groß; das Gewicht beträgt 235 Gramm. Das Gewicht eines Hühnereies schwankt zwischen 50 und 60 Gramm. Der Kuckuck selbst wird 60 Zentimeter lang.

Das kleinste Kuckucksei stammt vom Fleckenglanz-Kuckuck *(Chalcites maculatus).* Er lebt in den Tropen der Alten Welt und legt seine Eier vorwiegend in die Nester der Nektarvögel *(Familie Nectariniidae).* Dieser Kuckuck legt zwischen 8 und 16 Eier. Jedes von ihnen wiegt 3 Gramm.

Der beste Springer unter den Vögeln ist der Erdkuckuck *(Geococcyx californianus).* Er lebt in Mittel- und Südamerika. Der Vogel (Länge 60 Zentimeter, Gewicht 500 Gramm) springt aus dem Stand bis zu 4 Meter weit und 3 Meter hoch. Er läuft auf dem Boden mit einer Stundengeschwindigkeit von 25 Kilometern.

Die meisten Wirte sucht der Mitteleuropäische Kuckuck *(Cuculus canorus),* der auch in Deutschland am häufigsten ist. Er legt seine Eier in die Nester von 300 verschiedenen Wirtsvögeln mit unterschiedlichen Größen, wie dem Zaunkönig *(Troglodytes troglodytes)* und dem Jagdfasan *(Phasianus colchicus).* Der Zaunkönig wird 9 bis 23 Zentimeter, der Jagdfasan bis 80 Zentimeter lang und 2000 Gramm schwer. Der Mitteleuropäische Kuckuck erreicht eine Länge von 35 und eine Spannweite von 60 Zentimetern.

Der kälteunempfindlichste Landvogel ist das Alpenschneehuhn *(Lagopus mutus).* Das mit dem Auerhahn verwandte Tier (Gewicht bis 500 Gramm) lebt im nördlichen Asien, Amerika und Europa. Selbst bei Temperaturen von minus 50 Grad Celsius und geschlossener Schneedecke finden die Alpenschneehühner noch Nahrung: Sie graben bodenwärts tiefe Gänge in den Schnee, um an Nahrung zu kommen. Das Schneehuhn ist unter allen Landvögeln am weitesten nach Norden verbreitet und durch ein sehr dichtes Gefieder gegen Kälte geschützt.

Der am nördlichsten brütende Landvogel ist der Schneeammer *(Plectrophenax nivalis).* Die Ammern *(Unterfamilie Emberizinae)* sind die zweitgrößte Gruppe der Singvögel im Tierreich. Schneeammern (Gewicht bis zu 40 Gramm) sind nicht nur in Amerika zu finden, sondern auch auf Island, den Faröer-Inseln, im äußersten Norden Skandinaviens und in den kalten Gebieten der Sowjetunion. Im arktischen Sommer ziehen die Vögel bis auf 600 Kilometer an den Nordpol heran und brüten dort. Im Winter wandern sie südlicher, teilweise sind sie schon an der deutschen Nordseeküste gesehen worden. Der mit dem Schneeammer verwandte Grau-Ammer *(Emberiza Calandra)* kommt in Europa häufiger vor und ist der größte Ammer der Alten Welt.

Den merkwürdigsten Lebensbeginn haben die Jungen des Krokodilwächters *(Pluvanius aegyptius).* Dieser Vogel legt zuerst zwei Eier. Diese vergräbt er im Sand. Es vergehen zwei Tage, ehe er die nächsten und letzten zwei Eier legt. Auf der beim Graben entstandenen Mulde brütet er. Begibt er sich auf Futtersuche, gräbt er nicht nur die Eier, sondern später auch die ausgebrüteten Jungen locker in den Sand ein. Das lockere Gefieder der Jungen bildet einen Raum, der ihnen das Atmen ermöglicht. Die Jungen des Krokodilwächters - er lebt an den Flußufern des tropischen Afrikas - können bis zu 30 Minuten unbeschadet so verborgen bleiben. Die Krokodilwächter schützen so zuerst die Eier vor der Sonne und später ihre Jungen vor Feinden. Der einzige Vogel, der ähnliches tut, ist der in Australien lebende Ringrennvogel *(Peltohyas australis).* Er bedeckt jedoch lediglich die Eier, wenn er das Nest zur Nahrungssuche verläßt. (Siehe »Die mutigsten Dienstboten«)

Die kürzeste Lebenserwartung unter allen Vögeln hat der Stockerpel, eine Entenart *(Anas platyrhynchos platyrhynchos)* in England. Die Stockerpel bilden das Hauptwild der Jäger in Großbritannien und werden vor Erreichen ihres 10. Lebensmonats geschossen. Normalerweise erreicht diese schönste männliche Stockente ein Alter von 12 Jahren.

Die kürzeste natürliche Lebenserwartung hat das Rotkehlchen *(Erithacus rubecula).* Der Singvogel (Länge 13 Zentimeter) wird nur 12 Monate alt.

Die längste Lebenserwartung haben die Papageien *(Psittaci).* Sie können bis zu 100 Jahre alt werden. Gefolgt werden sie von den Geiern *(Unterfamilie Aegypiinae),* die ein Alter von 70 Jahren erreichen.

Die meisten Löcher hat nach Ende der Brutzeit das Nest der Schwanzmeisen *(Aegithalos caudatus)*. Die zierlichen Vögel (Gesamtlänge 14,5 Zentimeter, davon Schwanzlänge 9,5 Zentimeter, Gewicht 9 Gramm) werden vom Volksmund wegen ihres überlangen Schwanzes auch »Pfannenstielchen« genannt. Vor Beginn der Brutzeit baut das Weibchen mit Unterstützung des Schwanzmeisen-Männchens ein Nest, dabei hat das Männchen aber lediglich Handlangerdienste zu leisten und bringt das Baumaterial. Der Bau währt zwei bis drei Wochen und wird aus Moosflechten, Federn, Wolle und Haaren zu einem eiförmigen Gebilde verbaut. Die Schwanzmeisin legt in das sehr beengte Innere bis zu 17 Eier. Nach dem Ausschlüpfen bemüht sich jedes Junge, soviel Platz wie möglich für sich zu reservieren. Dabei wird das filzige Gewebe der Nestwand so sehr ausgedehnt, daß kleine Löcher entstehen. Zuerst stecken die jungen Vögel ihren Schwanz durch, um mehr Platz zu haben. Später werden diese Löcher zur Verrichtung der Notdurft benutzt. Das Weibchen, das sonst das Nest säubert, braucht dies nicht mehr zu tun und hat mehr Zeit, um Nahrung für die zahlreichen Jungen herbeizuschaffen.

Auerhuhn (links: Hahn, rechts: Henne) (1/5 natürlicher Größe)

Die meisten Männer haben die Steißhühner *(Tinamidae)*. Die in Südamerika lebenden Bodenvögel (Länge 60 Zentimeter, Gewicht bis 4 Kilogramm) können zwar fliegen, tun es aber ungern. Zur Zeit der Fortpflanzung bauen die Hähne Nester und locken Weibchen an. Die Weibchen lassen sich begatten und legen in die gebauten Nester zwischen 1 und 3 Eier. Nach dem Legen verläßt die Henne das Nest und geht zum nächsten Männchen. Das können in einer Brutsaison bis zu 30 verschiedene Männchen sein.

Der jugendlichste Mörder unter den Vögeln ist das Junge des Kleinen Honiganzeigers *(Indicator monor)*. Der Kleine Honiganzeiger legt seine Eier - wie der Kuckuck - in fremde Nester. Bereits einen Tag nach dem Schlüpfen bringt das Junge die meisten der zu den richtigen Eltern gehörenden Jungen mit seinem dolchartig gebogenen Schnabel um. Es erhält durch die Tötung der Nestinsassen und der dadurch erfolgten Ausschaltung der Konkurrenz als Überlebender mehr Fressen von den Pflegeeltern. Den Namen »Honiganzeiger« erhielt der Vogel durch sein eigenartiges Verhalten. Er ernährt sich von Honig und von dem in Bienennestern vorhandenen Wachs. Da er aufgrund seiner Größe (9 Zentimeter) nicht in der Lage ist, die Nester wilder Bienen *(Apoidea)* zu besetzen, leitet er Säugetiere wie Bären *(Ursinae)* und Honigdachse *(Mellivora capensis)* durch aufreizende Laute und Hüpfen von Baum zu Baum zu den Nestern. Wenn die Säugetiere - manchmal leitet er auch Menschen - das Nest erreichen und den Honig erbeutet haben, ernährt sich der Honiganzeiger von den Überbleibseln. Von den Honiganzeigern (Länge 9 bis 21 Zentimeter) gibt es auf der Welt 4 Arten mit 17 Gattungen, sie leben in Afrika.

Die beherrschende Möwe in Europa und Asien ist die Lachmöwe *(Larus ridibundus)*. Normalerweise ernähren sich diese Möwen von Kleintieren des Landes sowie Insekten (Libellen, Käfer und fliegende Ameisen). Infolge der dichten menschlichen Besiedlung sind sie jetzt häufig Gäste auf Müllhalden und in den Städten. Früher brüteten sie häufig in Binnengewässern, deshalb hat sie ihren Namen Lachmöwe (Ausdruck für die kleinen Gewässer: »Lachen«). Die Möwen sind über ganz Europa und ganz Asien verbreitet und wandern zur Winterzeit teilweise von den Binnengewässern Nordeuropas an die Adria. Häufig halten sich jedoch Lachmöwen auch im Winter in den Städten auf. Am 11. Dezember 1894 wurde die erste Lachmöwe in der Stadt Hamburg, am 9. Januar 1895 die erste Lachmöwe im Weichbild der Stadt London beobachtet. Seitdem sind die Vögel (Gesamtlänge bis zu 45 Zentimeter) sowohl in diesen beiden als auch in anderen europäischen Städten heimisch.

Das einzige Möwendenkmal der Welt steht in der amerikanischen Stadt Salt Lake City und ist einer Unterart der Silbermöwe *(Larus argentatus)* gewidmet. Die an den europäischen Meeren und auch im Binnenland am häufigsten vorkommende Möwe (Gesamtlänge bis 60 Zentimeter) ist ein Allesfresser und nimmt neben Muscheln, Würmern und Krebsen auch Abfälle und Beifang von Heringskuttern zu sich. Größere Muscheln und Krebse; die Möwen nicht verschlucken können, nehmen sie mit dem Schnabel auf und lassen sie aus einer bestimmten Höhe auf Felsen fallen, auf denen die Schalen zerschellen und den Inhalt freigeben. Im Jahre 1848 gab es in dem heutigen amerikanischen Staat Utah eine Invasion von Grillen. Die in diesem Staat ansässigen Mormonen - eine Glaubensgemeinschaft - konnten der Plage nicht Herr werden. Eine Hungersnot stand bevor. Einzelne Möwen spähten die Grillen aus. Einen Tag später kamen Möwen aus allen Landesteilen, um Grillen zu fressen. Nach wenigen Tagen war die schier unbesiegbare Plage vorbei, die Ernte und somit die Bewohner gerettet. Aus Dankbarkeit wurde für die »Mormonenmöwe« im Jahre 1913 ein Denkmal in der Hauptstadt dieses amerikanischen Bundesstaates, in Salt Lake City, errichtet.

Der einzige Nachtarbeiter unter den Wasservögeln ist die Löffelente *(Anas clypeata)*. Die Löffelente lebt in den Binnengewässern Nordeuropas, Asiens und Nordamerikas und ist eine der farbenfrohesten Entenverwandten. In ihrem breit ausgezogenen Schnabel, der wie ein Löffel aussieht, haben diese Enten ein feines und dichtes Lamellensystem, das sie befähigt, selbst kleinste Nahrungsteilchen aus dem Wasser zu »schnattern«. Löffelenten sind sehr

Mantelmöwe (links und Mitte rechts sitzend) und Silbermöwe (rechts und Mitte stehend)
(¼ natürlicher Größe)

scheu, besonders im Frühjahr, wenn die Männchen ihr Hochzeitskleid tragen. Deshalb halten sich sowohl Männchen wie Weibchen der Löffelente tagsüber an Land verborgen und suchen nur nachts im und auf dem Wasser ihre Nahrung. Dabei schwimmen Einzeltiere in einer fast militärisch anmutenden »Kiellinie« hintereinander her.

Das kleinste Nest baut die Hummelelfe. (Siehe »Kolibris«)

Die getarntesten Nester bauen die Zeisige *(Carduelis spinus)*. Die Vögel (Länge 12 Zentimeter, Spannweite bis zu 22 Zentimeter) be-

Inkakakadu (½ natürlicher Größe)

wohnen die Wälder Europas und Asiens. Zeisige sind nicht so standorttreu wie andere Singvögel, sondern streifen außerhalb der Brutzeit sehr oft im Lande umher. Als Schutz vor Feinden bauen die Zeisige ihr Nester in einer Höhe bis zu 25 Meter auf den äußersten Spitzen der Äste. Die Bauwerke sind so von dichten Zweigen umgeben und in die organische Deckung des Baumes eingebaut, daß man Zeisignester beim Besteigen eines Baumes oft aus einer Entfernung von 50 Zentimetern nicht erkennen kann. Aufmerksame Vogelbeobachter stellten schon im Mittelalter diese Tatsache fest. Der Volksglaube sponn daraus die Mär, daß der Zeisig sein Nest mit Wundersteinchen pflastere, die es unsichtbar machten.

Die größten Ansammlungen bilden die Nachtaugen-Kakadus *(Kakatoe sanguinea)*. Sie leben in Australien und auf Neuseeland. Diese Vögel (Körperlänge 40 Zentimeter) bilden Schwärme von 100 000 Einzelexemplaren.

Die größten Feinde an Land haben die Papageien in den Teppichpythons *(Morelia spilotes variegata)*. Diese bis zu 3,5 Meter langen Schlangen überfallen die Bruthöhlen der Papageien und fressen sowohl die Altvögel als auch die Eier oder Brut.

Der älteste Papagei war ein Gelbhauben-Kakadu *(Kakatoe galeteria)*. Der Vogel lebte in einem Privatzoo der englischen Stadt Gloucesterhire und wurde 120 Jahre alt.

Die buntesten Papageien sind die Loris *(Unterfamilie Trichoglossinae)*. Die in Australien und Tasmanien lebenden Vögel (160 Arten und 150 Unterarten, Länge von 12 bis 40 Zentimeter) besitzen das farbenprächtigste Gefieder, in dem alle Grundfarben vereinigt sind. Loris sind auch die einzigen Papageien, die sich untereinander helfen: Wenn zum Beispiel ein Gebirgslori *(Trichoglossus haematodus)* in Not kommt, ruft er durch Schreie seine Artgenossen zu Hilfe. Gemeinsam fallen die Loris über einen Angreifer her und vertreiben ihn.

Der farbenprächtigste Papagei ist der Inkakakadu *(Kakatoe leadbeateri)*. Der von den Eingeborenen Australiens »Jakkul« genannte Vogel lebt im Südwesten Australiens in Wäldern aus Gummibäumen und Buschholz, das an den Ufern der Flüsse wächst. In der Nähe des Meeres läßt sich der Inka-Kakadu im Gegensatz zu anderen Papageienarten niemals nieder. Die Inka-Kakadus haben bestimmte Brutstätten, die sie alljährlich wieder aufsuchen. So wurden an den Ufern der australischen Flüsse Tarring und Murray bis zu 10 000 Papageien in einer einzigen Brutkolonie gezählt. Die Grundfarbe dieser Papageienart ist weiß. Am Vorderkopf, an der Stirne, an der Halsseite sowie auf der Mittel- und Unterseite der Flügel, in der Bauchmitte und auf der Innenseite der Schwanzfedern ist er in einem zarten Rose gefärbt, während die Federn unter den Flügeln ein tiefes Lachsrot haben. Der Inka-Kakadu kann seine Haube willkürlich aufrichten. In seinem Schopf tritt dann ein brennendes Rot hervor, die vorher unsichtbaren gelben Mittelflecken vereinigen sich zu einem durchgehenden Band. Die Inka-Kakadus sind nicht sprachbegabt. Wegen ihrer Schönheit werden sie jedoch in Australien oft als Haustiere gehalten.

Der größte Papagei gehört zu der Gattung der Aras und heißt Hyazinth-Arara *(Anodorhychus hyacinthinus)*. Diese Papageien leben im Osten des südamerikanischen Kontinents und erreichen eine Körperlänge von 100 Zentimetern. Die Spannweite ihrer Flügel beträgt bis zu 2,20 Meter.

Der kleinste Papagei gehört zu den Specht-Papageien *(Unterfamilie Micropsittinae)*. Von dieser Unterfamilie existieren 6 Arten mit 23 Unterarten, die auf Neu-Guinea leben. Als kleinster der Papageien gilt der Blauscheitel-Spechtpapagei *(Micropsitta puiso)*, der eine Länge von 10 Zentimetern erreicht und lediglich 13 Gramm wiegt.

Die lernfähigsten Papageien sind die Graupapageien *(Psittacus erithacus)*. Im Gegensatz zu vielen anderen Papageien hat der in Westafrika lebende Vogel (Länge bis zu 40 Zentimeter) ein nacktes Gesicht. Graupapageien sind in der Lage, ganze Sätze zu wiederholen, sich Wortfolgen zu bestimmten Gelegenheiten zu merken und auf bestimmte Fragen mit eingelernten Sätzen zu antworten. Sie gehören zu den wenigen Papageien, die bestimmte Ereignisse und Situationen mit gelernten Worten und Sätzen in Verbindung bringen, sie aussprechen und dadurch die Menschen überraschen.

Der meistgehaltene Papagei ist der Schönsittich *(Neophema pulchella)*. Die Vögel wurden 1788 in ihrer Heimat Australien entdeckt. Mitte des 19. Jahrhunderts war der Schönsittich als singender Hausgenosse begehrt. In Australien, besonders in der Umgebung von Sidney, war er der häufigste freilebende Vogel. In den dreißiger Jahren des 20. Jahrhunderts verschwanden diese Sittiche plötzlich aus unerklärlichen Gründen. Erst 1945 tauchten die ersten wieder auf. Wegen seiner Anmut und seiner leichten Pflege wird heute der Schönsittich auch in Europa und Amerika als Haustier gehalten. Obwohl der Bestand an freilebenden Schönsittichen in Australien zugenommen hat, leben mit 700 000 Schönsittichen in Europa doppelt soviele dieser Vögel als Haustiere.

Der seltenste Papagei heißt Eulen-Papagei *(Strigops habroptilus)*. Er wird auch Kakapo genannt. Der Vogel (Körperlänge 60 Zentimeter) kann nicht fliegen und lebt in den höhergelegenen Wäldern Neuseelands. Er kann auf Bäume klettern und sich im Gleitflug abwärts bewegen. Er wird von den auf Neuseeland lebenden Hunden und den von Menschen angesiedelten Kleinraubtieren - Ratten, Iltis, Wiesel - verfolgt. Der Bestand an Eulen-Papageien auf Neuseeland beträgt 20 Exemplare.

Der am meisten verfolgte Papagei lebt in den Neuseeländischen Alpen und heißt Kea *(Nestor notabilis)*. Die Vögel (Körperlänge 50 Zentimeter) ernähren sich normalerweise von Wurzeln und Insekten. Als in der Mitte des 19. Jahrhunderts die Schafzucht auf Neuseeland zu wachsen begann, bevorzugten diese Papageien die Abfälle der Schaf-Schlachtereien. Auch auf den Weiden fraßen sie von Schafskadavern. Das brachte sie in den Ruf, Schafe anzufallen und zu töten. Im Jahre 1886 wurde eine Prämie von 20 Mark auf jeden getöteten Kea ausgesetzt. Die Prämie für einen abgeschossenen Kea betrug 4,20 Mark im Jahre 1976. Es existieren noch 10 000 Keas auf Neuseeland.

Der erste lebende Papagei in Europa war ein Alexandersittich *(Psittacula eupatria)*. Der Steuermann Onesikritos der Flotte Alexanders des Großen brachte ihn im Jahre 332 vor Christus nach der Eroberung Ägyptens mit nach Griechenland.

Die meistgezüchteten Vögel der Welt sind die Wellensittiche *(Melopsittacus undulatus)*. Der zu den Papageien gehörende Vogel (Gesamtlänge 18 Zentimeter) ist noch nicht so lange in Europa bekannt: 1830 erregte ein aus Australien kommender ausgestopfter Sittich das Interesse der Wissenschaft. Im Jahre 1840 brachte der englische Vogelforscher John Gould den ersten lebenden Wellensittich nach Britannien. Bald darauf wurde in London und in Antwerpen (1850) mit der Zucht von Wellensittichen begonnen. Im Jahre 1855 gründete die Gräfin von Schwerin die erste deutsche Wellensittichzucht. Es kam zu zahlreichen Kreuzungen, um farbige Vögel zu bekommen. 1872 gab es die ersten gelben Wellensittiche in Belgien, 1875 die ersten gelben in Deutschland, 1878 kam der erste blaue Sittich, 1917 der erste weiße, 1940 die »dänischen Schecken«. Wellensittiche werden heute in allen Ländern der Welt gezüchtet. Sie unterscheiden sich von ihren freilebenden Vorfahren durch besonders reine Farben. Wellensittiche werden in menschlicher Pflege verhältnismäßig alt (bis zu 12 Jahre), wenn sie paarweise gehalten werden. Einzeltiere sterben früher. Die Anzahl der auf der Welt als Haustiere gehaltenen Wellensittiche wird auf 200 Millionen geschätzt.

Den größten gemeinsamen Wanderzug unter den Papageien bilden die Nymphensittiche *(Nymphicus hollandicus)*. Diese Papageien leben in Australien und erreichen eine Körperlänge von 30 Zentimetern. Die Brutplätze dieser Papageien liegen an den Flüssen Australiens. Die Vögel sind sehr wasserabhängig und können nur in der Nähe von Strömen brüten. Im September eines jeden Jahres ziehen die Papageien nach Süden und kehren Anfang März in ihre nördlichen Stammgebiete zurück. Die Nymphensittiche wandern dabei nicht einzeln, sondern sammeln sich zu großen Zügen. Ein Zug wird auf 150 000 Einzeltiere geschätzt.

Nymphensittich (⅔ natürlicher Größe)

Der größte Rabe der Welt ist der Kolkrabe *(Corvus corax)*. Er lebt - außer in Südamerika und in Australien - auf allen Kontinenten. Der Kolkrabe wird bis zu 70 Zentimeter lang, seine Spannweite beträgt bis zu 1,40 Meter. Er wird 1400 Gramm schwer. (Siehe »Der größte Singvogel der Welt« und »Die besten Eltern«)

Die einzigen felsennistenden Rabenvögel sind die Alpenkrähen *(Pyrrhocorax pyrrhocorax)* und die Alpendohlen *(Pyrrhocorax graculus)*. Die Alpenkrähe (Gewicht bis zu 500 Gramm, Länge bis zu 45 Zentimeter) liebt die Gebirge und lebt bis in einer Höhe von 6000 Metern. Der kleinste deutsche Rabenvogel ist die Alpendohle (Länge 33 Zentimeter, Spannweite bis 65 Zentimeter). Sie nistet vorwiegend in den Alpen. In letzter Zeit bauten Alpendohlen auch in tiefer gelegenen Gegenden ihre Nester, sogar in Gebäuden.

Die strengste Rangordnung unter den Vögeln haben die Dohlen *(Corvus monedula)*. Wenn die Stärkste sich durchgesetzt hat, müssen die anderen ihr den Vortritt bei der Wahl des Nistplatzes und beim Fressen überlassen. Kein Unterlegener wird es wagen, dem Stärkeren diese Rechte streitig zu machen. Eine festgelegte Rangordnung bleibt innerhalb der Dohlengemeinschaft jahrelang bestehen.

Der einzige Vogel mit einem Raubtiernamen ist in Japan die Neunfarbenpitta *(Pitta brachyura)*. Das Tier mit einer Länge von knapp 20 Zentimetern gehört zu den farbenprächtigsten Vögeln Asiens. Von Ende April bis Mitte Mai brütet er auf der Insel Formosa und auf den japanischen Inseln Mittelhondo, Schikoku und Kyuschu. Der zierliche Vogel verteidigt seine Jungen so heftig, daß ihm die Japaner - nach seinem roten Fleck auf der Unterseite des Bauches - den Namen Akadanna gaben, »Roter Löwe«.

Das größte Geschäft mit Reiherfedern wurde von den Amerikanern gemacht. Als im Jahre 1900 Reiherfedern als Schmuck in Mode kamen, wurde der sowohl in Deutschland als auch in Amerika brütende Silberreiher *(Casmerodius albus)* gnadenlos abgeschossen. Für eine Unze Federn (28,25 Gramm) erhielt im Jahre 1903 ein Jäger 32 Dollar. Dieses war doppelt soviel, wie für Gold bezahlt werden mußte. In einem einzigen Jahr wurden in London rund 50 000 Unzen Reihenfedern verkauft. Um eine Unze Reiherfedern zu bekommen, mußten vier Reiher getötet werden, meist während der Brutzeit. So fanden in einem einzigen Jahr etwa 200 000 Reiher wegen ihrer Federn den Tod.

Der einzige Nachtjäger unter den Reihern ist der Nachtreiher *(Nycticorax nacticorax)*. Während alle anderen Reiherarten den Tag zur Jagd bevorzugen, fliegen die Nachtreiher - außer in der Brutzeit - nur nachts aus.

Die schnellsten Nestflüchter unter den Reihern sind die Jungen des Purpurreihers *(Ardea purpurea)*. Purpurreiher brüten in der Tschechoslowakei, in Ungarn, in Österreich, in der Schweiz, in den Niederlanden; sieben Paare wurden am bayerischen Chiemsee beobachtet. Purpurreiher bevorzugen als Jagdgebiet ausgedehnte Schilfbestände. Während die Jungen des Graureihers 30 Tage unbeweglich im Nest verharren, flüchten die Jungen des Purpurreihers bei Gefahr bereits zehn Tage nach ihrem Schlüpfen aus dem Nest und verbergen sich bis zur Ankunft der Eltern im Schilf.

Der einzige Pirschjäger ist der Seidenreiher *(Egretta garzetta)*. Andere Reiherarten verharren regungslos und warten, bis Beute (Mäuse, Frösche, Schlangen, Fische) in ihren Fangbereich kommen. Der Purpurreiher durchstreift sein Revier und scheucht seine Beute auf. Zuweilen schreckt er verborgene Kleintiere dadurch auf, daß er einen Fuß in die Erde steckt und heftig zittert. Durch die Erschütterung beunruhigt, verlassen die Kleintiere ihren Unterschlupf und werden Beute der Seidenreiher.

Die lautesten Reiher sind die Rohrdommeln *(Botaurus stellaris)*. Der zur Familie der Reiher gehörende Vogel ernährt sich von Fischen und Fröschen, besitzt jedoch nicht die charakteristischen langen Stelzbeine des Grau- oder Silberreihers. Der Paarungsruf der männlichen Rohrdommel ist so laut, daß er über eine Entfernung von drei bis vier Kilometern noch zu hören ist. Sein gedehnt ausgestoßenes

Fischreiher (vorn Mitte), Nachtreiher (oben links und Mitte oben), Purpurreiher (unten ganz links) und Seidenreiher (unten rechts) (alle 1/6 natürlicher Größe)

»Ü prumb« brachte dem Vogel Spitznamen wie Mooskuh, Riedochse und Moorochse ein. Während des Brütens verständigen sich die Weibchen zu Nachtzeiten nicht minder laut und auffordernd.

Der weitestverbreitete Reiher ist der Kuhreiher *(Ardeola ibis).* Außer in Europa (Spanien) und Arabien (Ägypten) ist er auch in ganz Afrika verbreitet. Kuhreiher leben in großen Kolonien. Es wurden auf einem einzigen Baum soviele Kuhreiher beobachtet, daß sich die Äste bis zur Erde durchbogen. Der Kuhreiher ist ein Insektenfresser. Er bekam seinen Namen, weil er sich bei seiner Nahrungssuche nicht scheut, sich auf den Rücken weidender Kühe zu setzen, um ihnen Schmarotzer aus der Haut zu picken. Durch die anwachsenden Viehbestände der Welt vervielfachte der Kuhreiher seinen Bestand und suchte auch neue Gebiete auf. So wurden Kuhreiher das erstemal im Jahr 1948 in Südamerika beobachtet. Im selben Jahr tauchte er in Australien auf. Beide neu eroberten Kontinente haben heute einen geschätzten Bestand von mehr als 5 Millionen Kuhreihern.

Die älteste Reiherkolonie liegt bei der Burg Morstein an der Jagst. Bereits im Jahre 1586 berichten die Chroniken, daß diese Kolonie der Graureiher *(Ardea cinerea)* schon viele hundert Jahre bestehe. Urkundlich erwähnt wurde die Brutstätte, weil sich der Freiherr von Crailsheim und der Freiherr von Ansbach um den Besitz der Kolonie stritten. Reiher waren damals ein begehrtes Jagdwild: Auf sie wurden Falken gehetzt. Die Jagd auf Reiher war ein Vorrecht der Adligen. Nicht immer wurden bei der Balzjagd die Graureiher (Länge bis zu 110 Zentimeter, Spannweite bis zu 1,80 Meter) von den Falken getötet. Der Kurfürst von Köln, Erzbischof Clemens August, besaß einen berühmten Jagdfalken, der am 19. Juni 1738 wieder einmal einen Graureiher im Fluge schlug. Der Graureiher trug vier Ringe mit den Jahreszahlen 1725, 1728, 1734 und nochmals 1734. Der Erzbischof hatte den Graureiher jedesmal, wenn er von seinem Falken geschlagen worden war, beringen lassen. Die Graureiher in Europa sind durch Landschaftveränderung und durch wilden Abschuß als Fischräuber dezimiert worden. In Deutschland brüten weniger als 10000 Paare.

Den schlechtesten Ruf unter den Vögeln haben der Rotrückige Würger *(Lanius collurio)* und der Raubwürger *(Lanius excubitor).* Beide sind Singvögel mit einem abwechslungsreichen Gesang. Sie ernähren sich hauptsächlich von Kerbtieren, verschmähen jedoch auch kleine Wirbeltiere, Eidechsen und sogar Vögel nicht. Der Rotrückige Würger erhielt volkstümlich den Namen Neuntöter, weil die Menschen der Meinung waren, der Vogel müsse aus reiner Mordlust erst neun Tiere töten, bevor er zu fressen beginnt. Es wurde beobachtet, wie einzelne Raubwürger und Neuntöter sich in Gruppen anderer Singvögel niederließen. Diese akzeptierten sie, bis die Raubwürger blitzschnell zur Seite hackten, einen anderen Singvogel festhielten und ihn durch Schnabelhiebe und durch Würgen mittels der Krallen töteten. Der Neuntöter spießt erbeutete Insekten, Kleintiere und Vögel an Dornenzweigen oder an Stacheldraht auf, während der Raubwürger seine Beute in Astgabeln klemmt, um sie zu zerlegen und zu verzehren. Neuntöter überwintern in Afrika. Für den Hinflug brauchen sie 3½, für den Rückflug 2 Monate. Neuntöter wurden in Europa sehr häufig erlegt, weil die Menschen der Auffassung waren, sie gefährdeten den Singvogelbestand.

Den höchsten Sauerstoffverbrauch unter allen Vögeln haben die Kolibris. (Siehe »Kolibris«)

Der fleißigste Sänger ist das Männchen des Baumpiepers *(Anthus trivialis).* Das kleine Tier (Gesamtlänge 16 Zentimeter) singt schnell aufeinanderfolgende, an Kanarienvögel erinnernde Strophen. Seinen Gesang beginnt der Baumpieper stets auf einem aus dem Astwerk ragenden Zweig. Er steigt während des Singens flügelschlagend in die Luft und läßt sich beim Schluß der Strophe wieder auf seinem Sitzplatz nieder. Baumpieper verbringen 75 Prozent des Tages singend.

Den schwersten Schädel unter allen Vögeln besitzt der Schildhornvogel *(Rhinoplax vigil).* Der flugfähige Vogel erreicht ein Gewicht von 3 Kilogramm und eine Länge von 1,70 Meter. Er gehört zur Familie der Nashornvögel *(Bucerotidae)* und trägt auf dem Schnabel ein riesiges Horn. Sein Schädel wird mit Horn 350

Arassari (2/5 natürlicher Größe)

Gramm schwer, das macht - einmalig in der Vogelwelt - mehr als 10 Prozent des Gesamtgewichtes aus. Der in der Indonesischen Inselwelt lebende Vogel benutzt seine Schwanzfedern (Länge bis zu 1 Meter) beim Fliegen zum Balancieren. Während der Mauser, wenn die Federn ausfallen, würde der Vogel beim Fliegen zu stark kopflastig und abstürzen. Deshalb wechselt er im Gegensatz zu anderen Vögeln die Schwanzfedern nur nach und nach.

Den biegsamsten Schnabel unter allen Vögeln hat der Säbelschnäbler *(Recurvirostra avosetta)*. Der Säbelschnäbler ist ein Seevogel, der an den Küsten Europas, Asiens, strichweise auch Afrikas lebt. Er gehört zu der Gruppe der Schnepfenvögel. Der aufwärts gebogene Schnabel erinnert an einen »Pfriem«, deshalb wird der Vogel an den europäischen Küsten auch oft »Schustervogel« genannt. Die Säbelschnäbler laufen mit vorgestrecktem Schnabel durch das Wasser, schwingen ihn hin und her und seihen von der Oberfläche des Wassers Insekten ab. Die Vögel können ihre Schnäbel in einem Winkel bis zu 30 Grad verbiegen.

Den größten Schnabel im Verhältnis zu ihrer Körperlänge haben die Tukane *(Familie Ramphastidae)*. Die über Süd- und Mittelamerika verbreiteten Tiere zählen wegen ihres überdimensionalen Schnabels zu den am leichtesten erkennbaren Lebewesen in den tropischen Regenwäldern. Die zur gleichen Familie gehörenden Arassari *(Pteroglossus aracari)* sind die kleinsten Tukane (Gesamtlänge bis 40 Zentimeter). Sie brüten in Gemeinschaften. Wenige alte Tiere bewachen die gesamte Brut aller Vögel. Beim männlichen Riesentukan (Gesamtlänge etwa 40 Zentimeter) ist der Schnabel 23 Zentimeter lang, der des Weibchens mißt circa 21 Zentimeter.

Die meiste Kraft im Schnabel hat der Kernbeißer *(Gattung Coccothraustes)*. Dieser Vogel (Gewicht 60 Gramm) ernährt sich vorwiegend vom Inneren der Kirsch- und Olivenkerne. Zum Aufbeißen eines solchen Kernes muß er mit seinem Schnabel einen Druck von 70 Kilopond pro Quadratzentimeter ausüben.

Den besten Schutz vor Nesträubern produzieren die Körper der Wiedehopfe *(Upupa epops)*. Die Vögel brüten in Mauernischen, in den Höhlen abgestorbener Bäume oder in Erdwällen. Das Wiedehopf-Weibchen brütet die Eier allein, während dieser Zeit wird es von dem Männchen versorgt. Später nimmt es an der Futtersuche für die Jungen teil; die Jungvögel sind dann ohne Schutz. Nesträuber - Eichhörnchen, Katzen und Marder - machen sich auf die Suche nach Wiedehopf-Höhlen. Beim Eindringen in eine Wiedehopfhöhle stimmen die Jungen zuerst ein bei Vögeln unübliches Fauchen an. Läßt sich der Eindringling dennocht nicht abhalten, recken ihm die Wiedehopfe ihr Hinterteil entgegen und bespritzen ihn zielsicher - direkt in die Augen - mit dünnflüssigem Kot. Zusätzlich entwikkelt das Wiedehopf-Weibchen während der Brutzeit einen »Geruchs-Schutz«. Aus einer Drüse, die sonst zum Einfetten des Gefieders gebraucht wird, produziert sie einen bräunlichen, nach Moschus riechenden Stinkstoff. Falls das Weibchen sich oder seine Jungen in Gefahr glaubt, sondert sie diesen Stoff tropfenweise ab und vertreibt damit die geruchsempfindlichen Säugetiere.

Der schnellste Schwimmer unter den auf dem Wasser lebenden Vögeln ist die Eiderente *(Somateria mollissima)*. Sie ist die weitestverbreitete Ente der Welt und bewohnt unter anderem den Norden der Erde von Spitzbergen bis zur Insel Sylt. Die Eiderente rupft sich während der Brutzeit Daunen vom Körper, um damit ihr Nest zu polstern. Wegen dieser Daunen wurde sie über Jahrhunderte hinweg gejagt, ihr Bestand ist an den mitteleuropäischen Küsten einiger nordischer Länder (Norwegen, Dänemark und Island) gefährdet. In neuerer Zeit läßt man die Eiderente in bestimmten umzäunten Gebieten brüten, um ihre Daunen zu erbeuten. Die ersten beiden Nester werden ihr weggenommen. Unermüdlich macht sich der Vogel daran, ein drittes zu bauen, welches er dann für seine eigene Brut benützen kann. Auf dem Lande bewegen sich Eiderenten plump und fallen beim Laufen sehr oft hin. Auch beim Fliegen sind sie unbeholfen und ziehen sehr dicht über der Wasseroberfläche. Erst im Wasser zeigen sie ihre Bewegungsfähigkeit. Ihr Körper taucht weniger tief in das Wasser ein als der anderer Enten. Durch den geringen Wasserwiderstand, unter-

Riesentukan (2/5 natürlicher Größe)

stützt durch die Bewegung ihrer kräftigen Schwimmflügel, erreichen Eiderenten auf dem Wasser eine Stundengeschwindigkeit von etwa 25 Kilometer, kurzfristig ein Spitzentempo über 35 Kilometer.

Die größte Seeschwalbe ist die Raubseeschwalbe *(Hydroprogne caspia)*. Seeschwalben sind Möwenvögel mit 9 Gattungen und 40 Arten. Sie sind elegante und gute Flieger, die sich vorwiegend von Fischen und Krebsen ernähren, aber auch Würmer und Insekten nicht verschmähen. Der Hauptnahrungserwerb der Seeschwalben geschieht per Stoßtauchen. Sie verfolgen fliegend einen Fischschwarm mit seitlich angelegtem Schnabel und stoßen dann von oben senkrecht ins Wasser. Sie tauchen ganz ein und nehmen ihren Flug aus dem Wasser heraus wieder auf, mit der Beute im Schnabel. Die Raubseeschwalben brüten auf Riffen und an felsigen Stellen der Meeresküsten. Sie erreichen eine Gesamtlänge von 60 Zentimetern.

Die ältesten Singvögel der Welt sind die Grasmücken *(Sylvia)*. Die vorzüglichen Sänger (Körperlänge 7,5 bis 29 Zentimeter) sind meist sehr unauffällig gefärbt und über die ganze Welt verbreitet. Grasmücken haben bereits vor 28 Millionen Jahren in Westeuropa gelebt. Die Urform der Grasmücke splitterte sich im Laufe der Zeit in eigenständige Gruppen auf. Heute gibt es von ihnen auf der Welt 67 Gattungen mit 320 verschiedenen Arten.

Der größte Singvogel der Welt ist der Kolkrabe *(Corvus corax)*. Er verfügt über das beste Stimmorgan, die Syrinx. Sie ist eine Erweiterung der Luftröhre. Die Syrinx ist mit dünnen Membranen und elastischen Polstern ausgestattet, die die Vögel willkürlich durch Stimmmuskeln bewegen können. Von allen Vögeln besitzt der Kolkrabe die am kompliziertesten ausgestattete Syrinx. Sie ermöglichst diesen Vögeln, in Gefangenschaft oft besser die menschliche Sprache nachzuahmen als die meisten Papageien. Kolkraben erreichen eine Länge von 70 Zentimeter und ein Gewicht von 1400 Gramm.

Der kleinste Singvogel der Welt gehört zu den Goldhähnchen *(Regulinae)* und heißt Wintergoldhähnchen *(Regulus regulus)*. Die Vögel leben im europäischen Nadelwald. Das Wintergoldhähnchen wird 8 Zentimeter lang und 5 Gramm schwer.

Die geringste Spannweite von allen Vögeln hat die Hummel-Elfe. (Siehe »Kolibris«).

Die größte Spannweite unter allen Vögeln hat der Wanderalbatros *(Diomedea exulas)*. Der Wanderalbatros ist ein Hochseebewohner, der Luftströmungen zum Segelfliegen bevorzugt. Bei Windstille läßt er sich auf dem Wasser nieder. Die Spannweite seiner Flügel beträgt bis 4,25 Meter. Unter den Landvögeln hat der Kleine Adjudant *(Leptoptilos jauanicus)* die größte Flügelspannweite. Auffallend an diesem zu den Marabus *(Leptoptilos)* gehörenden und in Mittelindien, auf Java und auf Borneo vorkommenden Vogel ist sein riesiger Schnabel. Er hackt als Aasfresser damit die Leiber toter Tiere auf. Die Spannweite des Kleinen Adjudanten beträgt 3,20 Meter.

Die lauteste Stimme unter den Vögeln haben Lieste *(Halcyon)*. Diese Vögel gehören zu den Baumeisvögeln und sind auf den wärmeren Kontinenten verbreitet. Der Baumliest *(Halcyon semicaeruleus)* und der Jägerliest *(Dacelo gigas)* haben eine so laute Stimme, die oft in ein Lachen übergeht, daß sie in Australien »Lachender Hans« genannt werden. Ein anderer Spitzname für die Vögel (Länge bis 47 Zentimeter) ist »Buschmannsuhr«. Diesen Namen bekamen sie, weil sie pünktlich zu Sonnenaufgang und Sonnenuntergang ihr Lachen erschallen lassen.

Das geschützteste Gehirn haben die Spechte *(Unterfamilie Picinae)*. Die Vögel erwerben ihre Nahrung nur durch heftiges Hacken, ihre Nisthöhlen meißeln sie in Bäume. Dieses Dauerhämmern würde bei einem normal gelagerten und normal geschützten Gehirn Schäden hervorrufen. Die Spechte (Länge 9 bis 50 Zentimeter) besitzen Stoßdämpfer und einen speziellen Schutz für den Schädel: Die Augenzwischenwand ist bei allen Spechten verknöchert, das Stirnbein ist durch balkenartige Knochen verstärkt. Spezifische Muskeln an Schädel und Kieferngelenk fangen die Erschütterungen auf und schützen das Gehirn.

Schwarzspecht (oben: Weibchen, unten: Männchen) (⅔ natürlicher Größe)

Der gründlichste Vogel ist der Dreizehenspecht *(Piciodes tricactylus)*. Dem Vogel (Länge bis zu 22 Zentimeter, Gewicht bis zu 70 Gramm) fehlt die erste Zehe. Dadurch ist er dem Baumleben besonders angepaßt; die sonst bei Vögeln nach hinten gerichtete Zehe würde nur stören. Während andere Spechtarten im ständigen Wechsel Bäume anfliegen, die besten Futterstellen aussuchen und sich ihre Nahrung - Kerbtiere - heraushacken, ist der Dreizehenspecht ein besonders gründlicher Arbeiter: Hat ein Dreizehenspecht sich einmal einen Baum ausgesucht, beginnt er mit dem Absuchen nach Nahrung direkt am Fuß des Baumes und klettert in Spiralen Stück für Stück an der Borke des Baumes entlang nach oben. Dreizehenspechte verlassen einmal besiedelte Gegenden erst, wenn alle Kerbtiere und Larven aus dem Holz gehackt worden sind.

Das sicherste Anzeichen für das Vorhandensein von Wasser sind Brutstätten der Schopftaube *(Ocyphaps lophotes)*. Die in Australien lebende Taube ist im Gegensatz zu anderen Tauben schlank und kann sehr schnell fliegen. Durch ungewöhnlich viele Flügelschläge starten die Schopftauben fast im Senkrechtflug. Schopftauben bevorzugen Gegenden, in denen es Wasser gibt. Deshalb wurde das Vorhandensein von Schopftauben in wasserarmen Gegenden Australiens zum Anlaß genommen, im Umkreis von etwa 20 Kilometern im dichten Busch nach Wasser zu suchen. 90 Prozent der Suchexpeditionen waren erfolgreich.

Am schnellsten ausgebreitet hat sich die Türkentaube *(Streptopelia decaocto)*. Sie wird auch Balkantaube, Wintertaube oder orientalische Lachtaube genannt. Dieser Vogel (Größe bis zu 31 Zentimeter, Gewicht bis zu 250 Gramm, Spannweite bis zu 60 Zentimeter) lebte bis 1912 lediglich in Asien. 1912 wurden die ersten Türkentauben in Jugoslawien gesichtet. Im Februar 1946 wurde die erste Türkentaube am Ostrand der Stadt Augsburg gefangen. Seitdem haben diese Tauben sich weiterhin rasch ausgebreitet. Die Türkentaube brütet heute in England bis zum Schottischen Hochland, in Spanien und in ganz Mitteleuropa. Die Anzahl der Türkentauben in Europa wird auf 500 Millionen geschätzt.

Die ersten Brieftauben wurden im Jahre 300 vor Christus in Griechenland eingesetzt. Die Taubenzucht begann schon 4000 Jahre vor Christus. Die Ägypter hielten Tauben als heilige Tiere in ihren Tempeln. Sie durften nicht vertrieben werden. Im Jahre 478 vor Christus wurde die erste weiße Taube in Griechenland bemerkt, 178 Jahre später transportierten reiche Leute die Brieftauben an andere Orte. Die Eigenschaft der Tauben, selbst aus größeren Entfernungen wieder in den heimatlichen Schlag zurückzukehren, wurde erstmals für die Nachrichtenübermittlung ausgenutzt. Die moderne Brieftaubenzucht begann vor 120 Jahren in Belgien. Brieftauben sind eine Kreuzung aus verschiedenen Taubenarten. Eine Brieftaube fliegt an einem Tag bis zu 1000 Kilometer und kann ihren Heimatschlag bis aus einer Entfernung von 2000 Kilometer finden.

Der geschickteste Flieger unter den Tauben ist die Turteltaube *(Streptopelia turtur)*. Es ist eine kleine Taube (26 Zentimeter Gesamtlänge), die einer ganzen Taubengruppe durch ihre Lautäußerungen - ein eintöniges »Tur-Tur, Tur-Tur« - ihren Namen gegeben hat. Turteltauben werden oft von Greifvögeln angegriffen. Bei einer solchen Gefahr fliegt die Turteltaube auf einen Wald zu und schlängelt sich mit geschickten Flugbewegungen durch dichtes Astwerk hindurch. Die weitaus schnelleren und fluggeübteren Greifvögel werden durch dieses Gewirr behindert und geben die Verfolgung auf.

Die emsigste Futtersuche betreibt die Ringeltaube *(Columba palumbus)*. Sie ist eine der größten Feldtauben (Gewicht bis zu 500 Gramm) und sucht ihr Futter meist am Erdboden. Es besteht aus Früchten, Getreidekörnern und Nüssen. Während des Winters müssen die Tauben emsiger picken, um satt zu werden. Nach den Untersuchungen einer englischen Universität braucht eine Ringeltaube täglich etwa 50 Gramm Futter, das bis aus 35000 Teilen besteht, von denen jedes einzeln aufgepickt wird.

Die kleinsten Tauben sind die Zwergtauben *(Gattung Columbigallina)*. Ihre 17 Arten sind auf dem nordamerikanischen und südamerikanischen Kontinent verbreitet. Zwergtauben werden maximal 70 Gramm schwer.

Türkentaube (links) und Zwergtaube (1/3 natürlicher Größe)

Die seltenste Taube ist die Dolchstichtaube *(Gallicolumba luzonica).* Die Vögel (Gewicht bis zu 300 Gramm) leben in Erdbodennähe auf den Philippinen. Sie verbergen sich so geschickt, daß sie nur selten von Menschen gesehen werden. Die Eingeborenen plündern die Nester, ziehen die Jungen auf und halten sie als Haustiere. Der Gesamtbestand an Dolchstichtauben wird auf weniger als 10 000 Exemplare geschätzt.

Die treuesten Tauben sind die Hohltauben *(Columba oenas).* Hohltauben sind bei der Fortpflanzung auf die Arbeit des Schwarzspechtes angewiesen, sie brüten in den von Spechten geschaffenen Höhlen. Diese Tauben (Körperlänge 32 Zentimeter, Spannweite 67 Zentimeter) verbinden sich zu einer Einehe. Während die Täubin brütet, ist der Täuberich ständig in der Nähe und unterhält sein Weibchen mit einem typischen Rucksen. Die Hohltaube bleibt während der Brutzeit unter allen Umständen auf ihren Eiern. Von Wilderern werden oft brütende Hohltauben mit der Hand von ihren Nestern weggeholt.

Die beste akustische Tarnung haben die Meisen *(Familie Paridae).* Diese Vögel brüten in Baumnisthöhlen. Nähert sich ein Kleinraubtier oder werden die Vögel (Länge zwischen 9 und 20 Zentimeter) gestört, lassen sie mit halbgeöffnetem Schnabel und unter leichtem Hin- und Herschwanken des Kopfes ein Zischen ertönen. Die Geräusche liegen im Frequenzbereich von 12 Kilohertz und sind für den Menschen kaum hörbar. Die in diesem Bereich sehr gut hörenden Kleintiere vermeinen jedoch, das Zischen einer Schlange zu hören. Die meisten Angreifer lassen sich abschrekken. Von den Meisen gibt es 3 Gattungen mit 45 Arten und 235 Unterarten. Alle praktizieren die gleiche akustische Tarnung.

Die besten Taucher sind die Kormorane *(Phalacrocoracidae)*. Sie werden bis zu 1 Meter groß und erreichen ein Gewicht von 5 Kilogramm. Die Kormorane ernähren sich von Fischen, Krebsen und Tintenfischen. Der Körper des Kormorans ist zum Schwimmen unter Wasser besonders befähigt: Seine Federn lassen im Gegensatz zu denen anderer Tauchvögel Wasser durch; das vermindert den Auftrieb. Der Kormoran kann besser, schneller und tiefer als andere tauchen. Kormorane schlucken außerdem, um ihr Gewicht beim Tauchen zu vergrößern, Steine. Beim Untertauchen des Kormorans schiebt sich eine durchsichtige Haut über seine Augen, sie sind auf Unterwassersehen eingerichtet. Die Vögel können bis zu 40 Meter tief tauchen. Ihre Luft reicht aus, um 5 Minuten unter Wasser zu bleiben.

Die eigenartigste Tauchmethode praktizieren die in Südamerika lebenden Dampfschiffenten *(Gattung Tachyeres)*. Es gibt von ihnen drei Arten, von denen nur die Langflügel-Dampfschiffente *(Tachyeres patachonicus)* noch fliegen kann. Die beiden anderen Arten, die Riesendampfschiffente *(Tachyeres pteneres)* und die Falkland-Dampfschiffente *(Tachyeres brachypterus)* sind zu schwer, um zu fliegen. Diese beiden Dampfschiffenten (Gewicht bis zu 10 Kilogramm) haben eine Eigenart: Während alle anderen Tauchvögel mit dem Kopf zuerst ins Wasser tauchen, gehen diese Vögel regelrecht unter. Sie senken ihren Körper immer mehr ins Wasser. Schließlich schwimmen sie so tief, daß lediglich ihr Kopf wie das Persikop eines U-Bootes aus dem Wasser ragt. Sie erregen dadurch weniger Aufmerksamkeit bei Raubtieren. Die Dampfschiffenten verdanken ihren Namen einer spezifischen Fortbewegungsweise auf dem Wasser. Sie benutzen zwar – wie andere schwimmende Vögel – ihre Füße zum Rudern, nehmen jedoch auch ihre Flügel zu Hilfe. Das Wasser schäumt auf, die schwimmenden Vögel erwecken den Eindruck, als würde ein kleiner Flußdampfer kommen.

Am schnellsten tauchen können die Jungen des Gänsesägers *(Mergus merganser)*. Die zu den Enten-Verwandten gehörenden Vögel fressen meistens Fische, die sie tauchend aus dem Wasser holen. Gänsesäger können beim Beutefang bis zu zwei Minuten unter Wasser bleiben. In dieser Zeit durchschwimmen sie Strecken bis zu 100 Meter. Direkt nach dem Schlüpfen sind die jungen Gänsesäger in der Lage zu schwimmen. Sie ernähren sich in den ersten zwei Tagen ihres Lebens von Kerbtieren, die sie auf der Wasseroberfläche sammeln. Bereits am dritten Lebenstag beginnen sie zu tauchen und erreichen bei den Tauchversuchen des ersten Tages Tiefen bis zu zwei Meter und eine Tauchdauer bis zu einer halben Minute.

Die perfekteste Täuschung beim Liebesspiel praktizieren die Haubentaucher *(Podiceps cristatus)*. Diese Vögel der Alten Welt (Gewicht bis zu 3 Pfund, Gesamtlänge bis zu 50 Zentimeter) sind Stammgäste an den deutschen Seen und meisterhafte Taucher. Sie erbeuten kleine Fische bis zu 13 Zentimeter Länge. Während des Winters ziehen sie in wärmere Gefilde; die europäischen Haubentaucher bevorzugen dabei die Schweizer Seen. Teilweise wurden im Winter zwischen 20 000 und 40 000 Haubentaucher auf einem einzigen Schweizer See gezählt. Während der Balzzeit läßt das Haubentauchermännchen ein rollendes »Korrrr« über die Wasseroberfläche erschallen, welches man mehr als hundert Meter weit hören kann. Ist ein Weibchen paarungswillig, stellt es sich mit ihm Brust an Brust. Beide schütteln ihren charakteristischen Kopfschmuck und kommen dabei so in Erregung, daß sie sich auf der Wasseroberfläche zueinander gewandt aufrichten und Körper an Körper heftige Bewegungen vollführen. Jahrhundertelang wurde dies für die Paarung der Haubentaucher gehalten. Forschungen haben

Kohlmeise (oben rechts), Blaumeise (Mitte halblinks), Haubenmeise (ganz links), Sumpfmeise (Mitte rechts), Tannenmeise (unten rechts) (alle ½ natürlicher Größe)

bewiesen, daß dieses Verhalten nur ein Paarungsvorspiel ist. Die eigentliche Paarung findet Stunden später nach der öffentlich zur Schau gestellten Vereinigung in dem bereits von den Partnern gebauten Nest statt.

Die höchste Körpertemperatur hat das Rotkehlchen *(Erithacus rubecula).* Seine ständige Temperatur beträgt 44,6 Grad Celsius. Die Normaltemperatur des Menschen beträgt 37,5 Grad Celsius. Die Skala eines menschlichen Fieberthermometers reicht bis 42 Grad Celsius.

Die schnellsten Trinker unter den Vögeln sind die australischen Prachtfinken *(Familie Estrildidae).* Die Vögel leben in den baumlosen Gegenden des Kontinents und sind schutzlos und gefährdet, wenn sie eine offene Wasserstelle aufsuchen. Sie haben eine Methode entwickelt, die die Gefahr durch Raubtiere und über den Wasserstellen kreisende Raubvögel mindert. Die Prachtfinken tauchen ihren gesamten Schnabel bis zur Wurzel ins Wasser und saugen in kürzester Zeit ihren Wasservorrat, der bis zu 6 Tagen ausreicht. Eine ähnliche Trinkmethode gibt es unter den Vögeln nur bei den Tauben *(Columbidae).*

Nie zu trinken brauchen die Lerchen *(Familie Alaudidae).* Diese Vögel beherbergen zellulosespaltende Bakterien in ihrem Darm, die den Wasserhaushalt des Körpers regulieren.

Der größte Unterschied in der Schnabelform eines Vogelpaares besteht zwischen den Schnäbeln des männlichen und des weiblichen Stieglitz *(Carduelis carduelis).* Der Stieglitz wird schon seit mehreren Jahrhunderten in Menschenobhut gehalten und mit Kanarienvögeln und verwandten Finkenvögeln gekreuzt. In Freiheit ernähren sich die Stieglitze von Löwenzahn, Kreuzkraut und Disteln. Der männliche Fink hat einen langen und spitzen Schnabel, der des Weibchens ist kürzer. So gibt es bei Weibchen und Männchen des Stieglitzes einen Unterschied in der Ernährung: Aufgrund seines längeren Schnabels ist der männliche Stieglitz in der Lage, den Samen der Kardendistel *(Dispacus)* aus den Pflanzen herauszupicken. Das Weibchen schafft es nicht und verzichtet weitgehend auf diese Nahrung.

Die beste Verankerung für ihre Nester konstruieren die Gelbspötter *(Hippolais icterina).* Der knapp 14 Zentimeter lange Vogel bekam seinen Namen durch seinen ständig vorgetragenen und abgehackten Gesang, der wie Spott klingt. Während andere Vogelarten den veränderten ökologischen Bedingungen zum Opfer fallen, besiedelt der Gelbspötter neuerdings auch Parklandschaften in Mitteleuropa. Er baut sein Nest in den Astgabeln der höchsten Bäume, also unerreichbar für Feinde, und verankert es mit einem kunstvollen Gespinn aus Grashalmen und Bast sturmsicher in seiner Umgebung.

Die eigentümlichsten Verrenkungen im Augenblick der Gefahr vollbringt der Wendehals *(Jynx torquilla).* Die zu den Spechtvögeln gehörenden Tiere (Länge bis zu 17 Zentimeter, Gewicht bis zu 40 Gramm) leben in Europa und in Asien vorwiegend in Bodenlöchern und hoch gelegenen Höhlen. Während der Werbung um das Weibchen, jedoch hauptsächlich im Falle eines Angriffes, streckt der Wendehals seinen Kopf und bewegt ihn mit eigentümlich pendelnden Bewegungen hin und her. Dazu stößt der Vogel ein Zischen aus, das an den Warnruf von Schlangen erinnert. Angreifende Säugetiere und Vögel lassen sich durch das Zischen und das Pendeln des geschmeidigen Halses von weiteren Attacken abhalten.

Das schnellste Versteck unter den Vögeln findet das Birkhuhn *(Lyrurus tetrix).* Das bekannteste Wildhuhn Europas (Gewicht bis zu 1300 Gramm) ist standorttreu und paßt sich in seinem Revier Kälte, Schnee und Eis an. Es kann durch Hornschilder und Federgebilde unter den Füßen selbst auf lockerem Schnee laufen. Bekannt ist der Tanz des Birkhahnes zur Balzzeit. Vor fünf bis sieben Hennen springen die Hähne in die Höhe, stoßen dabei einen Schrei aus und drehen sich im Kreis. In alpenländischen Gegenden wurde dieser Tanz des »Spielhahns«, wie er auch genannt wird, von den Menschen abgeschaut. Der Schuhplattler ist die Nachahmung des Birkhahn-Hochzeitstanzes, einschließlich des Rufes, wenn die Burschen in die Höhe springen. Birkhühner fressen im Winter alles, einschließlich Kiefernnadeln. Wenn sie sich satt gefressen haben, lassen sie sich von einem Ast in den tiefen Schnee fallen und scharren das durch ihren Körper entstandene Loch von innen zu. So sind sie innerhalb weniger Sekunden verschwunden. Sie können in diesen Höhlen ohne Unterbrechung bis zu 70 Stunden verbringen.

Die kleinsten europäischen Vögel sind das Wintergoldhähnchen *(Regulus regulus)* und das Sommergoldhähnchen *(Regulus ignicapillus)*. Genau wie der etwas größere Fitislaubvogel *(Phylloscopus trochilus)* bauen sie »Backofennester«. Die Vögel konstruieren den Grundbau in die kleinen Zweige herabhängender Äste und ziehen danach den Rand des Nestes zusammen. Die Konstruktion wird mit Spinnweben, Moos und feinen Gräsern so kunstvoll verwebt, daß es als Wärmespeicher wirkt. Die kleinen Vögel können mit ihrem Körper die sechs bis zwölf Eier nie ganz bedecken. Durch die Bauart des Nestes wird die Brutwärme erhöht. Der Fitislaubvogel erreicht eine Körperlänge von 11 Zentimetern. Die Goldhähnchen haben eine Körperlänge von 8 Zentimetern, ihr Gewicht beträgt nicht einmal 10 Gramm.

Die schwersten fliegenden Vögel sind die Trompeterschwäne *(Cygnus cygnus buccinator)*. Sie erreichen ein Gewicht von 22 Kilogramm und leben in den gemäßigten Zonen der nördlichen Halbkugel.

Die leichtesten flugfähigen Vögel sind die Hummel-Kolibris. (Siehe »Kolibris«)

Die klügsten Vögel sind die Kolkraben *(Corvus corax)*. Die Kolkraben haben die schnellste Auffassungsgabe und sind in der Lage, einmal verrichtete Tätigkeiten bei der Futtersuche zu wiederholen und gewisse physikalische Gesetze (Gleichgewicht und Hebelwirkung) zu berücksichtigen. (Siehe »Der größte Singvogel«, »Die besten Eltern«, »Der größte Rabe der Welt«)

Die einzigen malenden Vögel sind der Samtgoldvogel *(Sericulus chrysocephalus)* und der Seidenlaubenvogel *(Ptilonorhynchus violaceus)*. Beide Vogelarten leben in Australien. Der Seidenlaubenvogel (32 Zentimeter Länge) baut einen an eine Laube erinnernden Hof für sich. Nach den neuesten Forschungen stellt eine solche Laube ein sekundäres Geschlechtsmerkmal dar, um Weibchen anzulokken. Die Weibchen beteiligen sich nicht an diesem Laubenbau, sondern werden durch die Prächtigkeit der Laube angelockt und paaren sich dort mit den Männchen. Ihre Jungen ziehen die Weibchen in schmucklosen napfförmigen Nestern auf. Der Seidenlaubenvogel verziert seine Laube mit allerlei Gegenstände wie Muschelstückchen, Beeren und besonders gefärbten Moosstückchen. Die beiden Vogelarten suchen zur Verzierung ihres Nestes Borkenstückchen, tauchen sie in Holzkohle oder vemischen den Saft von Früchten mit ihrem Speichel. Das Borkenstückchen benützen sie als Pinsel. Zur Verzierung ihrer Lauben bringen sie Farbflecken an, die kleinen Zeichnungen ähneln. Grund dieser Malerei, die von jedem Vogel individuell ausgeführt wird: Durch die Größe und die Farbenpracht der »Zeichnungen« soll ein Weibchen interessiert und zur Paarung angelockt werden.

Die meistgefangenen Vögel Europas sind die Drosseln *(Unterfamilie Turdinae)*. Drosseln sind 20 bis 27 Zentimeter lange Singvögel, deren bekanntester Vertreter die Singdrossel *(Turdus philomelo)* ist. Sie wurde durch ihren schönen Gesang berühmt. Weitere Familienangehörige ist die Misteldrossel *(Turdus visvivorus)*, die - wie ihr Name sagt - sich von Mistelbeeren ernährt. Ihr ist die Verbreitung der Mistel zu verdanken, da sie die Fruchtkerne mit ihren Ausscheidungen in andere Gegenden trägt. All diese Drosselarten, einschließlich der Rotdrossel *(Turdus iliacus)* und der Wacholderdrossel *(Turdus pilaris)*, halten sich in Mitteleuropa auf und ziehen im Herbst zu ihren Winterherbergen nach Süd-, Südosteuropa und nach Afrika. In Deutschland, Belgien und Holland wurden bis ins 20. Jahrhundert hinein auf dem »Dohnenstieg« besonders die Wacholderdrosseln als »Krammetsvögel« in Schlingen gefangen und von den Menschen verspeist. In Mitteleuropa ist die Jagd auf die Vögel verboten. Bei ihrem Flug und bei ihrem Aufenthalt in den Winterquartieren, besonders in Italien, Spanien und Griechenland, werden die Drosseln zu Millionen in Schlingen und auf Leimruten gefangen. Es wird geschätzt, daß lediglich 35 Prozent der von Mitteleuropa in die Winterquartiere gezogenen

Rotdrossel (Weibchen) (oben links), Misteldrossel (oben rechts), Wacholderdrossel (Weibchen und Männchen: Mitte) und Amsel (Männchen) (unten rechts) (alle ½ natürlicher Größe)

Drosseln wieder zurückkehren. Von der Verfolgung verschont bleibt die zu den Drosseln gehörende Amsel *(Turdus merula)*, die standorttreu überwintert und nicht zieht.

Die mißtrauischsten Vögel sind die Zaungrasmücken *(Sylvia curruca)*. Vor der Brut untersuchen diese kleinen Vögel ihre Umgebung sehr genau, bevor sie mit dem Nestbau beginnen. Wenn eine Zaungrasmücke den Eindruck hat, ein Mensch habe ihr Nest auch nur von ferne gesehen, bricht sie sofort den Bau des Nestes ab und beginnt an einer anderen Stelle. Sie sind die einzigen Vögel, die ein Gelege verlassen, wenn sie merken, die Eier wurden von fremder Hand berührt. Im Gegensatz zur Zaungrasmücke nimmt die in Europa beheimatete Dorngrasmücke *(Sylvia communis)* eine Annäherung von Menschen nicht so ernst. Sie verläßt das Nest und versucht, durch Flattern und Vortäuschen eines kranken Vogels den Menschen von ihrem Nest wegzulokken, nimmt die Eier jedoch auch nach einer Berührung wieder an und brütet zu Ende. Die Dorngrasmücke wird vom Kuckuck als unfreiwillige Adoptivmutter für sein Junges bevorzugt.

Die reaktionsschnellsten Vögel sind die Eistaucher *(Gavia immer)*. Während des Abfeuerns eines Schusses tauchen die Vögel (Länge bis 75 Zentimeter) sofort unter und schaffen es, einer Gewehrkugel auszuweichen. Der amerikanische Vogelkenner Arthur Cleveland-Bent hat dieses Experiment öfters wiederholt. Er schoß auf Eistaucher, keine der Kugeln traf einen der Vögel. Die Eistaucher können beim Aufblitzen des Mündungsfeuers sehr schnell reagieren und tauchen unter. Die Kugel aus einem Gewehrlauf braucht vom Erscheinen des Mündungsfeuers bis zum Ziel in 60 Meter Entfernung 8 Hundertstelsekunden. Der Eistaucher muß während dieser Zeitspanne reagieren. Die Reaktionsgeschwindigkeit des Menschen beträgt bei optischen Eindrücken 19 Hundertstel-, bei akustischen Eindrücken 15 Hundertstelsekunden.

Die schnellsten Vögel der Welt sind die Stachelschwanzsegler *(Chaeturinae)*. Es existieren von ihnen 9 Gattungen mit 50 verschiedenen Arten. Der von Indien bis zu den Philippinen lebende Eil-Stachelschwanzsegler *(Hirundapus gigantus)* schlägt in der Geschwindigkeit alle anderen Vögel. Er fliegt mit einer Stundengeschwindigkeit von über 300 Kilometern. Mit Kleinstgeschwindigkeitsmessern ausgerüstete Eil-Stachelschwanzsegler flogen auf einer Strecke von 3,048 Kilometern mit einer Geschwindigkeit von 335 Stundenkilometern. Die Flugmuskeln bei den zu der Ordnung der Seglervögel *(Apodiformes)* gehörenden Stachelschwanzsegler sind besonders kräftig und beginnen bereits am Brustbeinkamm. Ihre Schwingen sind mit mikroskopisch kleinen Federn besetzt und zur Überwindung des Luftwiderstandes untereinander verhakt. Die Augen dieser Vögel (Körperlänge 18 Zentimeter, Spannweite 30 Zentimeter) sind mit bogenförmigen Federwülsten vor Luftzug geschützt. Platz Nummer 2 in der Fluggeschwindigkeit haben die Wanderfalken *(Falco peregrinus)*. Die circa 600 Gramm wiegenden Vögel erreichen Geschwindigkeiten von 280 bis 310 Kilometer pro Stunde. Zum Vergleich: Das 92sitzige Passagierflugzeug »Super Constellation« ist mit vier Motoren von je 3250 PS ausgerüstet. Seine Reisegeschwindigkeit beträgt 560 Stundenkilometer.

Die standorttreuesten Vögel sind die Saatkrähen *(Corvus frugilegus)*. Die oft mit den Rabenkrähen verwechselten Tiere wurden in ihren eigentlichen Lebensgebieten, den Feldern, so von den Menschen bedroht, daß sie Schutz in den Städten suchen. Die Vögel (Gesamtlänge bis 50 Zentimeter, Gewicht bis 700 Gramm) werden bis zu 20 Jahre alt und verlassen nie ein einmal gewähltes Lebensgebiet. Täglich pendeln sie zwischen ihrem Schlafplatz und ihren Nahrungsgebieten hin und her. Saatkrähen übertragen ihre Orientierungs-und Wandererfahrung auf die Jungvögel. In einigen Gebieten Europas ist es zu einer Kreuzung zwischen der Saatkrähe und den ähnlich aussehenden Nebelkrähen *(Corvus corone cornix)* gekommen, die jedoch ein vorwiegend graues Gefieder haben.

Das größte Vogelsterben an einem einzigen Tag gab es am 2. Mai 1878 in der amerikanischen Stadt Petoskey (Kentucky). Züge von Wandertauben *(Ectopistes migratorius)* kreuzten auf ihren alljährlichen Wanderungen über der kleinen Stadt. Die Einwohner bewaffneten sich mit Gewehren und schossen auf die von morgens 6 Uhr bis abends 18 Uhr über die Stadt fliegenden Tauben. Die Vögel flogen zu Millionen und so dicht, daß ein Schütze mit einer doppelläufigen Schrotflinte durch einen Schuß 70 Tauben erlegte. An diesem Tag wurden in Petoskey 1 550 000 Tauben getötet. Von den folgenden Schwärmen wurden soviele abgeschossen oder gefangen, daß vier Wochen lang jeden Tag 12 500 Tauben zum Verzehr in die Großstädte gesandt wurden. Im Jahre 1914 starb die letzte Wandertaube in einem Zoo.

Die treuesten Vögel sind die Unzertrennlichen *(Agapornis).* Es sind Wachsschnabelpapageien mit einer Länge von 13 bis 17 Zentimeter. Wenn sich Männchen und Weibchen einmal füreinander entschieden haben, bleiben sie ein Leben lang zusammen, es gibt keine »eheliche Untreue«. Wenn einer der Partner stirbt, dauert es maximal 36 Stunden, bis der andere ebenfalls tot ist. Die Agapornis leben in Afrika.

Die wanderfreudigsten Vögel gehören zur Familie der Finken und heißen Hakengimpel *(Pinicola enucleator),* Fichtenkreuzschnabel *(Loxia curvirosta)* und Kiefernkreuzschnabel *(Loxia pytyopsittacus).* Der Hakengimpel ist der größte Fink. Er ist in freier Natur gegenüber den Menschen zutraulich und läßt sie nahe an sich herankommen. Die Kreuzschnäbel haben, wie ihr Name sagt, gekreuzte Schnabelspitzen. Dadurch sind sie in der Lage, aus den Zapfen von Nadelbäumen die Samen herauszuholen und sich zu ernähren. Von Zeit zu Zeit kommt es unter diesen Vögeln zu riesigen Wanderungen. Wenn sich durch günstige Brutbedingungen die Finken so vermehrt haben, daß die Ernährung aller nicht mehr sichergestellt ist, schließen sich die Finken außerhalb der normalen Vogelwanderungen zu großen Zügen zusammen und erobern neue Gebiete. Bereits im Jahre 1251 berichtete der englische Chronist Metthew Paris: »Und sie zogen zwei Tage über die Städte und Dörfer, und die Sonne schien, und der Himmel war schwarz, und wir konnten auf dem Boden nichts sehen«. Es handelte sich um Hakengimpel, die von Schweden, ihrem eigentlichen Lebensgebiet, eingewandert waren. Die letzte solche große Wanderung von Fichten- und Kiefernkreuzschnäbeln geschah im Jahre 1976, als die Vögel in riesigen Schwärmen vom Osten Amerikas in Richtung Westküste zogen.

Der perfekteste Vogel in seiner Anpassung an sein Lebenselement ist der Mauersegler *(Apus apus).* Der Vogel (Spannweite bis zu 40 Zentimeter) kann im Fluge essen, trinken, sammelt die zum Nestbau benötigten Stoffe fliegend von aufgewirbelten Schwebstoffen und begattet sein Weibchen im Fliegen. Mauersegler »wandern« oft, während die anderen Vögel zur Nachtruhe gegangen sind. Sie sind in der Lage, in der Luft zu schlafen, während ihre Flugbewegung automatisch weitergeht. Der dem Mauersegler verwandte Alpensegler *(Apus melba maximus)* ist etwas größer als der Mauersegler.

Der stillste Vogel ist der Bindentrogon *(Harpactes fascinatus).* Von den Trogons leben 8 Gattungen mit 34 Arten in den Tropen Mittel- und Südamerikas sowie in höher gelegenen, bewaldeten Bergen Afrikas und Südasiens. Die Trogons gehören zu den buntesten Vögeln, die auf unserer Erde vorkommen. In Südamerika verehrt man die Trogons als heilig. Zu Ehren dieser Vögel wurde die Währung von Guatamala nach einem Trogon, dem Quetzal, benannt. Der Bindentrogon (Südasien) ist so groß wie ein deutscher Kernbeißer. Er sitzt oft bewegungslos und mit eingezogenem Kopf – die Eingeborenen gaben ihm deshalb den Namen Kufni Churi – das heißt »Ohne Hals« – auf ein und und derselben Stelle. Nur ab und zu fliegt er auf, um ein Kerbtier als Nahrung zu fangen. Er gibt keinerlei Laute von sich.

Der streitsüchtigste Vogel ist die Bachstelze *(Motacilla Alba).* Sie gehört zur Familie der Stelzen, der am weitesten über die Erde verbreiteten Vogelfamilie. Lediglich in Polynesien leben keine Stelzen. Die Bachstelze (Gesamtlänge 19 Zentimeter) liebt Gesellschaft. Sowie sie sich jedoch in Gemeinschaft befindet, streitet sie mit den anderen Vögeln. Ihre Auseinandersetzungen steigern sich zu regelrechten Schimpfkonzerten. Die Vögel trennen sich wütend und gesellen sich einzeln zu anderen, mit denen sie bald schon wieder zu streiten anfangen.

Bindentrogon (2/5 natürlicher Größe)

Der berühmteste Vogel Australiens ist der Leierschwanz *(Menura novaehollandiae).* Obwohl die Gesamtlänge des Leierschwanzmännchens 110 Zentimeter beträgt, gehört dieser Vogel zu den Sperlingsvögeln. Leierschwänze können naturfremde Geräusche, wie das Pfeifen von Lokomotiven, das Hupen von Autos und das Klingeln von Fahrradglokken akustisch nachahmen. Der erste Leierschwanz wurde im Jahre 1798 von dem aus England deportierten Sträfling Mike W. Johnes entdeckt. Die Englische Akademie der Wissenschaften beschrieb ihn als »Eingeborenen-Fasan«. Forschungen in der Mitte des 19. Jahrhunderts brachten die eigentliche Zugehörigkeit der Vögel zutage. Das Leierschwanzmännchen besitzt einen auffallend – wie das Musikinstrument »Leier« – geformten Schwanz, den es nicht nur während der Balzzeit, sondernd dauernd von kleinen erhöhten Punkten aus der Umwelt zeigt. Der Stolz auf diese Pracht hat die Leierschwänze selbst gegenüber Menschen zutraulich gemacht. Im Sherbrook-Wald bei Melbourne halten sich wilde Leierschwänze auf, die Besucher bis auf drei Meter zum Fotografieren an sich herankommen lassen. Seit dem Jahre 1900 wurde der Leierschwanz als berühmtester Vogel Australiens oft auf Briefmarken abgebildet.

Der berühmteste Vogel Südamerikas ist der Quetzal *(Pharomachrus mocino).* Er gehört zur Familie der Trogons und bohrt mit seinem Schnabel Bruthöhlen in morsche Bäume. Deshalb wird er auch Nageschnäbler genannt. Der Quetal ist etwa amselgroß und hat wegen seiner langen Federn auch den Namen Pfauentrogon. Die Federn der Quetzals durften bei den Mayas und Azteken nur von den allerhöchsten Würdenträgern getragen werden. Der Besitz oder das Tragen einer Quetzal-Federkrone durch einen ranglosen Mann wurde mit dem Tode bestraft. Im Jahre 1524 eroberte der Spanier Pedro de Alvarado im Auftrag des spanischen Königs Teile von Südamerika. In blutigen Schlachten verloren viele Azteken ihr Leben. Bei der kleinen Ansiedlung Quetzaltenango ließ de Alvarado 30 000 Indianer töten. Nach den heutigen Erzählungen schickte darauf der Himmel Millionen von Quetzals, die sich auf die Leichen der erschlagenen Krieger setzten und so ein lebendes Leichentuch für die Getöteten bildeten. Seit dieser Zeit sei der Bauch des Quetzals rot gefärbt, behauptet die Sage. Der Quetzal wird heute noch verehrt, obwohl er durch fortschreitende Zivilisation in Höhen bis zu 2000 Meter zurückgedrängt wurde. Er ist das Wappenbild des Staates Guatemala, die Währung dieses Staates heißt nach ihm Quetzal. Die Trogons, zu denen der Quetzal gehört, sind auch in Afrika verbreitet. Der bekannteste Vertreter der afrikanischen Trogons ist der Narinatrogon *(Apaloderma narina).* Auch die Eingeborenen Afrikas verehren den Vogel. Sein Name Narina, welcher in der Landessprache »Blume« heißt, bekam er zu Ehren einer schönen Hottentottenfürstin. Der Narina (Länge bis zu 20 Zentimeter) besitzt eine große rednerische Begabung: er kann Geräusche und Stimmen nachahmen und seiner Stimme sogar den Anschein geben, als käme sie aus weiter Ferne, obwohl der Vogel direkt neben einem sitzt.

Der beste Vogelstimmenimitator ist der Eichelhäher *(Garrulus glandiarus).* Er ist einer der bekanntesten Vögel. Allein im Deutschen gibt es mehr als hundert volkstümliche Namen für ihn, so zum Beispiel Nußknacker, Markward, Herold und Herrenvogel. Europa verdankt seinen großen Bestand an Buchen- und Eichenwäldern dem Eichelhäher (Länge bis zu 35 Zentimeter, Gewicht bis zu 200 Gramm). Der Vogel sammelt die Früchte dieser Bäume und steckt sie in die Erde. Bisher wurde angenommen, daß er es aus »Sammeltrieb« tut, um Vorrat anzulegen. Neueste Forschungen haben bewiesen, daß dieser Vogel einen angeborenen Naturtrieb hat, Bucheckern und Eicheln zu sammeln und zu vergraben. Nicht, damit er sie in harten Zeiten wiederfindet, sondern damit daraus Bäume wachsen und seine Nachkommen genügend zu fressen haben. Aus diesem Grunde hat er in der Sowjetunion ganzjährigen Schutz. In anderen europäischen Ländern wird er sehr oft abgeschossen, weil er Singvögeln nachstellt. Der normale Ruf des Eichelhähers ist ein nicht sehr melodisch klingendes Krächzen. Der Vogel ist jedoch in der Lage, jede Vogelstimme so täuschend nachzuahmen, daß nicht nur Menschen, sondern auch die Artgenossen der imitierten Vögel darauf hereinfallen. Durch diese List ist er seinen Feinden oft überlegen.

Die einzigen eßbaren Vogelnester fabrizieren die Salanganen *(Collocalia)*. Einige Arten der in Asien lebenden Stachelschwanzsegler *(Unterfamilie Chaeturinae)*, zu denen die Salanganen gehören, bauen diese Vogelnester aus ihrem Speichel. Sie haben genauso große Speicheldrüsen wie die anderen Vögel. Zu Beginn der Brutzeit jedoch schwellen die Drüsen der Salanganen (Länge bis 16 Zentimeter) stark an und erzeugen einen zähen Schleim. Die Vögel bauen nachts daraus ihre Nester. Sie würgen den Speichel und tragen Schicht für Schicht auf die an den Wänden hängenden Nester auf. Das Nest eines solchen Vogels wiegt zwischen 10 und 15 Gramm. In der chinesischen Küche gelten Suppen aus gekochten Nestern als Leckerbissen. Für ein Nest werden von den Großhändlern 1,20 bis 1,50 Mark bezahlt.

Die unstetigsten Wanderer unter den Vögeln sind die Wachteln *(Coturnix coturnix)*. Die Wachtel ist einer der weitestverbreiteten Hühnervögel der Welt und lebt sowohl in Europa als auch in Asien, Australien und Afrika. Der Vogel (Länge 20 Zentimeter, Spannweite bis zu 35 Zentimeter) ist als Jagdwild begehrt. Die Wachteln wandern alljährlich. Im Gegensatz zu anderen Zugvögeln sind ihre Wanderungen unstetig und ohne Ziel. Sie verlassen ihr Stammgebiet nicht zur gleichen Zeit. Es wurde beobachtet, daß Wachteln - von Mitteleuropa kommend - bereits in Ägypten eintrafen, während sich zu dieser Zeit (Ende September) noch brütende Vögel in Österreich, der Schweiz, Deutschland und Spanien befanden. Im Gegensatz zu anderen Vögeln, die sich in Zügen zusammenschließen, wandern die Wachteln einzeln, bilden aber unterwegs oft kleine Gruppen. Sie fliegen sehr niedrig, teilweise nur 10 bis 12 Meter über dem Erdboden.

Der weitestverbreitete Wasservogel ist das Bleßhuhn *(Fuliaca atra)*. Die Vögel (Länge bis zu 38 Zentimeter) leben sowohl in Nord- und Südamerika, in Europa, Asien, Afrika und Australien. Sie sind geschickte Taucher, die bis zu 3 Minuten unter Wasser bleiben können.

Die meisten Weibchen hat der Pfau *(Unterfamilie Pavoninae)*. Ein einziger Pfau schart eine Gruppe von 5 bis 10 Weibchen um sich. Die Weibchen sind jedoch alle unscheinbar gefärbt. Lediglich das Männchen besitzt den prächtigen 18fedrigen Schwanz. Die Pfauen bevorzugen als Lebensgebiet den Dschungel. In Indien sind sie als Giftschlangenvertilger geschätzt. Einzige Ausnahme bei der unter Pfauen herrschenden Vielweiberei bildet der Kongopfau *(Afropavo congensis)*. Während die anderen Pfauen schon vor 4000 Jahren von Indien als Ziervögel und Handelsware in die Mittelmeerländer gelangten, wurden die ersten Federn des Kongopfaus 1913 durch den amerikanischen Vogelforscher James Chapin entdeckt. Er bemerkte die Federn im Kopfputz eines Häuptlings. Erst 22 Jahre später konnte Chapin die ersten lebenden Vögel fangen. Die nur im Kongo (Afrika) vorkommenden Vögel leben mit einem Weibchen in »Einehe«.

Der schwerste Wildvogel Europas und Asiens ist die Großtrappe *(Otis tarda)*. Die im Aussehen an Puten erinnernden Vögel gehören zu den steppenbewohnenden Kranichvögeln und leben vorwiegend im offenen Grasland Europas, Asiens, Afrikas und Australiens. Über Jahrhunderte hinweg waren diese Vögel ein begehrtes Jagdwild, aber - da sie sehr scheu sind - schwer zu erbeuten. Weil sich die Großtrappen fern von menschlichen Ansiedlungen hielten, wurden im 19. Jahrhundert »Trappenbüchsen« angefertigt. Jede aus mehreren Dutzend übereinandergelegten Gewehrläufen bestehende »Trappenbüchse« wurde aus großer Entfernung abgefeuert. Die Chinesen entwickelten sogar Trappengeschütze: dickläufige und weittragende Büchsen mit einer Lauflänge von mehr als drei Metern. Deutschlands letzte Großtrappen leben in Mecklenburg. Die flugfähigen Vögel (Körperlänge 1 Meter, Flügelspannweite bis zu 2,50 Meter) werden bis zu 25 Kilogramm schwer.

Den einzigen Winterschlaf unter den Vögeln hält der Poor Will *(Phalaenoptilus nuttallii)*. Die Poor Wills leben in Amerika und gehören zur Ordnung der Nachtschwalben *(Caprimulgiformes)*. Erstmals 1946 stellte der Wissenschaftler E. C. Jäger fest, daß diese Poor Wills während der kalten Jahreszeit einen dreimonatigen Winterschlaf halten. Die Körperfunktionen, die Temperatur und die Herzschläge sind auf ein Minimum reduziert, der Vogel befindet

Leierschwanz (Weibchen rechts; ⅙ natürlicher Größe)

Wasserschmätzer (Mitte), Zaunkönige (oben und rechts) und Gebirgsstelzen (links vorn Männchen im Hochzeitskleid, rechts Weibchen) (alle ½ natürlicher Größe)

sich während dieser Zeit in einem lethargischen, fast erstarrten Zustand. Die im Herbst angelegten Fettreserven im Vogelkörper werden zur Erhaltung der Minimalfunktionen aufgebraucht.

Der beste Wirt für kleinere Vögel ist der Storch *(Familie Ciconiidae)*. Storchenpaare erlauben kleinen Vögeln, vor allem Meisen und Rotkehlchen, zwischen die Zweige ihres eigenen großen Nestes ihre kleinen Nester zu bauen. Die Größe der Störche ist für die kleinen Vögel der beste Schutz vor Raubvögeln.

Die merkwürdigste Zeitabstimmung haben die Jungen des Haselhuhns *(Tetrastes bonasia)*. Haselhühner besiedelten vor fünfzig Jahren ganz Europa sehr dicht. Das Haselhuhn (Gewicht bis zu 500 Gramm) ist jedoch sehr geräuschempfindlich. So wurde es nicht durch die Jagd, sondern durch den zunehmenden Verkehr sowie die Mechanisierung von Land- und Forstwirtschaft aus seinen angestammten Gebieten vertrieben. Das Haselhuhn legt 6 bis 12 Eier und brütet 3 Wochen lang. Zwischen dem Legen des ersten und des letzten Eies bestehen bis zu 3 Tage Zeitunterschied. Da die Eier aber gleichzeitig bebrütet werden, sorgt ein merkwürdiger Zeitmechanismus dafür, daß alle Jungen gleichzeitig schlüpfen. Embryos in den zuerst gelegten Eiern entwikkeln sich weitaus langsamer als die in den zuletzt gelegten. Der Zeitabstand vom Legen des ersten und des letzten Eies wird dadurch überbrückt. Die jungen Haselhühner schlüpfen erstaunlicherweise alle am selben Tag und fast zur selben Stunde.

Den besten Zeitsinn unter den Vögeln besitzt der Zaunkönig *(Troglodytes troglodytes)*. Er beginnt auf die Minute genau jeden Tag zur selben Zeit zu singen. Ein weiterer Vogel mit einem ungewöhnlichen Zeitbegriff ist das Schopfsteißhuhn *(Eudromia)* aus Panama. Diese Laufvögel (Länge bis 60 Zentimeter, Gewicht 2,5 Kilogramm) sind unter dem Namen »Dreistundenvögel« bekannt. Ob es Tag oder Nacht ist, alle 3 Stunden, auf die Minute genau, beginnt das Schopfsteißhuhn zu singen.

Die komplizierteste Zunge unter allen Vögeln besitzen die Spechte *(Unterfamilie Picinae)*. Der Zungenschlauch dieser Vögel (Länge 10 bis 60 Zentimeter) hat biegsame Knochenverstärkungen. Durch eine besondere Konstruktion der Zungenbeinhörner ist es den Spechten möglich, spezifische Muskeln einzusetzen, um die Zunge sehr weit herausschnellen zu lassen. Bei einigen Spechtarten beträgt die Zungenlänge 33 Prozent der Gesamtkörperlänge. Durch die besondere Konstruktion und die Überlänge der Zunge ist es den Vögeln möglich, Insekten hinter der Rinde von Bäumen oder aus Bodenverstecken zu ziehen.

Schmetterlinge

Die größten Ansammlungen bilden die Monarchfalter *(Danaus plexippus)*. Sie leben in Nordamerika. Jedes Frühjahr fliegen Ansammlungen von 50 bis 100 Millionen dieser Schmetterlinge (Spannweite bis 12 Zentimeter) nach Kanada und kehren im Herbst nach Florida und Kalifornien zurück. Sie überwintern an ihren Stammplätzen und sitzen oft zu Zehntausenden auf einem Baum.

Die ungewöhnlichste Art der Verpuppung hat der südamerikanische Asselspinner *(Phobetron hipparchia)*. Während alle anderen Schmetterlinge die Körperhaut abstreifen, tut es diese Art nicht. Die Raupe löst sich lediglich von der Körperhaut, verbleibt jedoch in ihrer abgestorbenen Hülle. In dieser Hülle spinnt sie einen neuen Kokon, die alte Hülle bleibt als Schutz über diesem neuen Kokon erhalten.

Als einzige Geschmacksorgane an den Beinen besitzen die Schmetterlinge *(Lepidoptera)*. An den Endgliedern ihrer Beine befinden sich hochempfindliche Riechorgane, mit denen die nahrhaften und verdaubaren Säfte von den nicht zuträglichen Stoffen unterschieden werden können.

Der einzige Blutsauger unter den Schmetterlingen ist ein in Südostasien lebender Nachtfalter *(Calyptra eustritata)*. Der Rüssel eines normalen Falters ist sehr weich, der dieses Nachtfalters ist starr. Er setzt sich auf die Gliedmaßen von Säugetieren und Menschen. Sein Rüssel dringt bis zu 8 Millimeter tief in den Körper des Opfers ein. Speichel läuft an dem starren Rüssel herunter und verhindert die Gerinnung des Blutes. Der Nachtfalter ernährt sich lediglich auf diese Weise.

Die größte Flügelfläche unter den Schmetterlingen hat der Herkulesspinner *(Coscinocera hercules)*. Der auf Neu-Guinea lebende Schmetterling ist mit seinen 25 Zentimetern Spannweite nicht der größte Schmetterling, hat jedoch mit 350 Quadratzentimetern die größte Flügelfläche unter allen Schmetterlingen.

Den besten Geruchssinn unter den Schmetterlingen haben die Seidenspinner *(Bombyx mori)*. Sie riechen mit ihrer fächerförmigen Antenne und können die Ausdünstung eines fortpflanzungsbereiten Weibchens über 3 Kilometer Entfernung wahrnehmen.

Niemals in ihrem Leben Nahrung brauchen der Pappelschwärmer *(Laothoe populi)* und das Abendpfauenauge *(Smerinthus ocellata)*. Sie fressen sich lediglich während ihres Daseins als Raupe satt. Als Schmetterling – ihr Leben währt 3 bis 4 Monate – nehmen sie keinerlei Nahrung zu sich.

Als einzige schießen können die Raupen der Gabelschwänze *(Dicranura vinula)*, die in den Tropen und in Mitteleuropa vorkommen. Fühlt sich die Raupe dieses Schmetterlings bedroht, so streckt sie eine Gabel, die am hinteren Ende ihres Leibes sitzt, hoch und spritzt aus dieser Gabel eine Flüssigkeit – bis zu 20 Zentimeter Entfernung – dem Angreifer entgegen. Der ausgeschiedene Stoff besitzt eine ätzende Wirkung. Er kann Vögel erblinden lassen; auch für das menschliche Auge ist dieses Sekret gefährlich.

Der giftigste Schmetterling ist der in den Tropen lebende Aristolochien-Falter *(Gattung*

Battus). Die Raupen dieser Falter leben an giftigen Pfeifenstrauch-Gewächsen *(Philadelphus)* und fressen diese. Die Giftstoffe gehen in ihren Körper ein. Falls ein Vogel oder ein kleines Säugetier diesen Schmetterling frißt, vergiftet er sich. Als Abschreckung für Feinde trägt der Aristolochien-Falter rote und schwarze Warnfarben.

Der größte Schmetterling der Welt ist ein Eulenfalter *(Noctuidae).* Die Gruppe umfaßt 25 000 verschiedene Schmetterlingsarten. Die in Südamerika lebende Art des Eulenfalters *(Thysania agrippina)* ist die größte. Ihre Flügelspannweite beträgt 35 Zentimeter.

Der kleinste Schmetterling der Welt ist der Falter der Urmotte *(Familie Micropterygidae).* Seine Spannweite beträgt maximal 6 Millimeter.

Der schädlichste Schmetterling ist der Ringelspinner *(Malacosoma neustria).* Dieser Schmetterling (Spannweite bis zu 3 Zentimeter) setzt Raupen ab, die auf Obstbäumen leben. Das Weibchen befestigt ihr Gelege, indem es Spiralen von Eiern dicht aneinander klebt. Die ausgeschlüpften Jungen wandern von ihrem Gelege an einem Seidenfaden zu ihren Futterplätzen und benutzen den Seidenfaden, um den Rückweg zu finden. Der Ringelspinner richtet unermeßlichen Schaden an Obstbäumen an, weil seine Nahrung ausschließlich aus den Blättern dieser Bäume besteht.

Der einzige nicht fliegende Schmetterling ist das Weibchen der gewöhnlichen Kleidermotte *(Tineola biseliella).* Die Männchen können fliegen, die Weibchen können lediglich sehr schnell laufen.

Die beste Tarnung unter den Schmetterlingen hat die Raupe eines in Malaysia lebenden Schwärmers *(Panacra mydon).* Bei Anzeichen von Gefahr oder bei Bedrohung zieht sie den Kopf zurück und versteckt ihn in den dahinterliegenden Leibsegmenten. Auf einem dieser Segmente sind Flecken, die wie Augen aussehen. Das gesamte Körperstück wird rundlich. Für Angreifer erhält die Raupe das Aussehen einer kleinen Schlange, und sie schrecken aus Angst zurück.

Am längsten verpuppt bleibt der Gluckenfalter *(Eriogaster arbusculae).* Er kommt in bergigen Gebieten, besonders in den Alpen, vor. Die Puppe dieses Schmetterlings verbringt 7 Jahre in der Erde. Insgesamt wird der Glukkenfalter 8 Jahre alt.

Fluginsekten

Die größten Ansammlungen bilden die Wanderheuschrecken. Von den 5000 verschiedenen Arten der Kurzfühlerschrecken *(Caelifera)* sind es nur 9 Arten, die sich in Massen zusammenfinden. Dazu gehören in der Alten Welt die *Schistocerca peregina* und die *Nomadacris septemfasciatus.* In der Neuen Welt, also in Amerika, ist es die Art *Schistocerca paranensis,* die Massenwanderungen unternimmt. Normalerweise bilden die Heuschreckenschwärme der Alten Welt Ansammlungen von einer Ausdehnung von 12 Quadratkilometern. Der größte Schwarm, der je gesichtet wurde, war der Zug der Schistocerca peregina: Am 16. Juli 1899 kreuzten die Wanderheuschrecken das Rote Meer. Die Anzahl der Insekten wurde auf 500 Milliarden Einzeltiere im Gesamtgewicht von 1 Million Tonnen geschätzt. Normale Schwärme dieser Insekten (zwischen 1 und 3 Millionen Tiere) legen an einem Tag 2 Kilometer zurück. Große Schwärme schaffen eine Tagesleistung von 20 Kilometern. Es wurden bereits Heuschreckenschwärme 2000 Kilometer von der Küste entfernt über offenem Meer gesichtet. Die Insekten haben diese Strecke ohne Rast zurückgelegt. Der ausdehnungsmäßig größte Schwarm von Heuschrecken überflog im Juni 1955 Marokko. Er war 250 Kilometer lang und 22 Kilometer breit. Er bedeckte eine Fläche von 5500 Quadratkilometern, das entspricht 10mal der Gesamtfläche des Bodensees. Nach dem Überfall durch einen Heuschreckenschwarm (1890) wurden in Algerien in einem einzigen Monat 600 Milliarden Heuschreckeneier und 1500 Milliarden frischgeschlüpfter Heuschrecken getötet. Heuschrecken werden bis zu 11 Zentimeter lang und 8 Gramm schwer.

Die meisten Augen besitzt die Libelle *(Odonata).* Diese Insekten, zwischen 13 und 15 Zentimeter lang und mit einer Flügelspannweite von 20 Zentimetern, besitzen jeweils 40 000 Mini-Augen. Die beiden Sehbereiche der Libelle sind aus dieser Anzahl bienenwabenartig zusammengesetzter Einzelaugen gebildet.

Die bestausgerüsteten Blutsauger sind die Stechmücken *(Culicidae).* Der Rüssel der Stechmücke besteht aus 6 scharfen Stiletten, in denen sich jeweils eine Röhre befindet. Die Mücke setzt sich auf die Haut, die 6 Stilette werden in die Haut gestoßen. Nachdem die Stilette die Haut durchdrungen haben und auf ein Blutgefäß gestoßen sind, wird der Speichel der Mücke eingepreßt, damit das Blut nicht mehr gerinnen kann. Danach saugt sie das Blut durch die Röhre auf. Nur die weiblichen Mükken sind mit einem solchen Mechanismus ausgerüstet. Die Männchen können lediglich das aufsaugen, was sich auf der Oberfläche der Haut befindet. Die Stechmücke saugt aus jedem Stich einmal ihr eigenes Gewicht an Blut und sticht bis zu 15mal pro Tag.

Der beste Bohrer unter den Insekten ist der Pfeifenräumer *(Rhyssa persuasoria),* eine große Schlupfwespe. Sie stellt den Larven der Riesenholzwespe nach und bohrt sie aus dem Holz heraus. Ein Pfeifenräumerweibchen (40 Millimeter Länge) kann innerhalb von 15 Minuten ein mehr als 3 Zentimeter tiefes Loch in das festeste Holz bohren. Der Pfeifenräumer ist berühmt: 1926 drohte sich die Holzwespe *(Siricidae)* auf Neuseeland so auszubreiten, daß der Baumbestand gefährdet war. Deshalb wurden aus Europa Pfeifenräumer eingeführt. Bereits 10 Jahre später hatte der Pfeifenräumer die gefährlichen Holzwespen vernichtet. Der Baumbestand war gerettet. Die Pfeifenräumer haben ihren Namen wegen des langen Hinterleibes des Weibchens, der einem Pfeifenreiniger ähnelt.

Die kleinsten Eier legt die Parasitenwespe *(Caraphractus cinctus)*. Ein Ei dieser Wespe ist 0,0002 Milligramm schwer. Fünf Millionen Eier dieser Wespe wiegen 1 Gramm.

Der schnellste Flieger auf kurzen Strecken ist die amerikanische Hirschbremse *(Cephenomyia pratti)*. Sie erreicht auf einer Strecke von 50 Metern eine Stundengeschwindigkeit von 1300 Kilometer pro Stunde. Sie fliegt damit 120mal schneller als eine Fliege. Das erste Düsenflugzeug der Welt, die deutsche HE 176, startete am 27. August 1939 und erreichte 750 Kilometer in der Stunde. Die schnellste menschliche Geschwindigkeit - ohne mechanische Kraft - ist die Faust des Boxers Muhammed Ali, alias Cassius Clay. Während eines Kampfes erreicht seine Linke eine Stundengeschwindigkeit (auf 60 Zentimeter) von 900 Kilometern.

Die meisten Flügelschläge haben die Kriebelmücken *(Melusinidae)*. Ihre Flügel bewegen sich 1200mal pro Sekunde. Gefolgt werden sie von den Stechmücken *(Culicidae)* mit 600 Flügelschlägen und von den Bienen *(Apoidae)* mit 300 Flügelschlägen pro Sekunde. Eine Art der Kriebelmücken, die Kolumbatscher Mücke *(Melusina columbaczensis)*, ist das gefährlichste Insekt für Hausvieh. Allein im Jahre 1923 wurden durch Stiche dieses Insektes in Rumänien 18000 und im Jahre 1934 in Jugoslawien 12000 Stück Hausvieh (Kühe, Pferde, Schafe, Ziegen) getötet.

Als einzige im Flug geboren werden die Jungen der Zweiflügeligen Eintagsfliege *(Cloeon dipterum)*. Sie ist die häufigste der in Europa vorkommenden Eintagsfliegen. Nach der Befruchtung wartet die Eintagsfliege ohne Nahrungsaufnahme zwei Wochen bis zur Geburtsreife. Danach fliegt sie in niedriger Höhe (1 Meter) über der Wasseroberfläche und gebiert während des Fliegens 700 Larven. Diese entwickeln sich im Wasser bis zur Flugreife.

Das größte Gewicht unter allen auf der Erde existierenden Lebewesen haben die Insekten. Die Masse der Insekten wiegt zusammen 12 mal mehr als alle Menschen. Nach Berechnungen amerikanischer Wissenschaftler wiegen die Menschen zusammen 192 Millionen Tonnen, das Gewicht der Insekten wird auf 2 Milliarden 300 Millionen Tonnen geschätzt.

Die intelligentesten Insekten sind die Bienen *(Apoidae)*. Sie verständigen sich durch eine Art Tanz über die besten Möglichkeiten, Futter, Blütenstaub oder Honig zu besorgen, sowie über die Annäherung von Feinden. Jeder Tanz hat bestimmte Rhythmen. In den Bewegungen der Bienen liegt sowohl die Menge des Futters als auch die Entfernung verschlüsselt. Nobelpreisträger Karl von Frisch machte folgende Experimente: Er ließ seine Assistenten Bienen-Futter verstecken, ohne daß er wußte, wo und wie weit entfernt. Nach dem Tanz der Bienen bestimmte von Frisch die Entfernung des Futters und dessen Lage. Die Nachprüfung ergab, daß das Futter tatsächlich auf den Meter genau dort lag, wo Frisch es angegeben hatte.

Das kleinste Insekt gehört zur Gruppe der Zwergwespen *(Mymaridae)* und trägt den lateinischen Namen Alaptus magnanimus. Es wird ausgewachsen 0,2 Millimeter lang.

Das lauteste Insekt ist die Zikade *(Cicadina)*. Die Männchen entwickeln durch das Schaben auf ihrem Chitinpanzer ein so durchdringendes Geräusch, daß es von den Weibchen bis auf 4 Kilometer gehört werden kann. Der Mensch nimmt aufgrund seiner verringerten Hörfähigkeit das Liebeswerben einer männlichen Zikade nur bis auf maximal 1,5 Kilometer wahr.

Das reaktionsschnellste Insekt ist die Gottesanbeterin *(Mantis religiosa)*. Dieses Insekt hat seinen Namen von der eigenartigen Haltung, es sieht aus wie eine Betende. Die Gottesanbeterin (Länge bis 8 Zentimeter) braucht vom Erkennen eines Insekts - bis zu dessen Ergreifen 3 Hundertstelsekunden. Der beste Schütze des amerikanischen FBI, der G-Man Delf Bryce, braucht vom Erkennen eines Zieles über das Ziehen des Revolvers bis zum Abdrücken 40mal soviel Zeit.

Die widerstandsfähigsten Insekten sind die Fruchtfliegen *(Drosophila)*. Der Kustos für Insekten am Amerikanischen Naturgeschichtlichen Museum, Frank E. Lutz, stellte einen Versuch mit Fruchtfliegen an. Dabei wurden Bedingungen geschaffen, die einer Höhe von 27000 Metern über dem Meeresspiegel entsprachen. Die Fruchtfliegen überlebten. Später wurden von einer Sekunde zur anderen die normalen Druckverhältnisse wieder hergestellt. Das heißt, es wurde ein 7 millionenmal höherer Druck auf die Insekten ausgeübt. Sie überlebten. Ein Mensch würde die Druckverhältnisse selbst in 10000 Metern Höhe ohne Schutzgeräte nicht überleben und in Stücke gerissen werden.

Die einzigen Königinnen unter den Insekten besitzen die Termiten *(Isoptera)*, die Ameisen *(Formicoidea)*, die Wespen *(Teilordnung Aculeate)*, die Bienen *(Apoidae)* und die Hummeln *(Bombini)*. Meist zeichnet sich die Königin durch eine größere Gestalt aus und wird vom Volk - bis 50 Millionen Insekten - versorgt. Die Königin ist die einzige, die für Nachwuchs sorgen kann. Bei den Termiten, die eine Größe zwischen 2 und 12 Millimeter haben, kann die Königin bis zu 9 Zentimeter lang werden.

Die einzigen Kriegs-Insekten waren die Bienen *(Apoidea)*. Im Jahre 925, als Heinrich I. mit dem Herzog von Lothringen in Fehde lag, befahl der Kommandierende General Immo, Bienenkörbe unter die angreifende Kavallerie zu werfen. Die Verwirrung durch die Bienen und ihre Stiche erreichte solche Ausmaße, daß die Belagerung aufgegeben werden mußte. Auch Richard Löwenherz (1157-1199) verwandte Bienen zu Kriegszwecken. Bei der Belagerung der Zitadelle von Acre ließ er Bienenkörbe unter die Besatzung schleudern. Die wütenden Bienen setzten der Besatzung so zu, daß sie Schutz in den Kellern suchte. Währenddessen eroberten Richards geschützte Ritter die Zitadelle.

Das kürzeste Lebensalter haben die Eintagsfliegen *(Palingeniallongicauda)*. Sie leben nur 5 Stunden als Fliege. Vorher haben sie jedoch ein monatelanges Leben als Larve im Wasser geführt. Eintagsfliegen existierten bereits vor 350 Millionen Jahren und sind Überlebende aus dem Erdaltertum.

Die merkwürdigste Mutterliebe praktiziert die Wespe *(Aculeata)*. Ehe das Wespenweibchen ein Ei legt, gräbt es eine Höhle. Dann fängt es ein Insekt, eine Larve oder eine Spinne. Nun legt die Wespe ein einzelnes Ei auf dieses Opfer, damit ihr Junges beim Schlüpfen einen Futtervorrat findet. Sehr oft wird das Opfer durch den Giftstachel der Wespe nur gelähmt, damit es auch am Leben bleibt. Falls es getötet wird, wirkt das Gift der Wespe als Präpariermittel: Das Fleisch des Opfers kann nicht verwesen, sondern ist, wenn das Wespenjunge schlüpft, noch genießbar.

Die meisten Nachkommen unter den Insekten hat die Kleine Stubenfliege *(Fannia canicularis)*. Sie erreicht eine Körperlänge von 5,5 Millimeter und kommt überall auf der Welt vor. Die Kleine Stubenfliege produziert etwa 4 bis 5 Gelege von Eiern während ihres Lebens. Jedes Gelege hat etwa 100 Eier. Die Jungen brauchen 5 Tage zum Schlüpfen; 3 Tage nach dem Schlüpfen sind sie geschlechtsreif. Ein einziges Fliegenweibchen, welches Mitte April mit der Eiablage beginnt, kann Mitte September desselben Jahres 5,6 Billionen Nachkommen haben. Wenn man annimmt, daß 70 Fliegen 1 Gramm wiegen, würde die Nachkommenschaft einer Fliege, falls die Eier nicht zum großen Teil vernichtet werden, ein Gesamtgewicht von 80000 Tonnen haben (L.O. Howard).

Den meisten Treibstoffvorrat hat die Mücke *(Culicidae)*. Die Energie in ihrem Körper reicht ohne Nahrungsaufnahme für 35 Flugstunden aus. Die Biene *(Apoidae)* hat lediglich eine Flugreserve von 7 Stunden.

Drittes Buch

WASSER

Säugetiere

Den längsten Darm unter allen Säugetieren hat der Pottwal *(Physeter catodon)*. Sein Darm ist 24mal so lang wie sein Körper. Bei einer Körperlänge bis zu 25 Meter entspricht das einer Darmlänge von 650 Metern. Die Länge des Darmes hängt mit der Ernährungsweise des Pottwals zusammen, der vorwiegend Tintenfische frißt und verdaut. Zum Vergleich: Der Darm eines erwachsenen Menschen ist im Spannungszustand (Tonus) 1,80 Meter lang, in entspanntem Zustand 7 Meter.

Der berühmteste Delphin war »Pelorus Jack«. 25 Jahre lang - von 1945 bis 1970 - war er im Pelorus-Sund zwischen den Städten Welton und Wellington auf Neu-Seeland anzutreffen. Jedesmal, wenn ein Schiff diese Meerenge erreichte, tauchte Pelorus Jack auf und schwamm vor den Schiffen her und zeigte ihnen den Weg. Er wurde vom australischen Parlament durch ein eigenes Gesetz geschützt. Niemand durfte ihn fangen oder töten. Er gehört zu der selben Art wie »Flipper«, der aus der Fernsehserie bekannte Eigentliche Delphin *(Delphininae)*.

Der größte Delphin ist der Schwertwal *(Orcinus orca)*. Er erreicht eine Länge von 11 Metern und ist nach dem Pottwal das größte lebende Raubtier der Erde. Er ernährt sich vorwiegend von Pinguinen, kleineren Walarten, Seehunden und Seelöwen.

Der intelligenteste Delphin ist der Große Tümmler *(Tursiops truncatus)*. Er wird auch »Flaschennasen«-Delphin genannt.

Der kleinste Delphin ist der Blau-Weiße Delphin *(Stenella caeruleobalba)*. Er lebt an der Zustand 7 Meter. südamerikanischen Küste, nahe der Mündung des La Plata, wird nur 1 Meter lang und 35 Kilogramm schwer.

Der sagenumwobenste Delphin ist der Eigentliche Delphin *(Delphininae)*. Diese Unterfamilie hat sechs verschiedene Gattungen mit zusammen 30 unterschiedlichen Arten. Sie erreichen eine Körperlänge von 1,2 bis 4 Meter. Die Eigentlichen Delphine wurden schon im Jahre 79 nach Christus erwähnt: Der römische Gelehrte Plinius beschrieb die Freundschaft zwischen einem Jungen aus einem Dorf in der Nähe von Neapel und einem Delphin. Der Delphin trug den Jungen jeden Morgen von der Küste seines Heimatortes quer durch das Wasser zu dem Ort Puteoli, in dem der Junge zur Schule ging. Von diesem Delphin werden oft Rettungstaten an ertrinkenden Menschen geschildert. Wegen seines hohen Intelligenzgrades und der Freundschaft zum Menschen hat als einziges Land der Welt die Sowjetunion den Delphin unter Schutz gestellt. Fang und Tötung sind verboten.

Der größte Fresser unter den im Wasser lebenden Säugetieren ist der Blauwal *(Balaenoptera musculus)*. Sein Nahrungsbedarf beträgt pro Tag zwischen 500 und 1000 Kilogramm Krebse und Plankton.

Die perfekteste Geburtenhilfe unter allen Säugetieren leisten die Weibchen des Großen Tümmlers *(Tursiops truncatus)*. Die Delphine leben in Schulen zusammen. Die Schwangerschaft bei einem Tümmlerweibchen erstreckt sich über 12 Monate. Wenn bei einem weiblichen Tier (Länge bis 3,8 Meter, Gewicht bis 220 Kilogramm) die Wehen einsetzen, schwimmt es etwas langsamer. Sofort bildet sich ein Ring von anderen Weibchen um die Wöchnerin; diese entziehen sie den Blicken der anderen und sorgen durch sanftes Stupsen dafür, daß sie den Anschluß an die Herde nicht verliert. Im Gegensatz zu anderen Säugetieren kommen bei den Delphinen und Walen die Jungen in Steißlage zur Welt, das heißt mit dem Hinterkörper zuerst. Während des Geburtsvorganges pressen manche der Weibchen an den Seiten der Gebärenden, um die Geburt zu beschleunigen. Eine der »Tanten« wartet an der Geburtsöffnung, bis das Junge erscheint. Es ist durch eine mehr als 20 Meter lange Nabelschnur mit der Mutter verbunden (die Nabelschnur als Verbindungsglied zwischen Mutter und Kind bei einem Menschen hat eine Länge von 50 Zentimetern). Die »Tante« trägt das Junge, das immer noch mit dem Leib seiner Mutter verbunden ist und durch die Nabelschnur (zwei Arterien und eine Vene) am Leben erhalten wird, an die Oberfläche. Wenn das Neugeborene zu atmen beginnt, durchbeißen die anderen Weibchen die Nabelschnur sowohl an der Geburtsöffnung der Mutter als auch am Leib des Jungen. Wenige Minuten nach der Geburt schwimmen Mutter, Junges und die anderen Weibchen bereits wieder im Schutze der Herde.

Das größte Gehirn der Welt haben die Finnwale *(Balaenoptera).* Zu ihrer Gattung gehört auch der Blauwal *(Balaenoptera musculus).* Das Gehirn der Finnwale erreicht das maximale Gewicht von 8300 Gramm. Das Gewicht des menschlichen Gehirns beträgt zwischen 1250 (weiblich) und 1350 Gramm (männlich). Zum Vergleich: Der Anteil des Gehirn-Gewichtes am Gesamtgewicht des Körpers beträgt bei der Maus 1/33, beim Menschen 1/50, beim Elefanten 1/1164. Bei den Finnwalen machen die 8300 Gramm lediglich 1/16000 des Gesamtgewichtes aus.

Das am höchsten entwickelte Gehirn nach dem Menschen besitzen die Delphine *(Delphininae).* In ihrem Gehirn kommt ein Merkmal vor, das selbst bei den Primaten, also den am nächsten dem Menschen verwandten Affen, fehlt. Es ist die Schwarze Gehirnsubstanz *(Substantia nigra).* Unter allen Lebewesen hat die Substanz außer den Delphinen nur der Mensch. Der Schweizer Hirnforscher Pilleri stellte fest (1962), daß die Hirnformen einzelner Delphine in ihrer Zentralisierung einen Grad erreicht haben, der weit über den des Menschen hinausgeht.

Die größte Gewichtszunahme unter den Säugetieren haben die Jungen des Blauwals *(Balaenoptera musculus).* In den ersten 7 Monaten ihres Lebens wachsen sie täglich 3 Zentimeter. In dieser Zeit verzwölffacht sich das Gewicht eines jeden Jungtieres von 2 auf 24 Tonnen. Das Junge des Blauwals nimmt täglich 2 Zentner zu. Zum Vergleich: Ein Menschenkind benötigt zur Verdoppelung seines Gewichtes 125 Tage, ein Kalb 50 Tage. Dem Rekord des Blauwaljungen am nächsten kommen die Hauskatzen-Jungen: Sie benötigen 7 Tage, um ihr Gewicht zu verdoppeln.

Das größte Herz besitzt der Blauwal *(Balaenoptera musculus).* Es wiegt etwa 1000 Kilogramm. Der Anteil des Herzgewichtes am Gesamtgewicht des Wales entspricht 8 Tausendstel. Bei einem Flußpferd *(Hippopotamus amphibius)* wiegt das Herz 3 Tausendstel, beim Kaninchen *(Oryctolagus cuniculus)* und bei der Katze *(Felidae)* 5 Tausendstel sowie beim Zebra *(Equus quagga)* und bei der Fledermaus *(Microchiroptera)* 11 Tausendstel des gesamten Körpergewichtes. Der Anteil des Herzgewichtes am Gesamtgewicht des Menschen beträgt ein Dreißigstel.

Das absolut schwerste Kind bringt der Blauwal *(Balaenoptera musculus)* zur Welt. Ein Blauwaljunges wiegt bei der Geburt 2000 Kilo. Das ist ein 2,5-Prozent-Anteil am Gewicht der Mutter.

Die fetteste Milch unter allen Säugetieren produziert der Blauwal *(Balaenoptera musculus).* Der Fettanteil an einem Liter Milch beträgt 50 Prozent. Der nächsthöhere Anteil von Fett an der Milch eines Säugetieres hat das Rentier *(Rangifer tarandus)*: Er beträgt 22,5 Prozent. Das Hausschaf *(Ovis ammon aries)* produziert Milch mit einem Fettanteil von 6,5 Prozent, die Ziege *(Capra aegagrus hircus)* mit 4,1 und die Kuh *(Bos primigenius taurus)* mit 3,9 Prozent. Der Anteil des Fettes an der Muttermilch des Menschen beträgt 3,5 Prozent.

Die größten Organe unter allen Säugetieren besitzt der Blauwal *(Balaenoptera musculus)*. Sein Herz wiegt 1000 Kilogramm, seine Leber 1600 Kilogramm, seine Lunge 3000 Kilogramm. Allein ein einziger seiner Rückenwirbel ist so schwer wie eine ausgewachsene Kuh, er wiegt 700 Kilogramm. Der Darm des Blauwals ist 4mal so lang wie sein Körper. Das Herz des größten Landsäugetieres, des afrikanischen Steppenelefanten *(Loxodonta africana oxyotis)*, wiegt 20 Kilogramm, die Leber 40 und die Lunge 30 Kilogramm. Der Elefant hat ein Gehirn von 4500 Gramm. Im Verhältnis zum Blauwal besitzt der Elefant einen weitaus größeren Verdauungstrakt. Sein Darm wird 8 bis 10mal so lang wie sein Körper. Allein der Dickdarm faßt 800 Liter.

Das größte Raubtier überhaupt ist der Schwertwal *(Orcinus orca)*. Er gehört zu den Delphinen, ist also ein Säugetier, wird bis zu 11 Meter lang und 6000 Kilo schwer. Beim Angriff auf andere Tiere erreicht der Schwertwal Spitzengeschwindigkeiten von 65 Stundenkilometern. Er ernährt sich von Meeressäugetieren, unter anderem Schweinswalen, Seehunden und Seelöwen. Die weitaus größeren Bartwale *(Mystacoceti)* werden durch Herden von Schwertwalen angefallen und erbeutet. Der Schwertwal ist in der Lage, Wale bis zu 1,5 Meter Länge und Seehunde unzerkaut zu verschlingen. Oft wird auch der Pottwal *(Physeter catodon)* für das größte lebende Raubtier gehalten. Da sich der Pottwal (Länge bis zu 20 Meter) jedoch lediglich von Tintenfischen ernährt, lehnen Wissenschaftler das Wort »Raubtier« für den Pottwal ab.

Das größte Säugetier überhaupt ist der Blauwal *(Balaenoptera musculus)*. Es hat auch vor ihm kein anderes Tier gelebt, das annähernd so schwer wurde. Das japanische Walfang-Mutterschiff »Hashidate Maru« erbeutete am 27. Januar 1948 einen Blauwal, dessen Gewicht 136400 Kilogramm betrug. Das entspricht dem Gewicht von 2000 Menschen. Der gefangene Wal war verhältnismäßig klein, seine Länge betrug nur 28 Meter. Es wurden Blauwale gefangen, die 35 Meter lang waren. Von einem anderen Wal, der im April 1926 in der Nähe der Shettland-Inseln (Schottland) gefangen wurde, wird berichtet, daß er ein Gesamtgewicht von 195000 Kilogramm gehabt habe. Das Gewicht ist jedoch nicht verbürgt, da es erst nach der Verarbeitung des Tieres durch Wiegen der Fleisch- und Tranfässer errechnet wurde. Das größte Tier der Welt ernährt sich von kleinen Krebsen und Plankton.

Das intelligenteste Säugetier ist der Große Tümmler *(Tursiops truncatus)*, auch »Flaschennasendelphin« genannt (Gewicht bis zu 220 Kilogramm, kurzer Schnabel, Länge bis 3,6 Meter). Wissenschaftler sind der Meinung, daß der Große Tümmler aufgrund seines hoch entwickelten Gehirns nicht nur nachahmen, sondern eigenständig »denken« kann. Es wird vermutet, daß Delphine eine eigene Sprache haben. Der amerikanische Forscher John C. Lilly beschäftigt sich seit über zwei Jahrzehnten nur mit diesen Delphinen. Aufgrund seiner Forschungen ist er der Meinung, daß es in nicht allzu ferner Zukunft dem Menschen möglich sein wird, sich mit dem Großen Tümmler zu unterhalten. Eine Verständigung sei zur Zeit schwierig, weil Delphine im Zeitraffer »sprechen«: Sie ziehen die Laute so zusammen, daß diese für das menschliche Ohr nur als einziger Quietschlaut wahrnehmbar seien.

Am längsten tauchen unter allen Säugetieren kann der Nördliche Entenwal *(Hyperoodom ampullatus)*. Er bekam seinen Namen wegen des entenschnabelähnlichen Aussehens seines Mauls. Die Nördlichen Entenwale – sie werden Döglinge genannt und erreichen eine Länge von 10 Metern – leben in Herden bis zu 1000 Tieren. Ihre Hauptnahrung sind Tintenfische *(Dibranchiata)*, denen sie in einer Tiefe bis zu 500 Metern nachstellen. Dabei bleiben sie mit einer Lungenfüllung 2 Stunden unter Wasser. Wegen der Druckunterschiede sind die Lungen dieser Wale besonders gebaut. Die Knorpelringe, die bei allen Säugetieren die Luftröhre und die Bronchien offenhalten, setzen sich bei den Walen bis in die kleinsten Lungenbläschen fort. Zudem kann jedes einzelne Lungenbläschen durch einen Muskel geschlossen werden. Um die Schwankungen des Blutdrucks aufzufangen, sind bei den Walen die »Wundernetze« *(Retia mirabilia)* besonders entwickelt. Die schwammartigen Gebilde dienen als Speicher für das Blut. Die Wale können praktisch die Menge ihres zirkulierenden Blutes verringern und in diesem Aderschwamm speichern.

Am tiefsten tauchen unter den Säugetieren kann der Pottwal *(Pyseter catodon)*. Mit einer Lungenfüllung taucht er bis in 1200 Meter Tiefe. Dabei kann er bis zu einer Stunde und 15 Minuten unter Wasser bleiben. Würde ein normal gebautes Säugetier - theoretisch - so tief tauchen, bräuchte es zum Auftauchen 48 Stunden, um nicht zu sterben. Der im Blut befindliche Stickstoff ist unter dem großen Druck im Blut gebunden. Beim Auftauchen und Druckverlust würde er frei und würde Gasbläschen im Blut bilden, die zu Lähmungen und zum Tode führen *(Caisson-Krankheit)*. Das hängt damit zusammen, daß beim Menschen zum Beispiel 34 Prozent des Sauerstoffvorrates in den Lungen, 41 Prozent im Blut, 13 Prozent in den Muskeln und 12 Prozent in den übrigen Geweben gespeichert sind. Die Wale haben jedoch nur 9 Prozent des Sauerstoffvorrates in den Lungen, 41 Prozent im Blut, 41 Prozent in den Muskeln und 9 Prozent in den übrigen Geweben. Entscheidend für die Gasbildung ist jedoch der Sauerstoffvorrat in den Lungen. Das Fassungsvermögen der Wallungen ist sehr gering, es kann nur sehr wenig Luft in das Blut übertreten und Gasbläschen bilden. Der menschliche Weltrekord im Tieftauchen (mit Atemgerät) liegt bei 350 Meter. Um die Caisson-Krankheit zu verhindern, brauchen die Taucher zum Auftauchen in einer sauerstoffversorgten Glocke 8½ Stunden.

Über das beste Unterwasserradar verfügen die Delphine *(Delphiniae)*. Je nach Art senden sie Schallwellen mit 750 bis 1350 Schwingungen pro Minute aus. Die von den Hindernissen zurückgeworfenen Wellen verraten den Delphinen die Größe, den Standort und die Entfernung der Hindernisse. Das Radarsystem dieser Säugetiere ist so gut ausgebildet, daß sie Fische von der Größe eines Herings ohne Zuhilfenahme der Augen auf 100 Meter erkennen können. Radar (Engl. **Ra**dio **D**etecting **a**nd **R**anging) für den menschlichen Gebrauch wurde 1935 erfunden.

Die schwerste Zunge hat der Blauwal *(Balaenoptera musculus)*. Sie wiegt 5000 Kilogramm, das entspricht dem Gewicht von 70 erwachsenen Menschen.

Die bekanntesten Robben sind die kalifornischen Seelöwen *(Zalophus californianus)*. Sie werden bis zu 2,50 Meter lang. Im Zirkus treten diese gelehrigen Robben mit Balancier-Akten auf.

Die berühmteste Robbe ist der »Old Man of San Nicolas«. Diese Robbe ist ein Vertreter der Guadeloupe-Seebären *(Arctocephalus townsendi)*, die wegen ihrer Pelze so gejagt wurden, daß sie bereits 1892 als ausgestorben galten. Im Jahre 1927 kam überraschend ein kleiner Trupp dieser Robben auf die Santa-Barbara-Inseln vor der kalifornischen Küste. Die Zoologen hofften, daß sie sich vermehren würden. Aber der Trupp verschwand im selben Jahr wieder. Erst 1949 tauchte ein einzelnes Männchen auf der Insel San Nicolas vor Los Angeles auf. Er hielt sich lange unter den anderen Arten der dort lebenden Robben auf und wurde in ganz Amerika unter dem Namen »Old Man of San Nicolas« bekannt. Seine Existenz führte dazu, daß durch strenge Schutzmaßnahmen die Vermehrung der Guadeloupe-Seebären gesichert wurde. Auf der Guadeloupe-Insel in der Bucht von Kalifornien leben zur Zeit 450 dieser Robben.

Die größte Robbe ist der See-Elefant *(Mirounga leonina)*. Die Männchen dieser Robbenart – sie haben ihren Namen von der rüsselartigen Nase - werden über 7 Meter lang und bis 80 Zentner schwer.

Der größte Feind der Robben ist der Schwertwal *(Orcinus orca)*. Er jagt alle Arten von Robben. Im Magen eines einzigen erlegten Schwertwals wurden die Überreste von 25 Robben gefunden.

Die kleinste Robbe ist die Ringelrobbe *(Phoca hispida)*. Sie wird höchstens 1,80 Meter lang und 40 Kilogramm schwer. Sie ist die langlebigste Robbe und wird bis zu 50 Jahre alt.

Das einzige Raubtier unter den Robben ist der Seeleopard *(Hydrurga leptonyx)*. Er ernährt sich nicht nur von Fischen, sondern auch von Vögeln (Pinguinen) oder eigenen Artgenossen. Der Seeleopard - er hat seinen Namen wegen der Flecken auf seinem Fell, die an einen Leoparden erinnern - schwimmt unter Wasser, packt die Füße oder den Leib des Opfers, zieht es unter Wasser und frißt es. Kleine und mittlere Robben tötet er ebenfalls unter Wasser. Der Seeleopard wird über 4 Meter lang und 8 Zentner schwer.

Die schnellste Robbe an Land ist der Krabbenesser *(Lobodon carcinophagus).* Auf der in seinem Lebensbereich meist verschneiten Erde erreicht er durch die Schaufelbewegung seiner Vorderflossen eine Stundengeschwindigkeit von 25 Kilometern. Diese Robbe läuft bei einem Gewicht von 250 Kilogramm (Länge über 2,50 Meter) schneller als die olympischen Läufer bei einem 10 000-Meter-Lauf: Der Finne Lasse Viren gewann 1972 die Olympische Goldmedaille in dieser Disziplin mit einer Zeit von 27:38,4. Seine Stundengeschwindigkeit betrug 23 Kilometer.

Die schnellste Robbe im Wasser ist die Ringelrobbe *(Phoca hispida).* Sie erreicht eine Spitzengeschwindigkeit von 32 Kilometern in der Stunde.

Die einzigen Süßwasserrobben sind die Baikal-Ringelrobben *(Pusa sibirica)* und der Seal-Lake Seehund *(Phoca vitulina mellonae).* Die Baikal-Ringelrobben leben im sowjetischen Baikal-See (31 500 Quadratkilometer groß und mit 1741 Metern der tiefste See der Erde). Ihre Zahl wird auf 500 000 geschätzt. Der Seal-Lake-Seehund lebt im Lower Seal-Lake, 150 Kilometer von der Ostküste der USA entfernt, in 250 Meter Höhe. Es gibt keinen Verbindungsweg zum Meer.

Am tiefsten tauchen kann die Weddelrobbe *(Leptonychotes weddelli).* Auf der Jagd nach Fischen erreicht sie Tiefen bis zu 300 Metern. Sie ist auch die Robbe, die am längsten tauchen kann: Ohne Frischluftzufuhr hält sie es 40 Minuten unter Wasser aus. Sie kann dabei eine Strecke von 20 Kilometern zurücklegen.

Nur in den Tropen leben die Mönchsrobben *(Unterfamilie Monachinae).* Sie sind die einzigen Robben, die wärmere Gewässer bevorzugen. Sie kommen im Karibischen Meer, im Golf von Mexiko und vor den Küsten der Inseln Haiti und Jamaica vor.

Als einzige ein Ultra-Schall-System haben die Roßrobben *(Ommatrophoca rossi).* Sie »grasen« regelrecht auf dem Meeresgrund und orten in großen Tiefen Seetang und Weichtiere durch Ausstoßen von hohen Tönen, deren Reflektion der Robbe die Lage des Futters anzeigen. Es existieren auf der Welt lediglich noch 15 000 Roßrobben.

Die nächsten Verwandten der Robben sind die Bären *(Ursinae).* Sie haben gemeinsame Vorfahren, die Robben haben sich lediglich im Laufe der Jahrmillionen dem Wasserleben angepaßt.

Die einzige ständig im Wasser lebende Robbe ist die Sattelrobbe *(Pagophilus groenlandicus).* Sie erreicht ein Gewicht von 4 Zentnern und wird bis zu 2 Meter lang. Sattelrobben sind Herdentiere; sie können im Wasser ruhen und schlafen. Ihre Jungen bringen sie auf den Eisflächen der Nordmeere zur Welt. Nach der Geburt der Jungen paaren sich die Sattelrobben erneut. Während dieser Zeit liegen die neugeborenen Seehunde schutzlos auf den Eisfeldern. Der Pelz der Jungen ist sehr begehrt; jährlich werden mehrere hunderttausend Jungrobben von Robbenjägern mit Knüppeln erschlagen. Vor Labrador und Neufundland wurden Massenschlächtereien veranstaltet. Bei einer Untersuchung wurde festgestellt, daß mehr als 60 Prozent der Tiere ihr Fell bei lebendigem Leib abgezogen bekommen; sie waren nur betäubt. Im Jahre 1960 wurde der Bestand von Sattelrobben auf 4 Millionen geschätzt, heute leben noch 1,2 Millionen.

Kriechtiere

Die einzige ständig im Meer lebende Echse ist die Schwarze Meerechse *(Amblyrhynchus cristatus).* Diese Echse (1 Meter lang und bis 10 Kilogramm schwer) lebt nahe den Galapagos-Inseln im Pazifischen Ozean. Ihr Kopf trägt einen Panzer von harten spitzen Schuppen. Auf dem Rücken haben diese Echsen - gleich einem Drachen - einen langen Kamm mit Dornen. Obwohl sie Lungenatmer sind, schwimmen sie unter Wasser weite Strecken, entfernen sich jedoch nie aus der Küstennähe.

Die stärksten Echsen sind die Brillenkaimane *(Gattung Caiman).* Besonders ihre Kiefernkraft ist ungewöhnlich ausgebildet. 1946 fing ein Amerikaner einen solchen Kaiman in den Sümpfen Floridas. Das Tier war 1,35 Meter lang und wog 45 Kilogramm. Der Fänger steckte diesem Kaiman einen Eisenstab quer in den Rachen. Das Tier biß so stark zu, daß die beiden oberen Backenzähne durch die Knochen hindurch 1,5 Zentimeter aus dem Kopf heraustraten. Brillenkaimane (Länge bis 5 Meter) leben in den langsam fließenden Gewässern Mittel- bis Südamerikas.

Das größte Krokodil ist das Orinoko-Krokodil *(Crocodylus intermedius).* Es erreicht eine Gesamtkörperlänge von 8 Metern und ein Gewicht von 22 Zentnern. Dieses Krokodil lebt in den Flußgebieten des Orinoko und des Amazonas in Südamerika.

Das kleinste Krokodil ist der Keilkopf-Glattstirn-Kaiman *(Paleosuches arigonatus).* Er wird 1 Meter lang und lebt in Südamerika.

Das schwerste Krokodil erlegte der Jäger Herman Besser am 5. März 1903 am Mbaka-Fluß in Tansania. Das Krokodil *(Crocodylus niloticus)* maß vom Kopf bis zur Schwanzspitze 7,60 Meter. Der Bauchumfang an der dicksten Stelle betrug 4,26 Meter; der Schädel war 140 Zentimeter lang und 95 Zentimeter breit. Es wog 23 Zentner.

Das höchste Lebensalter unter den Echsen erreichen die Krokodile *(Crocodylia).* Ihr Lebensalter kann 95 Jahre betragen. Dieses gilt anscheinend nur für die Gefangenschaft in menschlicher Obhut. Ein Krokodil wächst nach den Jugendjahren, in denen es 60 Zentimeter lang wird, pro Jahr lediglich 9 Zentimeter. Es wurden bereits Krokodile von 8 Meter Länge auf freier Wildbahn beobachtet.

Am längsten ohne Nahrung können die Nil-Krokodile *(Crocodylus niloticus)* bleiben. Der Rekord steht bei 620 Tagen, die ein gefangenes, 4,22 Meter langes Nil-Krokodil die Nahrung verweigerte. Normalerweise verbraucht ein solches Krokodil in 150 Tagen einmal sein Eigengewicht an Nahrung.

Der größte Molch ist der Aalmolch *(Amphiumidae).* Er lebt im südlichen Teil der Vereinigten Staaten und erreicht eine Länge von 1 Meter. Der größte europäische Molch ist der spanische Rippenmolch *(Pleurodeles waltl).* Er wird 30 Zentimeter lang.

Der kleinste Molch ist der Fadenmolch *(Triturus helveticus).* Er wird nur 7 Zentimeter lang.

Der widerstandsfähigste Molch ist der Sibirische Winkelzahnmolch *(Hynobius keyserlingii).* Er überschreitet als einziger Molch den 66. Grad nördlicher Breite und lebt praktisch auf dem Kältepol der Erde (Stadt Werchojansk). Es wird berichtet, daß ein solcher Sibirischer Winkelzahnmolch 100 Jahre eingeschlossen im Ewigen Eis überlebte. Bei Bauarbeiten wurde er in einem Eisklumpen in 10 Meter Tiefe gefunden.

Das prächtigste Hochzeitskleid unter den Molchen legt der Ophrytische Bandmolch *(Triturus vettatus ophryticus)* an. Er vereinigt 8 leuchtende Farben während der kurzen Zeit der Werbung um ein Weibchen auf der Oberfläche seines Körpers.

Der größte Salamander ist der Japanische Riesensalamander *(Andrias japonicus).* Er erreicht eine Länge - von Kopf bis Schwanzspitze - von 1,70 Meter und ein Gewicht von 11 bis 13 Kilogramm. Er lebt lediglich auf den japanischen Inseln. Der größte europäische Salamander ist der Feuersalamander *(Salamandra salamandra).* Er wird in Mitteleuropa nur 19 Zentimeter lang; Abarten leben jedoch in wärmeren südöstlichen Gegenden Europas und erreichen eine Länge von 35 Zentimetern.

Der kleinste Salamander ist der mexikanische Pygmäen-Salamander *(Paruimolge townsendi).* Er lebt in Mittelamerika teilweise auf Bäumen in sehr hoch gelegenen Waldgebieten (bis zu 2000 Meter). Dieser Salamander erreicht eine Körperlänge von 4 Zentimetern.

Die langlebigsten Salamander sind die Riesensalamander *(Familie Cryptobranchidae).* Sie sind Dauerlarven und werden 50 Jahre alt.

Die meisten Eier unter den Schildkröten legen die Meeresschildkröten *(Familie Cheloniidae).* Diese Schildkröten (Länge bis 1,5 Meter) halten sich nur im Seewasser der warmen Meere auf. Zu ihnen gehörte auch die Suppenschildkröte *(Chelonia mydas).* Meeresschildkröten legen 100 Eier pro Jahr.

Die wenigsten Eier legt die Großkopfschildkröte *(Platysternon megacephalum).* Sie lebt im südöstlichen Asien. Die Weibchen legen jährlich nur 2 Eier.

Am langsamsten geschlechtsreif wird die Lederschildkröte *(Dermochelys coriacea).* Es dauert 25 Jahre, ehe sie fortpflanzungsfähig ist. Das ist unter allen Lebewesen der Welt die längste Wartezeit.

Am meisten Gift verträgt die Lederschildkröte *(Dermochelys coriacea).* Sie ernährt sich von Fischen, Weichtieren, Meerespflanzen sowie Stachelhäuten. Sie frißt auch die »Portugiesische Galeere«. Dieses Hohltier *(Gattung Physilia)* schwimmt nach Art von Quallen auf der Meeresoberfläche. Gegen das Gift der »Portugisischen Galeere« sind weder Fische noch Säugetiere gefeit. Ihr Gift lähmt das Opfer auf der Stelle. Die Lederschildkröte bevorzugt dieses niedere Tier als Nahrung, ohne Schaden zu nehmen.

Die einzige angelnde Schildkröte ist die Geierschildkröte *(Macroclemys temminckii).* Das Innere ihres Maules ist von dunkler Farbe. An der Oberseite der Zunge sitzt ein wurmartiger Fortsatz. Dieses einem Köder ähnlich sehende Körperanhängsel kann willkürlich und ruckartig bewegt werden. Fische schwimmen, in der Annahme, es sei Futter, darauf zu. Wenn sie nahe genug an dem Köder sind, schließt die Schildkröte (Gewicht bis 100 Kilogramm) das Maul und verschlingt den Fisch.

Die größte Schildkröte ist die Lederschildkröte *(Dermochlyles coriacea).* Sie ist ein Meerestier, hat eine Panzerlänge von über 2 Metern und ein Gewicht bis zu 18 Zentner. Sie kommt in allen warmen Meeren vor.

Die größte Süßwasserschildkröte ist die Arrau-Schildkröte *(Podocnemis expansa).* Sie erreicht eine Panzerlänge bis zu 1 Meter und ein Gewicht bis zu 80 Kilogramm. Beim Schlüpfen aus den Eiern sind ihre Jungen bereits 8 Zentimeter lang; schon nach einem Jahr haben sie die Länge von 25 Zentimetern erreicht.

Die giftigste Seeschlange ist die Plättchen-Seeschlange *(Pelamis platurus).* Sie ist die einzige Seeschlange, die sich weit in die Ozeane hinauswagt und bis zu 1000 Kilometer vom Festland entfernt gesichtet wurde. Die Plättchen-Seeschlange (Länge 1 Meter) lauert auf kleine Fische, beißt zu und hält sie, im Gegensatz zu anderen Schlangen, solange fest, bis sie tot sind. Bei einem kleinen Fisch dauert das zwischen 20 und 40 Sekunden. Das Gift dieser Seeschlange - sie lebt in den subtropischen Teilen des Indischen und des Stillen Ozeans - ist stärker als das Gift der Kobra. Seine Wirkung beruht auf einer Nervenlähmung des Opfers. Im Gegensatz zu Landschlangen beißen Seeschlangen nur im Augenblick der größten Gefahr zu.

Die größte Seeschlange ist die Ruderschlange *(Hydrophis spiralis).* Sie kommt von Nordost- bis Südost-Asien in Küstennähe vor und erreicht eine Länge von 3 Metern.

Fische

Die Gliederung im Tierreich am Beispiel eines Fisches, des Atlantischen Herings
(Clupea harengus)

Stamm Der Hering gehört zum Stamm der Rückgrattiere *(Chordata).* Kennzeichen dieser Tiere ist das Vorhandensein eines Stützorgans im Körper und eines Nervensystems oberhalb dieses als *Chorda dorsalis* bezeichneten Organs. Zu den *Chorda*-Tieren gehören auch die Säugetiere *(Mammalia)*, die Vögel *(Aves)* und die Kriechtiere *(Reptilia).*

Unterstamm Der Hering gehört zum Unterstamm der Wirbeltiere *(Vertebrata).* Kennzeichen dieser Tiere ist ein bewegliches Achsenskelett, die Wirbelsäule. Zu ihnen gehören auch die Vögel *(Aves),* die Säugetiere *(Mammalia)* und die Kriechtiere *(Reptilia).*

Überklasse Der Hering gehört der Überklasse der Fische *(Pisces)* an. Es sind Wirbeltiere mit zu Flossen gebildeten Gliedmaßen; ihre Haut ist mit Schuppen bekleidet. Die Atmung der Fische erfolgt meist durch Kiemen.

Klasse Der Hering gehört zur Klasse der Knorpelfische *(Chondrichthyes).* Diese Klasse ist in vier Unterklassen eingeteilt.

Unterklasse Der Hering gehört zur Unterklasse der Knochenfische *(Osteichthyes).* Kennzeichen dieser Unterklasse ist die Verknöcherung wesentlicher Teile ihres Skeletts.

Ordnung Der Hering gehört zur Ordnung der Heringsfische *(Clupeiformes).* Kennzeichen ist neben körperlichen Merkmalen die Schwarmbildung.

Familie Der Hering gehört zur Familie der Heringe *(Clupeidae)*. Von dieser Familie gibt es 6 Unterfamilien mit 70 Gattungen und 190 Arten.

Gattung Der Hering gehört zur Gattung der Heringe *(Clupea)*. Von diesen Schwarmfischen des Meeres gibt es nur zwei Arten.

Art Der Atlantische Hering *(Clupea harengus)* ist eine Art der Gattung *Clupea*. Die andere Art ist der Pazifische Hering *(Clupea pallasii)*. Zur Unterscheidung von dieser anderen Art trägt der Atlantische Hering nach dem System des schwedischen Wissenschaftlers Linné (1707–1778) neben seinem Gattungsnamen *Clupea* auch noch den Artnamen *harengus*. Jede Tierart wird nach dem Linné'schen System mit zwei Namen bezeichnet.

Das höchste Alter erreicht der europäische Aal *(Anguilla anguilla).* Er wird bis zu 90 Jahre alt, gefolgt vom Stör *(Acipenserinae)* mit 70, dem Heilbutt *(Hippoglossus hippoglossus)* mit 65 und dem Hecht *(Esox lucius)* mit 55 Jahren.

Die besten Angler unter den Salzwasserfischen sind die Seeteufel *(Unterordnung Lophioidei).* Die Fische werden bis zu 1,80 Meter lang; die Hälfte ihrer Länge nimmt davon das Maul ein. Die Seeteufel haben einen platten Kopf, ihre Körper verjüngen sich nach hinten und enden in einem winzigen Schwanz. Seeteufel sind langsame Fische und wären zur Nahrungssuche unfähig, würden sie nicht über eine außergewöhnliche Rückenflosse verfügen. Deren erster Flossenstrahl ist so abgewandelt, daß er eine Angelrute bildet. Das äußerste Ende dieser umgewandelten Flosse ist mit einem kugeligen Kopf versehen. Diese Angelrute kann vom Seeteufel unmittelbar vor seinem Maul nach allen Richtungen bewegt werden. Dabei dient der Kugelkopf als Köder für andere Fische. Der Seeteufel (Gewicht bis 25 Kilogramm) liegt still auf dem Meeresgrund. Nähert sich ein Fisch, von diesem leuchtenden Köder angelockt, öffnet der Seeteufel das Maul. Er saugt das gesamte Wasser vor seinem Maul ein, einschließlich des Fisches. Sein Maul ist auf die Erfassung der Beute eingerichtet. Das eingesogene Wasser – mit dem »geangelten« Fisch – gelangt direkt in den Magen. Zu den Besonderheiten des Seeteufels gehört eine Umwandlung der Brustflosse zu Gehorganen. Er kann auf dem Meeresgrund kriechen und laufen.

Die größten Ansammlungen unter den Fischen bilden die Dreistacheligen Stichlinge *(Gasterosteus aculeatus).* Die nur 3 Zentimeter großen Fische kommen vor den Küsten in Schwärmen von mehr als 500 Milliarden Einzeltieren (geschätzt) vor.

Die listenreichste Art der Besamung praktizieren die afrikanischen Maulbrüter *(Haplochromis burtoni).* Das Männchen hat auf der hinteren Flosse Ei-Attrappen. Das Weibchen will nicht viel mit dem Männchen zu tun haben. Wenn das Weibchen die Eier gelegt hat, versucht sie, diese mit dem Mund vom Boden aufzunehmen, um sie im Maul auszubrüten. Diesen Augenblick nutzt das Männchen: Es besamt den leeren Boden und legt seine eiervortäuschende Flosse darüber. Das Weibchen versucht, auch diese Attrappen aufzunehmen. Dadurch bekommt sie das Sperma des Mannes ins Maul – die Eier werden dort besamt.

Der einzige Arzt unter den Fischen ist der Billum. Der 6 bis 7 Zentimeter große Süßwasserfisch lebt in Südamerika. Die Eingeborenen Südamerikas werden sehr oft von Zecken angefallen, die sich unter die Haut bohren. Es ist für einen Arzt unmöglich, diese Zecken aus dem Körper zu entfernen, sie verursachen Entzündungen. Um Abhilfe zu schaffen, legen sich die Indianer ins flache Wasser der Flüsse. Billum-Schwärme umkreisen den menschlichen Körper und ziehen mit ihren Zähnen die Leiber der Zecken aus den Menschen. Nach wenigen Minuten entsteigt der Indianer unverletzt dem Wasser, befreit von Zecken.

Die merkwürdigste Brutmethode unter den Fischen haben die Buntbarsche *(Familie Cichlidae).* Es gibt von den Neuweltlichen und den Altweltlichen Buntbarschen mehr als 600 Arten, von 5 bis 70 Zentimeter Länge. Alle haben eines gemeinsam: Das Buntbarschweibchen legt die Eier, anschließend werden sie von dem Buntbarschmann besamt. Nach diesem Vorgang nimmt das Weibchen die befruchteten Eier ins Maul und bewahrt sie dort auf. Der Buntbarsch verfügt – durch eine Sonderkonstruktion der Kiemen – über einen Atemwasserstrom, der die Eier ständig durcheinanderwirbelt und somit mit Sauerstoff versorgt. Zwischen Eiablage und Schlüpfen vergehen 5 Tage; während dieser Zeit trägt der Buntbarsch die Eier im Maul. Nach dem Schlüpfen behält der Buntbarsch die lebenden Jungen noch weitere 10 Tage im Maul, bis sie groß genug sind, um frei herumzuschwimmen.

Den längsten Darm unter allen Fischen haben die Meeräschen *(Familie Mugilidae).* Sie sind Küstenfische aller tropischen und gemäßigten Meere und fressen Plankton, Schnecken, Algen und Muscheln. Dabei saugen sie den Meeresboden in einer bei Fischen unüblichen Körperhaltung ab: Ihr Leib bildet einen Winkel von 45 Grad gegen den Boden. Ihre Nahrung verdauen sie in einem Kaumagen, der innen mit Horn besetzt ist. Der Darm dieser Fische ist siebenmal so lang wie der Fisch selbst. Das entspricht einer Länge von 4 bis 7 Metern.

Die besten Dienstboten sind die Putzerlippfische *(Labroides dimitiatus)*. Diese Fische werden 13 Zentimeter lang. Sie schwimmen auf Raubfische zu. Damit sie nicht als Beute betrachtet und versehentlich gefressen werden, führen sie vor dem Raubfisch einen eigenartigen Tanz auf, der dem Raubfisch (bis zu 2 Meter lang) zu verstehen gibt, daß der kleine Fisch nur »Dienstbote« ist. Der Putzerlippfisch stößt danach mit seinem Mund gegen das weitaus größere und breitere Maul des »Kunden« und schwimmt in dessen Maul hinein. Der große Fisch muß von diesem Moment an für den eigenartigen Dienstboten mitatmen. Er zieht kräftig Wasser durch die Kiemen, damit der kleine Fisch auch atmen kann. Der Putzerlippfisch säubert das Maul des Raubfisches von Resten, die diese Fische sonst nicht loswerden könnten. Auch die Flossen und der Körper werden von Wasserparasiten befreit. Die Putzerlippfische haben in den Korallenriffen der tropischen Meere regelrechte »Salons«, in denen sich große Barsche und andere Raubfische einfinden. Dabei geben die Kunden dem Dienstboten Signal: Ein Klappen mit den Kiemendeckeln bedeutet für die Putzerlippfische eine gefahrlose Aufforderung zur Reinigung. Es existiert noch eine andere Art von Putzerlippfischen, die aber keinen so großen Kundenkreis haben. Es sind die Meerschwalben *(Labroides dimidiatus)*. Grund dafür ist ein anderer Fisch, der Säbelzahn-Schleimfisch *(Aspidontus taeniatus)*. Dieser hat die gleiche Größe (8 Zentimeter) wie die Meerschwalbe und verfügt auch über die gleiche Farbe. Er nähert sich den großen Fischen, die von Parasiten gesäubert werden wollen, mit den eigentümlichen, nur den Putzerfischen zugerechneten, wippenden Schwimmbewegungen. Die Raubfische halten still. Diesen Moment benutzt der Säbelzahn-Schleimfisch, um auf diesen Fisch zuzuschießen und ihm große Stücke der Flossen und des Schwanzfleisches herauszureißen. Der Fisch lebt nur von dieser Art Beute.

Die größten Eier nicht nur unter den Fischen, sondern unter allen lebenden Tieren der Welt, legt der Walhai *(Rhinocodon thypus)*. Die Eier sind bis zu 35 Zentimeter lang, ihr Inhalt entspricht dem von 160 Hühnereiern.

Die meisten Eier unter den Fischen legt der Atlantische Lachs *(Salmo salar)*. Nach der Wanderung von den Flüssen und Seen zu seiner Geburtsregion legt ein Lachs ein einziges Mal in seinem Leben 28 Millionen Eier. 99 Prozent davon werden Opfer von Raubfischen oder gehen zugrunde. Der Fisch, der der Eierproduktion des Lachses am nächsten kommt, ist der Kabeljau *(Gadus morhua):* Er bringt es auf eine Eierproduktion von 9 Millionen Stück pro Jahr, legt allerdings diese Anzahl bis zu 4mal in seinem Leben.

Die wenigsten Eier legt der Grauhai *(Hexancus griseus)*. Während eines Jahres entläßt das Weibchen dieser Haiart (bis 8 Meter lang) 2 Eier aus dem Körper, die sich an Felsvorsprüngen unter Wasser oder an Wassergewächsen festsetzen. Die Eier bleiben bis zum Ausschlüpfen der Jungen dort haften.

Über die beste Elektroortung verfügt der Nilhecht *(Gymnarchos niloticus)*. Dieser Fisch baut ein »Niederspannungsfeld« auf, in dem er ununterbrochen elektrische Impulse aussendet. Diese Elektrosignale – 300 pro Sekunde – haben eine Spannung zwischen 2 und 7 Volt. Dabei bildet der Fisch mit seinem eigenen Leib die Pole: Der Schwanz wird negativ und der Kopf positiv. Durch dieses aufgebaute Elektrofeld kann der Nilhecht seine Beute orten und lokalisieren. Eine Elektroortung oder Funkmeßanlage für menschliche Verwendung besteht aus Sender, Antennenanlage und dem Empfänger mit komplizierten Auswertungsgeräten. Die Laufzeit der Impulse – also die Zeit bis zu ihrer Reflektion und die Richtung, aus der die Signale zurückgeworfen werden – ermöglichen eine genaue Ortsbestimmung (Schiffe, Flugzeuge). Auf die gleiche Art, aber nur durch die Einrichtung seines Körpers, ortet der Nilhecht ohne Zuhilfenahme seiner Augen Gegenstände oder Beute von 1 Millimeter Durchmesser auf eine Entfernung von 10 Metern.

Der einzige blinde Fisch ist die Schäfergrundel *(Typhleotris madagascariensis)*. Sie erreicht eine Größe von 60 Zentimetern. Schäfergrundeln dieser Art kommen lediglich in einer Grotte im Süden der Insel Madagaskar vor. Der farblose Fisch ist mit Tastorganen kompliziertester Art ausgestattet, die es ihm sogar ermöglichen, die Stärke einer Strömung festzustellen. Hochempfindliche Organe ersetzen das Augenlicht.

Der einzige Fisch mit flüssigem Fleisch ist die Wasserkatze *(Anarrhichas latifrons)*. Wasserkatzen sind Fische von gedrungener Gestalt, die bis in 800 Meter Meerestiefe leben. Ihre Nahrung besteht aus Stachelhäutern und Tiefseequallen. Wird eine Wasserkatze (Länge 1 Meter) gefangen und aus ihren natürlichen Tiefen an die Oberfläche gebracht, verflüssigt sich ihr Fleisch innerhalb von 2 Stunden, es bleibt lediglich das Skelett übrig.

Die größten giftigen Fische sind die Stachelrochen *(Dasyatidae)*. Sie erreichen eine Spannweite bis zu 5 Meter und ein Gewicht von über 1000 Kilogramm. Der Schwanz (Länge 1 Meter) dieser Rochen ist sehr dünn und mit zahlreichen Stacheln besetzt. Jeder Stachel hat zwei Rinnen, welche in Giftdrüsen münden. Beim Beutefang oder bei Verteidigung schlagen die Fische mit dem stachelbewehrten Schwanz um sich. Wird ein Lebewesen getroffen, fließt das Gift der Drüsen sofort in den getroffenen Körper. Es lähmt Fische auf der Stelle und ist auch für Säugetiere gefährlich. Das Gift eines Stachelrochens kann durch seine Wirkung auf das Nervensystem einen Menschen töten.

Der kleinste giftige Fisch ist die Viperqueise *(Trachimus vipera)*. Dieser Fisch wird auch Stachelfisch oder Seekatze genannt. Er wird nur 15 Zentimeter lang und kann sich mit seinen Brustflossen in den Sand eingraben. Nur der Kopf, die Augen und die Rückenflossen ragen heraus. Die Viperqueise hat Stacheln auf dem Kopf, auf den Rückenflossen und an jedem Kiemendeckel. Jeder einzelne Stachel besitzt eine Rinne, jede Rinne mündet in eine von den anderen unabhängige Giftdrüse. Damit tötet die Viperqueise kleine Fische und Garnelen. Menschen, die auf sie treten oder versuchen, sie mit der Hand hochzuheben, erleiden durch die Stacheln bösartige Entzündungen, die teilweise zu Lähmungen führen.

Der kleinste Fisch ist die Grundel *(Mistichthys luzomensis)*. Sie lebt in riesigen Schwärmen vor den Küsten der Philippinen und wird als Nahrungsmittel erbeutet. Eine ausgewachsene Grundel wird 11 Millimeter lang.

Der meistgefangene Fisch der Welt ist der Atlantische Hering *(Clupea harengus)*. Heringe erreichen eine Länge bis zu 30 Zentimeter und ernähren sich von Plankton. Der Fang von Heringen wird das erstemal 709 nach Christus in einer englischen Chronik erwähnt. Um 1290 war Hamburg der wichtigste Umschlagplatz für Heringe. Mit der Erfindung des Schleppnetzes (1913) stiegen die Fangerträge an. Durch den Gehalt an Mineralstoffen ist der Hering zum wichtigsten Volksnahrungsmittel geworden. Er hat nach dem Aal *(Anguilla anguilla)* den höchsten Nährwert unter den Fischen. Jährlich werden zwischen 23 und 32 Millionen Tonnen Heringe gefangen.

Die bestausgerüsteten Fischer sind die Zitterrochen *(Torpedinoidei)*. Sie werden bis zu 1,80 Meter lang und fischen mittels Elektrizität. Der Fisch ist in der Lage, das Wasser seiner Umgebung unter eine Stromspannung von 220 Volt zu versetzen. Dadurch werden in seinem Umkreis augenblicklich alle Fische betäubt, der Zitterrochen kann sich in Ruhe seine Beute aussuchen. Im Magen gefangener Zitterrochen wurden 5pfündige Lachse und Katzenhaie von 8 Pfund gefunden. Die Methode des Zitterrochens wird seit 1920 von den Menschen angewandt: Teiche und Seen werden elektrisch abgefischt. Seit 15 Jahren wird durch Eintauchen elektrisch geladener Metallstäbe in abgegrenzte Wasserbezirke auch Hochseefischerei betrieben.

Das kleinste Gehirn im Verhältnis zu seiner Körpergröße hat der Quastenflossler *(Latimeria chalumnea)*. Bei einem Gewicht von 45 Kilogramm beträgt das Gewicht seines Gehirns nur 3 Gramm.

Am langsamsten geschlechtsreif wird der Aal *(Anguilla anguilla)*. Er braucht 22 Jahre, ehe er in der Lage ist, sich zu vermehren.

Am schnellsten geschlechtsreif unter den Fischen werden die Guppys *(Poecilia reticula-*

ta). Die Guppys sind die am häufigsten in Aquarien gehaltenen Zierfische (Länge des Männchens 3 Zentimeter, Länge des Weibchens 6 Zentimeter). Sie sind zwei Monate nach der Geburt fortpflanzungsfähig. Das Guppyweibchen bringt alle vier Wochen 10 bis 100 lebende Junge zur Welt. Die Fische leben in Venezuela sowie auf den Inseln Barbados und Trinidad.

Der gefährlichste Hai ist der Weißhai *(Carcharodom carcharias).* Er erreicht eine Länge von 12 Metern und ein Gewicht von 70 Zentnern. Der Hai ist - trotz seines Namens - nicht weiß, sondern seine Haut ist in Grau- und Blautönen gefärbt. Er greift Haie seiner eigenen Art bis zu 3 Meter Länge an, jagt Schildkröten, Delphine und Robben. Er folgt auch Schiffen wegen des Abfalls bis in Küstennähe. Er ist für badende Menschen sehr gefährlich. weil er sofort angreift. Ein Weißhai von 6 Meter Länge kann einen Menschen unzerkaut verschlucken. Der Weißhai kommt häufiger in warmen Gewässern vor; hauptsächlich vor der australischen und südafrikanischen Küste.

Der größte Hai ist der Walhai *(Rhincodon typus).* Er erreicht eine Länge von 18 Metern und ein Gewicht von 120 Zentnern. Walhaie sind für den Menschen ungefährlich.

Der kleinste Hai ist der schwarze Dornhai *(Etmopterus spinax).* Er ist ein Bewohner des Atlantiks und wird im ausgewachsenen Zustand höchstens 45 Zentimeter lang. Das Tier ist ein Grundhai und ernährt sich von kleinen Krebsen und Tintenfischen.

Der seltenste Hai ist der atlantische Falsche Marderhai *(Pseudotriakis midrodon).* Er kommt vor der Küste Portugals, bei Island und an der nordamerikanischen Küste vor. Er erreicht eine Länge bis zu 3 Metern und hält sich in Tiefen bis zu 1800 Metern auf. Bisher wurden auf der Welt nur 10 Exemplare des atlantischen Falschen Marderhaies gefangen.

Der am weitesten verbreitete Hai ist der Schokoladenhai *(Balatias licha).* Er ist schokoladenbraun und kommt in Tiefen bis zu 1000 Meter vor. Er lebt in allen Weltmeeren (Länge 1,5 Meter).

Die meisten Eier unter den Haien birgt der Sechskiemer *(Hexanchus corinus)* im Leib. Diese Haie, die über sämtliche Ozeane verbreitet sind, haben bis zu 120 Keimlinge in sich. Jedoch gebären sie ovovivipar, das heißt, daß ihre Jungen im Leib der Mutter bereits leben und lebend zur Welt kommen.

Die größten Schulen bildet der Riesenhai *(Cetorhinus maximus).* Bis zu 300 Haie schwimmen in einer »Schule« zusammen. Der Riesenhai erreicht eine Länge von 15 Metern und ein Gewicht bis zu 100 Zentner. Eine Eigenart dieses Haies ist es, mit offenem Maul durch das Wasser zu schwimmen. Bei einer Stundengeschwindigkeit von 3 bis 5 Kilometern filtert ein ausgewachsenes Exemplar dieser größten Haiart 1500 Tonnen Wasser je Stunde durch seine Kiemen. Er nimmt alles auf, was sich in seiner Schwimmrichtung befindet: Krebse, Plankton, kleine Fische, Eier und Larven. Im Gegensatz zum Weißhai ist dieser Hai kein Raubfisch. Er ist für Menschen nicht gefährlich. Der Riesenhai kommt von den Küsten Afrikas bis Norwegen vor.

Der beste Hochspringer unter den Fischen ist der Meeresteufel *(Mobula mobulae).* Dieser Rochen hat eine Spannweite bis zu 6 Meter und ein Gewicht bis zu 25 Zentner. Er ernährt sich vorwiegend von Plankton. Die Meeresteufel entwickeln unter Wasser eine sehr hohe Geschwindigkeit und schwimmen meist mit offenem Maul, ihr Futter einsaugend. Wenn ein Meeresteufel aus dem Wasser schnellt, erreicht er bei seinem Hochsprung mehr als das Doppelte des menschlichen Hochsprunges: Der Rekord steht bei 2,34 Meter, der Meeresteufel springt 5,20 Meter hoch. Die Sprünge geschehen jedoch aus einem Zwang heraus. Eine kleine Art von Schmarotzern, die Puderfüßer *(Copepoda),* peinigen seinen Körper. Durch die Sprünge versucht der Meeresteufel, diese Schmarotzer loszuwerden.

Am längsten hungern kann der Karpfen *(Cyprinus carpioo).* Er bleibt bis zu 320 Tagen ohne Fressen. Ein Mensch kann höchstens 63 Tage ohne Nahrung - aber bei Flüssigkeitszufuhr - überleben.

Der mörderischste Kampf innerhalb eines Körpers spielt sich im Leib des Blauhais *(Prionace glauca)* ab. Die Blauhaie werden 6 Meter lang. Mit 2 Jahren ist das Weibchen geschlechtsreif. Die Jungen entwickeln sich im Mutterleib - 50 lebende Blauhaie. Aber nur 2 von ihnen, etwa 60 bis 70 Zentimeter lang, kommen lebend auf die Welt. Jeweils die Schwächeren werden von den Stärkeren im Mutterleib aufgefressen. Die Geschwister sind die einzige Nahrung der Ungeborenen.

Die unermüdlichsten Kämpfer sind die Kampffische *(Gattung Betta)*. Sie leben im Malaiischen Archipel und in Südostasien. Wenn zwei Männchen um ein Weibchen werben, kämpfen die Fische bis zum Tode des Gegners. In Mexiko wird die Kampfbereitschaft der Fische zu öffentlichen Wetten benutzt. Zuschauer lassen zwei Männchen in einem Glas kämpfen und schließen Geldwetten ab, welcher der beiden gewinnen wird. Der bekannteste Kampffisch Europas ist der *Betta splendens*. Er erreicht eine Länge bis zu 6 Zentimeter. 1893 wurde er nach Frankreich und 1896 nach Deutschland eingeführt. Seitdem wird er in zahlreichen Privataquarien gehalten.

Der einzige Küsser unter den Fischen hat den lateinischen Namen *Helostoma temmincki*. Der Küsser gehört zur Familie der Küssenden Guaramis *(Helostomatidae)*, erreicht eine Länge von 30 Zentimetern und ein Gewicht von 1000 Gramm. Einzigartig unter den Fischen ist die Art des Werbungsspiels der Küsser um das Weibchen. Das werbende Männchen versucht, den Mund des Weibchens zu erreichen. Schafft er es, dann drückt auch das umworbene Weibchen als Zeichen des Einverständnisses seine Lippen auf die des Männchens. Bis zu 10 Minuten »küssen« sich die Fische mit aufeinandergepreßten Lippen und schwimmen hin und her.

Die eigenartigste Körperform hat der Kofferfisch *(Ostraciontidae)*. Sein Leib wird von einem harten und sehr festen Panzer gebildet und besitzt das Aussehen eines Handkoffers. Kofferfische werden bis zu 1,80 Meter lang.

Die kürzeste Lebensdauer des Samens haben die Fische. Bei Säugetieren, einschließlich dem Menschen, bleibt das Sperma im Körper des weiblichen Tieres bis zu 48 Stunden am Leben. Der Samen eines Fisches verliert seine Kraft zwei Minuten, nachdem er den Körper des Männchens verlassen hat.

Die kürzeste Lebenserwartung unter den Fischen haben die Nudelfische *(Familie Salangidae)*. Diese Fische, die von der Mündung des Armur bis weit nach Asien hinein beheimatet sind, sterben nach dem Ablaichen im Alter von einem Jahr.

Die einzigen an Land lebenden Fische sind die Schlammspringer *(Periophthalmus)*. Sie kommen an den indischen, afrikanischen und australischen Küsten vor und halten sich mehr auf dem schlammigen Ufer als im Wasser auf. Ihre Flossen sind fußartig umgebildet; sie laufen auf ihnen wie eine Eidechse.

Die beste Nase unter den Fischen hat der Atlantische Lachs *(Salmo salar)*. Die Nasengruben des Lachses liegen getrennt voneinander in Röhren, das Wasser strömt durch. Die Röhren sind mit einer Riechschleimhaut ausgekleidet, auf die das Geruchsvermögen des Lachses zurückzuführen ist. Wird ein Lachs einmal vom »Duft« seines Flusses geprägt - das heißt, er hat die Summe der spezifischen Gerüche seines Heimatflusses aufgenommen -, kann er selbst aus mehreren 1000 Kilometern Entfernung zu seinem Fluß »zurückriechen«. Das ist unter den Fischen einmalig.

Das größte elektrische Organ im Körper hat der Große Zitteraal *(Electrophorus electricus)*. Es macht 60 Prozent des Leibes dieses bis zu 2 Meter langen Meeresfisches aus. Das Organ besteht aus zwei seitlich im Körper liegenden Muskelsträngen. Jeder dieser Stränge besteht aus einem Bündel von kleinen elektrischen Leitungen, insgesamt 6000. Jeder dieser Stränge kann eine Spannung von 0,1 Volt produzieren. Wenn der Zitteraal, vom Gehirn aus gesteuert, seine elektrischen Drähte aktiviert, kann eine Spannung vom Dreifachen einer normalen Haushaltsspannung, also 600 Volt, erzeugt werden. Die Stromstärke hat ein Ampere. Es genügt, um eine normale Glühbirne zum Aufleuchten zu bringen. Der Fisch kann ein elektrisches Feld von 1,80 × 1,80 Meter aufbauen. Selbst für ein großes Säugetier, das in dieses Spannungsfeld gerät, ist der Schlag tödlich. Der Große Zitteraal ist in der Lage, dieses Elektrofeld nach einer Entladung 150mal in einer Stunde wieder aufzubauen. Das Organ des Zitteraals dient in erster Linie der Verteidigung, in zweiter Linie dem Beutefang. - Die Nutzung der Elektrizität durch den Menschen ist 100 Jahre alt. Der Zitteraal existiert seit 120 Millionen Jahren.

Der größte Rochen ist der Riesenmanta *(Manta birostris).* Er lebt nur in tropischen Meeren. Seine Spannweite beträgt bis zu 7,50 Meter, sein Gewicht 2000 Kilogramm.

Der größte Salzwasserfisch ist der Walhai *(Rhincodon typus).* Entdeckt wurde er zum erstenmal 1828 vor den Küsten Südafrikas. Das größte Exemplar wurde am 5. September 1919 im Golf von Siam gefangen, war 18 Meter lang und wog 23 000 Kilogramm. Der Walhai ernährt sich von Fischen, kleinen Tintenfischen, Krabben, Quallen und auch Plankton. Im Gegensatz zu anderen Haien hat der Walhai winzig kleine Zähne - aber davon sehr viele: Ein Exemplar von 13 Meter Länge besitzt zwischen 6000 und 8000 solcher Zähne.

Der kleinste Salzwasserfisch ist die Zwerggrundel *(Eviota zonura).* Der Fisch lebt in riesigen Schwärmen vor den Küsten der Marshall-Inseln. Ausgewachsen wird dieser Fisch 16 Millimeter lang und wiegt 2 Tausendstelgramm. 325 000 Zwerggrundeln wiegen soviel wie eine Portionsforelle. Die Zwerggrundel ist das leichteste auf der Erde lebende Wirbeltier.

Der größte Süßwasserfisch ist der Hausen *(Huso huso),* eine Störart. Das größte Exemplar - im Jahre 1956 in Osteuropa gefangen - war 8,5 Meter lang und hatte ein Gewicht von 1300 Kilogramm. Die Hausen sind die Lieferanten des berühmten Beluga-Kaviars.

Der kleinste Süßwasserfisch der Welt lebt in den Flüssen der Philippinen. Er heißt *Pandaka pygmaea* und wird ausgewachsen 10 Millimeter lang. Sein Höchstgewicht beträgt 6 Tausendstelgramm. 166 000 dieser Fische wiegen 1 Kilogramm. Die *Pandaka pygmea* ist das kürzeste aller auf der Erde lebenden Wirbeltiere.

Der beste Schütze und auch der einzige unter den Fischen ist der Schützenfisch *(Toxotes jaculator).* Er hat eine Länge zwischen 8 und 10 Zentimeter und lebt in den Meeresgewässern Asiens. Der Schützenfisch ernährt sich von Insekten, die sich über der Wasserfläche aufhalten. Durch ein blitzschnelles Zuklappen der Kiemendeckel wird der Druck im Maul des Fisches so erhöht, daß ein bis zu 1,70 Meter langer Wasserstrahl herausschießt. Damit »schießt« er die Beute auf die Wasseroberfläche. Der Schützenfisch kann - ohne abzusetzen - bis zu 7mal hintereinander schießen.

Die ausdauerndsten Schwimmer sind die Aale *(Familie Anguillidae).* Aus einem Instinkt heraus ziehen die Aale aus den Flüssen zum Meer und zur Sargasso-See, einer Region von rund 8 Millionen Quadratkilometern, voll von schwimmendem Tang. Die Aale sind dafür etwa 9 Monate unterwegs und legen runde 10000 Kilometer zurück. In der Sargasso-See laichen sie, die alten Tiere sterben. Die Jungtiere ziehen in die Heimatgewässer ihrer Eltern zurück; sie brauchen zu dieser Strecke etwa 3 Jahre. Ein ausgewachsener Aal wurde vor den Bahama-Inseln gefangen, markiert und wieder ausgesetzt. 49 Tage später wurde er 8000 Kilometer weiter bei Bergen, vor der Westküste Norwegens, gefangen. Die zurückgelegte Strecke erfordert eine Tagesleistung von 163 Kilometern.

Der schnellste Schwimmer unter den Fischen ist der Schwertfisch *(Xiphias gladius).* Er hat eine Länge bis zu 5 Meter und ein Gewicht bis zu 8 Zentner. Ein Schwertfisch ist in der Lage, auf 1500 Meter Distanz eine Geschwindigkeit von 96 Kilometern in der Stunde zu erreichen. Der menschliche Weltrekord liegt bei 15 Minuten, 28 : 92 Sekunden. Diese olympische Strecke legt der Schwertfisch in 60 Sekunden zurück. Gefolgt wird der Schwertfisch vom Thunfisch *(Gattung Thunnus).* Einzelne Arten erreichen eine Länge von 5 Metern und ein Gewicht von 900 Kilogramm. Der Rote Thunfisch *(Thunnus thynnus)* erreicht eine Geschwindigkeit von 75 Stundenkilometern und würde die 1500-Meter-Freistilstrecke in 1 Minute, 25 Sekunden zurücklegen.

Die beste Tarnung hat die Scholle *(Pleuronec-*

tidae). Als Jungfische schwimmen Schollen wie andere Fische und haben eine normale Farbe. Nach Erreichen eines Alters von 1½ Jahren gehen sie zu einer anderen Lebensweise über: Sie legen sich auf den Meeresgrund und lauern auf Beute. Mit Beginn dieser Lebensweise verändert sich der Körper der Scholle: Das Auge und die Brustflosse wandern auf die Oberseite. Das Maul macht eine Drehung von 90 Grad. Die untere Körperseite bleibt ungefärbt. Auf der oberen Körperseite kann die Scholle jetzt jede Färbung annehmen, die ihre Umgebung hat. Das geht so weit, daß eine Scholle, die in einem Aquarium mit einem Schachbrettmuster gehalten wird, spätestens nach zwei Stunden auf der Oberfläche ein Schachbrettmuster zeigt. Die Schollen nehmen ihre Umgebung mit dem Auge nicht wahr, das Verändern - die Tarnung - geschieht automatisch durch die Umweltreizung ihrer Nerven.

Die merkwürdigste Verteidigungsart hat der Igelfisch *(Diodontidae).* Sein zylindrisch geformter Körper (Größe 10 Zentimeter bis 1 Meter) ist über und über mit nach hinten gerichteten Stacheln besetzt. Im Falle eines Angriffes kann der Igelfisch blitzschnell große Mengen Wasser schlucken, das seinem Körper eine kugelförmige Gestalt gibt. Dadurch richten sich die Stacheln auf. Es ist keinem Raubfisch möglich, den lebenden Stachelball zu verschlingen. Der Igelfisch ist - wenn er an der Oberfläche ist - auch in der Lage, statt Wasser Luft aufzunehmen. Diese Luft geht jedoch nicht in den Magen, sondern in eine Anzahl von Beuteln, die im Körperinneren liegen. Sein Körper erreicht dann die gleiche Größe wie bei der Füllung mit Wasser, er bleibt jedoch mit dem Rücken nach unten auf der Wasseroberfläche liegen. Erst nach dem willkürlichen Ablassen der Luft kann er in seine normale Lage zurückkehren.

Der schnellste Vorgang, der sich im Leib eines Lebewesens abspielt, geschieht im Körper des Großen Zitteraals *(Electrophorus electricus).* Der Zitteraal hat stromerzeugende Organe links und rechts von der Wirbelsäule. Damit erzeugt der Fisch (Länge bis zu 2 Meter) Stromentladungen bis zu 600 Volt. Der gespeicherte Strom wird vom Zitteraal in vier bis zehn Stromstößen abgegeben. Durch die Elektrizität lähmt er die Beute. Jede dieser Entladungen dauert zwischen 2 und 3 Tausendstelsekunden. Dabei durcheilt der elektrische Impuls - von der Auslösung im Gehirn des Fisches bis zu seinem Schwanz - die Strecke mit einer Geschwindigkeit von 800 Metern pro Sekunde. Beim Menschen als dem höchstentwikkelten Säugetier beträgt die Nervenleitungsgeschwindigkeit - je nach Dicke und Markhaltigkeit der Nervenfasern - zwischen 100 und höchstens 120 Metern pro Sekunde.

Die gewaltigsten Waffen unter den Fischen haben Schwertfische *(Xiphias gladius)* und Sägehaie *(Familie Pristiophoridae).* Ein Schwertfisch kann ein Gewicht bis zu 7 Zentner und eine Länge bis zu 4,50 Meter erreichen. Er stürzt sich in Fischschwärmen und spießt möglichst viele Fische auf, um sie später zu verzehren. Es ist ein sehr angriffslustiges Tier. Auch Schiffe sind sehr oft von ihm attackiert worden. Sein Schwert wird bis zu 2 Meter lang. Das Naturwissenschaftliche Museum in London besitzt das Stück eines hölzernen Schiffrumpfes, in dem das Schwert eines solchen Fisches 55 Zentimeter tief eingedrungen ist. Trotz ihrer Größe bekommen die Schwertfische nur sehr kleine Junge: Mit Hilfe einer Ölkugel schwimmen die Jungen in Eiern (zwischen 1,5 und 2 Millimeter groß) an die Oberfläche, wo sie sich selbständig entwickeln. Keineswegs nahe verwandt mit dem Schwertfisch ist der Sägefisch; er ist eine Haiart und jagt auf die gleiche Art und Weise wie der Schwertfisch. Seine Säge kann am Kopfende 35 Zentimeter breit und bis zu 2,50 Meter lang werden. Sägefische wiegen etwa 50 Zentner.

Das älteste Wirbeltier der Erde ist der Quastenflossler *(Latimeria chalumnae).* Diese Fische lebten zur Devonzeit vor 400 Millionen Jahren. Der Quastenflossler galt bis zum 22. Dezember 1938 als ausgestorben. An diesem Tag kam der Fischdampfer »El 8« der Fisch-Companie in dem südafrikanischen Hafen East London an. Eine Angestellte des städtischen Museums, Miss Latima, sah sich Fische an, die als Haie gefangen wurden. Sie entdeckte darunter einen Fisch, den sie nicht kannte, der 114 Pfund wog und 1,59 Meter lang war. Sie kaufte und präparierte ihn. Der englische Professor J. L. B. Smith von der Rhodes Universität in Grahamstown (Südafrika) untersuchte den Leib und stellte fest, daß es sich um einen Quastenflossler handelte. Zu Ehren der Entdeckerin wurde der Fisch *Latimeria* genannt. Erst 16 Jahre später, im Januar 1952, wurde ein zweiter Quastenflossler gefangen. Inzwischen hat es sich herausgestellt, daß es in der Nähe der Komoreninseln mehr von diesen ältesten Wirbeltieren der Erde gibt; sie werden von den Eingeborenen gefangen, gesalzen und als Speisefisch auf den Markt gebracht. Der Quastenflossler wird bis zu 45 Kilogramm schwer. Auffallend ist sein kleines Gehirn, dessen Gewicht beträgt nur 3 Gramm. Das entspricht einem Anteil am Gesamtgewicht von 0,006 Prozent. Bei anderen Fischen dieser Größe beträgt der Anteil 0,7 Prozent.

Das kürzeste Wirbeltier der Welt ist ein Fisch: Es ist eine Grundel *(Pandaka pygmaea)*. Sie lebt in den Gewässern der Philippinen und wird maximal 10 Millimeter lang. Ihr Gewicht beträgt ausgewachsen 6 Tausendstelgramm.

Der einzige Fisch mit Wohnung ist der Brunnenbauer *(Gnathypos rosenbergi)*. Dieser Fisch wird etwa 25 Zentimeter lang und lebt an den Küsten Indiens. Er scharrt eine Röhre auf dem Meeresgrund aus, die bis zu 1,30 Meter tief sein kann. Das geschieht, indem der Fisch mit dem Kopf voran auf dem Meeresgrund wühlt und jedesmal ein Maul voll Sand mit nach oben nimmt. Ist die Röhre fertig, wird sie mit Muschelschalen, Steinchen und Teilen von Korallen ausgemauert. Mit dem Schwanz nach unten wartet der Brunnenbauer in der Röhre auf vorbeischwimmende Beute, schießt heraus, faßt sie und taucht wieder in seine ausgemauerte Wohnung hinunter. Bei Gefahr stürzt er sich kopfüber in seine Wohnung. Raubfische können ihm nicht in die enge Röhre folgen.

Kopffüßer

Die Kopffüßer *(Cephalopoda)* sind meeresbewohnende Weichtiere mit einem vom Kopf abgesetzten Rumpf. An ihrem Kopf tragen sie eine Reihe beweglicher Arme, die zum Kriechen, Tasten oder Fangen von Beute dienen. Ihr Rumpf bildet eine offene Mantelhöhle. Wird diese geweitet, so nimmt sie Atemwasser auf. Bei einer Verengung schießt das Wasser durch einen Trichter; der austretende Strahl ermöglicht den Tieren die Fortbewegung. Die Kopffüßer mit ihren 730 Arten werden in der Umgangssprache als »Kraken« oder »Tintenfische« bezeichnet.

Der gefährlichste Angriff eines Kopffüßers wird vom 3. Juli 1874 berichtet. Das 150-Tonnen-Segelschiff »Perle« lag bei Windstille im Indischen Ozean. Ein Matrose der 18köpfigen Besatzung beobachtete in einem halben Kilometer Entfernung eine Bewegung auf der Oberfläche. Er schoß auf die Stelle. Das Geschoß traf einen Riesenkalmar *(Architeuthis princeps)*, der daraufhin mit hoher Geschwindigkeit auf das Schiff zuschwamm. Er ergriff mit seinen Fangarmen die Masten des Schiffes und zog sich an diesen teilweise aus dem Wasser. Es wird berichtet, daß die Fangarme des Tieres über 30 Meter lang gewesen seien. Durch den Zug der Fangarme und das Gewicht des Kalmars kenterte die »Perle«. Neun Mann der Besatzung wurden von einem vorbeikommenden Dampfschiff gerettet.

Die meisten Arme besitzen die Perlboote *(Tetrabranchiata)*. An ihrem Kopf tragen sie 82 bis 90 Arme, die jedoch nicht mit Saugnäpfen versehen sind. Die 6 Arten der Perlboote (Länge bis 30 Zentimeter) leben nur im Indischen Ozean.

Nur 130 Arten von Kopffüßern leben in den europäischen Gewässern, davon 30 in nordeuropäischen, 45 in westeuropäischen und 52 in südeuropäischen. Der Hauptteil der Kopffüßer mit seinen insgesamt 730 Arten bevorzugt salzhaltige Meere (Salzgehalt über 3,0 Prozent). Durch den geringen Salzgehalt des Wassers existieren in der Ostsee und im Schwarzen Meer keine Kopffüßer.

Die besten Augen hat der Gemeine Tintenfisch *(Sepia officinalis)*. Die Tiere sind vom Atlantik bis zum Indischen Ozean verbreitet. Sie erreichen eine Körperlänge von 70 Zentimetern und besitzen 8 Fangarme (Länge 30 Zentimeter). Der Gemeine Tintenfisch verfügt über 70 Millionen Sehzellen in seinen Augen. Diese Anzahl macht ihn zum am besten sehenden Meerestier überhaupt. Ein Mensch verfügt über 50 Millionen Sehzellen.

Die farbigsten Augen besitzt der Tiefsee-Vampir *(Vampyrotheuthis infernalis)*. Im Jahre 1899 wurde dieser Kopffüßer als Ergebnis der deutschen Tiefsee-Expedition »Valdivia« das erstemal erbeutet. Das in der Tiefsee lebende Tier (Länge bis 30 Zentimeter) besitzt zwei blutrot leuchtende Augen. Außergewöhnlich unter den Kopffüßern ist, daß die 8 Fangarme dieses Tieres durch Spannhäute untereinander verbunden sind. Ausgebreitet erweckt das Gebilde den Eindruck eines Vampirs.

Die größten Augen unter allen Lebewesen besitzen die Riesenkalmare *(Familie Architeuthidae)*. Der Durchmesser eines ihrer Augen beträgt 40 Zentimeter. Zum Vergleich: Das Landlebewesen mit den größten Augen, das Pferd, hat Augen mit einem Durchmesser von 5 Zentimetern; der Durchmesser des menschlichen Auges beträgt 2,4 Zentimeter.

Als einzige blenden die zur Art der Sepioliden *(Sepiolidae)* gehörenden Kopffüßer mit dem lateinischen Namen *Heteroteuthis dispar* ihre Feinde. Die an der Westküste des südlichen Italiens lebenden Kopffüßer (Länge bis 8 Zentimeter) stoßen bei einem Angriff statt der Tintenflüssigkeit eine Leuchtwolke aus. Es handelt sich um eine Ansammlung leuchtender Bakterien, die in ihrem Körper produziert werden. Angreifende Fische werden von den Tiefseetieren (Lebensbereich bis 1600 Meter Tiefe) durch diese Wolke in der Finsternis der Tiefsee geblendet; der Kopffüßer kann entkommen.

Die beste Brutpflege betreiben die Gemeinen Kraken *(Octopus vulgaris)*. Sie sind die bekanntesten aller Kopffüßer und leben an felsigen Küsten. Die Weibchen des Tieres (Länge bis zu 3 Meter) legen ihre Eier bis 150 000 Stück - in einer Höhle ab oder bauen sich ein Steinnest. Während der einmonatigen Brutzeit versorgt das Weibchen mittels ihres eigenen Atemwasserstromes die Eier mit Sauerstoff und säubert verschmutzte Eier. Nach dem Schlüpfen bleiben die Jungen eine Zeitlang bei der Mutter. Wenn alle Jungtiere das Weibchen verlassen haben, stirbt es an Erschöpfung. Es hat seit der Befruchtung der Eier keinerlei Nahrung zu sich genommen.

Die einzigen leuchtenden Fangarme hat die Wunderlampe *(Lycoteuthis diadema)*. An jedem seiner Fangarme besitzt das Tier (Länge bis 15 Zentimeter) zwei Leuchtorgane, die zum Beuteanlocken dienen. Den Namen Wunderlampe bekam der Kopffüßer wegen seiner im Körper installierten 22 Leuchtorgane. Diese durch Bakterien gespeisten Organe leuchten wie eine Lampe durch die durchsichtige Außenhaut des Körpers.

Die raffinierteste Irreführung von Raubfischen praktiziert die Große Sepiette *(Sepietta oweniana)*. Dieser Kopffüßer wird von Raubfischen als Nahrung bevorzugt. Beim Annähern eines Schellfisches *(Melanogrammus aeglefinus)*, eines Kabeljaus *(Gadus morhua)* oder eines Blauhais *(Prionace glauca)* stößt die Große Sepie blitzschnell eine Tintenwolke aus. Diese bildet im Wasser sofort die Körpergestalt des Kopffüßers (Länge bis 5 Zentimeter) nach und hält ihre Form auch im Wasser. Dadurch werden die Raubfische von dem eigentlichen Tier abgelenkt und steuern auf den Farbausstoß zu. Durch das Ablenkungsmanöver gewinnt die Große Sepie Zeit, um sich im Boden einzugraben.

Die einzigen Klebeangeln besitzt der Anglerkalmar *(Chiroteuthis veranyi)*. Das Tier besitzt eine Körperlänge von nur maximal 15 Zentimetern, jedoch Fangarme von 1 Meter Länge. Durch eine bodenständige Lebensweise und das Herausstrecken dieser Fangarme täuscht der Kopffüßer eine Wasserpflanze vor. Kleinstlebewesen verfangen sich an den mit einer dichten Klebemasse bedeckten Armen. Der Anglerkalmar besitzt besondere, zum Abstreifen geformte Lippen. In regelmäßigen Abständen zieht er seine Fangarme ein und frißt die an der Klebemasse hängengebliebenen Lebewesen.

Der einzige fliegende Kopffüßer ist der Fliegende Kalmar *(Ommatostrephes volatilis)*. Der in warmen Meeren lebende Kopffüßer (Länge bis 1,10 Meter) kann durch Verstärkung seines Atemwasserstromes eine solche Geschwindigkeit erreichen, daß er sich über die Wasseroberfläche erhebt und bis zu 20 Meter in einer Höhe von 5 bis 55 Zentimetern fliegen kann.

Der größte Kopffüßer wurde tot an der Küste Neufundlands in der Nähe des Ortes Flowers Cove angetrieben (1933). Dieser Riesenkalmar *(Familie Architeuthidae)* war 21,95 Meter lang.

Er hatte ein Gewicht von 60 Zentnern. Es wird geschätzt (McGinnitie), daß die Riesenkalmare auf ein Gewicht von 840 Zentner kommen. Grundlagen für diese Berechnung sind die Wunden, die die Pottwale *(Physeter catodon)* haben: Pottwale kämpfen in 1000 bis 1300 Meter Tiefe mit den Kalmaren, die sie als Beute begehren. Ein Tintenfisch von 60 Zentnern hat am Ende seiner Arme einen Saugnapf mit einem Durchmesser von etwa 12 Zentimetern. Die größten Abdrücke von Saugnäpfen jedoch, die auf Körpern von Pottwalen gefunden wurden, hatten einen Durchmesser von mehr als 20 Zentimetern. Das bedeutet, daß die Riesenkalmare, die sich aufgrund ihres Gewichtes mit den jetzigen technischen Möglichkeiten nicht fangen lassen, etwa 31 Meter Gesamtlänge erreichen. Allein ein einzelner Arm wird 16 Meter lang.

Der kleinste Kopffüßer lebt im Indischen Ozean und im Japanischen Meer. Es ist die Zwerg-Idiosepie *(Hemisepius typicus)*. Im ausgewachsenen Zustand wird dieser Kopffüßer, einschließlich der Arme, 2 Zentimeter lang.

Die schnellsten Kopffüßer sind die Riesenkalmare *(Familie Architeuthidae)*. Beim Angriff oder auf der Flucht erreichen sie eine Stundengeschwindigkeit von 40 Kilometern.

Das merkwürdigste Liebesspiel praktiziert der Gemeine Tintenfisch *(Sepia officinalis)*. Aufgrund ihrer Sehkraft (siehe »Die besten Augen«) sind die Tiere besonders auf optische Reize ausgerichtet. Während der Werbung um ein Weibchen strecken die Männchen dem Weibchen auffordernd einen ihrer 8 Arme entgegen. Es ist jedesmal der 4. Arm auf ihrer rechten Seite. Dieser Arm ist besonders stark ausgebildet. Es handelt sich um einen Geschlechtsarm *(Heterokotylus)*. Durch Vorzeigen ihres Armes versuchen die Männchen, die Aufmerksamkeit des Weibchens auf sich zu lenken. Hat sich der weibliche Tintenfisch für einen Bewerber entschieden, kommt es zur Begattung. Das Männchen streckt den 4. Arm in die Begattungstasche des Weibchens und besamt die dort befindlichen Eier. Nach sechs Stunden legt das Weibchen die Eier ab. Teilweise bleiben Männchen und Weibchen danach zusammen.

Die einzigen Perlen unter den Kopffüßern bildet das Perlboot *(Tetrabranchiata)*. Diese Tiere bekamen ihren Namen wegen der perlmutterfarben schimmernden Innenschicht ihres Gehäuses und wegen ihrer eigenartigen Fortbewegungsweise: Sie lassen sich auf der Wasseroberfläche treiben. Die Perlboote (Länge bis 30 Zentimeter) existieren mit 6 Arten in den wärmeren Meeren. In der Innenschicht ihres Gehäuses bilden sie um eingedrungene Fremdkörper manchmal Perlen. Diese erreichen einen Durchmesser von 10 Millimetern und sind sehr selten.

Das einzige Signallicht unter den Kopffüßern besitzen die Posthörnchen *(Spirula spirula)*. Das Tier lebt bis zu 30 Kilometer von den Küsten entfernt im Meer. Posthörnchen (Länge bis 6 Zentimeter) bilden Gruppen, die gemeinschaftlich tauchen und jagen. Um den nachfolgenden Tieren den Weg in die Tiefe zu weisen, besitzen diese Kopffüßer zwei Endflossen, die sie im Strom des austretenden Wassers schnell bewegen. Ein Organ in der Mitte des Hinterkörpers leuchtet wie ein Rückstrahler mit einem gelblichen Licht. Durch eine bewegliche Wand *(Diaphragma)* können die Tiere das Licht willkürlich abdecken oder freigeben.

Die besten Taucher unter den Kopffüßern sind die Perlboote *(Tetrabranchiata)*. Diese Tiere jagen meistens nachts dicht über dem Meeresboden. Die Schalenkammern dieser Tiere enthalten Gas und Flüssigkeit. Das Tier ist in der Lage, den Zufluß von Flüssigkeit in den einzelnen Kammern (27 im Erwachsenenstadium) zu regeln. Dadurch erhält es entweder Auftrieb oder mehr Gewicht zum Tauchen. Nach diesem Prinzip werden von den Menschen Unterseeboote (1900) gebaut.

Die größten gemeinsamen Wanderungen unternehmen die Nordamerikanischen Kalmare *(Loligo pealei)*. Die Tiere schließen sich zu Gesellschaften (bis 100 000 Einzelexemplare) zusammen und folgen auf 1000 bis 5000 Kilometern den Fischschwärmen. Sie ernähren sich von diesen. Die Nordamerikanischen Kalmare (Länge 50 Zentimeter) bilden ebenfalls zur Zeit der Fortpflanzung Ansammlungen, jedoch weitaus kleinere.

Wasserschnecken

Der gefährlichste Austernfeind ist die Stachelschnecke *(Ocenebra Erinacea)*. Diese Wasserschnecken sind lediglich vor den Küsten der Britischen Inseln verbreitet. Die Tiere (Durchmesser bis zu 3 Zentimeter) setzen sich auf Austern *(Ostrea edulis)*. Ihre Zunge ist mit 2000 kleinen Zähnen besetzt. Damit durchbohren sie die Schale der Auster und saugen sie mittels eines langen, dünnen Rüssels aus. Die Stachelschnecken richteten auf den britischen Austernbänken einen solchen Schaden an, daß amerikanische Austern *(Crassostrea virginica)* zum Aufstocken der schwindenden Bestände ausgesetzt wurden. Mit ihnen wurde von Amerika um die Jahrhundertwende ein weiterer Austernfeind eingeschleppt. Es handelt sich um den Austernbohrer *(Urosolpinx cenerea)*. Gegen Kälte ist diese Schnecke unempfindlicher als die Stachelschnecke.

Die einzige Netzfischerin ist die Meeresschnecke *(Vermetus)*. Sie lebt in einem festgewachsenen Schneckengehäuse und läßt auf Reize, die von Plankton oder geeigneten Futterlebewesen ausgehen, aus einer Fußdrüse ein Schleimband austreten. Dieses Band wirkt wie ein Netz: Die Kleinstlebewesen bleiben darin hängen. Wenn das Netz voll ist, zieht die *Vermetus* es ein und frißt es samt der Beute.

Den besten Orientierungssinn haben die Napfschnecken *(Gattung Patella)*. Die Schnekken bauen sich durch Säure-Ausscheidung ihres Körpers einen ihrem Haus angepaßten Stammplatz auf dem Meeresboden. Zur Nachtzeit verlassen sie zur Nahrungsaufnahme diesen Platz und finden sich bei Sonnenaufgang wieder dort ein. Die Napfschnecken (Länge bis 7 Zentimeter) hinterlassen bei ihrer Wanderung Kriechschleim auf dem Meeresgrund. Auf dem Rückweg zu ihrem Stammplatz können die blinden Tiere mit ihrem Fußsohlenrand chemische Reaktionen wahrnehmen: Befinden sie sich auf ihrer hinterlassenen Kriechspur, so ist die Reaktion eine andere als auf normalem Meeresboden. Durch die unterschiedlichen chemischen Reize finden sie zurück.

Am besten riechen kann die Gemeine Netzreuse *(Hinia reticulata)*. Die von Nord- bis Südeuropa verbreitete Wasserschnecke gehört zu den Fleischfressern. Den Geruch frischen oder verwesenden Fleisches nehmen die Schnekken (Größe 5 Zentimeter) unter Wasser bis auf eine Entfernung von 40 Metern wahr.

Die größte Saugkraft entwickeln die Meerohren *(Familie Haliotidae)*. Diese Schnecken existieren mit 70 Arten von Nordeuropa bis weit über den Äquator. Sie sind Bewohner der Brandung. Die Meeresohren (Länge bis 20 Zentimeter) haben einen sehr stark ausgeprägten Fuß, mit dem sie sich an Felsen festsaugen. Die Saugkraft dieses Fußes beträgt das 5000fache ihres Eigengewichtes. Diese Eigenschaft schützt die algenfressenden Schnecken vor nahrungssuchenden Großtieren. Ein Fisch müßte bei einer Schnecke von 200 Gramm eine Zugkraft von 1000 Kilopond aufwenden, um sie von ihrem Untergrund loszureißen. Das ist unmöglich.

Die giftigste Schnecke ist die Landkarten-Kegelschnecke *(Gastridium geographus)*. Die Schnecke (Länge 5 Zentimeter) gräbt sich im Sand ein. Sie erzeugt in ihrem Körper ein Nervengift, welches auf ihren Rüssel aufgetragen wird. Willkürlich kann die Schnecke den Rüssel plötzlich versteifen und aus dem Sand herausschnellen lassen. Das geschieht, wenn Beute in der Nähe ist. Fische und kleinere Lebewesen werden durch einen Stich des messerscharfen Rüssels auf der Stelle gelähmt. Der Stich einer Landkarten-Kegelschnecke ist für Menschen, die gestochen und nicht sofort ärztlich behandelt werden, tödlich. Die Schnecken leben an den Küsten des Pazifischen Ozeans.

Die größte Schnecke ist der Ritterhelm *(Syrinx proboscidiferus)*. Die Schnecke lebt im Meer vor den australischen Küsten. Sie erreicht eine Körperlänge von 65 Zentimetern.

Die kleinste Schnecke gehört zu den Gekreuztnervigen Schnecken *(Unterklasse Streptoneura)* und lebt im Salzwasser. Sie wird im ausgewachsenen Zustand nur 1 Millimeter lang. Zu der gleichen Unterklasse gehört auch die größte Schnecke der Welt, der Ritterhelm.

Die einzige chemische Waffe unter allen lebenden Tieren besitzt die Faß-Schnecke *(Tonna galea)*. In zwei Drüsen erzeugt das im Mittelmeer lebende Tier (Größe bis 26 Zentimeter) eine 4prozentige Schwefelsäure (H_2SO_4). Die Raubschnecke ergreift Beutetiere - einschließlich Fische - und spritzt diese Säure dem Opfer ein. Die in den Kreislauf gelangende anorganische Substanz lähmt die Beute auf der Stelle. Die Faß-Schnecke reißt dem Beutetier mit ihrem hakenversehenen Maul das Fleisch vom Leib.

Krebstiere

Die größten Ansammlungen bilden die Krillkrebse *(Euphausia superba)*. Sie sind bis zu 6 Zentimeter lang und leben in den oberen Schichten der antarktischen Meere. Die Krebse haben eine orange-rote Farbe, die auf das Vorhandensein von Karotin zurückzuführen ist, der Vorstufe zum Vitamin A. Die Krebse sind das Hauptnahrungsmittel der Wale. Neuerdings werden sie auch von Menschen gefangen und zu Nahrung verarbeitet. Einzelne Ansammlungen dieser Krebse werden auf 500 Millionen Einzelwesen geschätzt.

Die größten stationären Ansammlungen bilden die Rankenfüßer *(Cirripedia)*. Sie werden auch »Seepocken« oder »Entenmuscheln« genannt. Der Krebs in seiner Schale ist nicht fortbewegungsfähig. Er benützt seine Gliedmaßen nur, um Nahrung zu suchen. Ansammlungen dieser Krebse (Durchmesser von 2 Millimeter bis zu 12 Zentimeter) finden sich an nicht von Seetang bewachsenen Felsoberflächen der Küsten. An dicht besiedelten Stellen kommen auf 1 Kilometer Küste 1 Milliarde Rankenfüßer.

Die meisten Arten unter den im Wasser lebenden Tieren haben die Krebstiere *(Crustacea)*. Mit 35 000 verschiedenen Arten gibt es viermal mehr Krebstiere als Vögel und fast doppelt soviel Krebse wie Fische, von denen es 18 000 Arten gibt.

Die seltsamste Befruchtung praktizieren die Wollhandkrabben *(Eriocheir sinensis)*. In der Mittsommerzeit wandern die Wollhandkrabben (Breite bis 8 Zentimeter) aus den Flüssen zum Meer. Die Männchen ziehen zuerst und bilden an den schmalsten Stellen der Flüsse eine Sperre; Leib an Leib – abertausende von Männchen. Die Weibchen müssen die Sperre passieren und werden während des Körperkontaktes von den Männchen befruchtet. Die Wollhandkrabbe wurde 1912 von einem Tanker, der in China Wasser als Ballast aufgenommen hatte, nach Bremen eingeschleppt. Die Tiere haben sich seitdem in Europa sehr schnell vermehrt.

Die widerstandsfähigsten Eier unter den Krebsen legen die Kiemenfüßer *(Anostraca)*, eine eigentümliche Unterklasse der Krebse. Sie haben eine sehr kurze Lebensdauer (4 Monate) und sind aufgrund ihrer Lebensweise gezwungen, die Eier im Wasser abzulegen. Wenn sich das Wasser in den Trockenzeiten zurückzieht, bleiben die Eier im Uferschlamm liegen. Die Eier anderer Krebsarten würden zugrunde gehen. Die Brut der *Anostraca* (auf deutsch »Schalenlosen«) überleben jedoch bis zu 15 Jahren. Erreicht wieder Wasser ihre trockenen Überlebensquartiere, entwickeln sich die Krebse (Länge bis 25 Millimeter) nach Ablauf dieser Zeit schon bei Temperaturen um 1 Grad Celsius.

Den schnellsten Ersatz für verlorengegangene Gliedmaßen haben die Krebstiere *(Crustacea)*. Jedes Glied eines solchen Tieres, das bei einem Angriff oder durch bedingte Selbstverstümmelung (Festklemmen) verlorengegangen ist, wird vom Körper innerhalb von 100 Tagen ersetzt. Der am dritten Gelenk liegende Autotomie-Muskel bewirkt durch Zusammenziehen das Abbrechen des Gliedes. Im Moment des Verlustes werden keine Muskeln zerrissen; das austretende Blut wird durch Blutgerinsel an der Bruchstelle gestoppt; das Glied kann nun wieder nachwachsen. Dies geschieht immer am dritten Gelenk eines jeden Gliedes. Das Nachwachsen der Glieder bei den Krebstieren machten sich um die Jahrhundertwende die spanischen Fischer zunutze. Sie brachen den gefangenen Tieren die Scheren zum Verkauf ab und warfen die Krebse zurück ins Meer, um sie später mit neuen Scheren wieder zu fangen.

Der schlechteste Gast ist der Muschelwächter *(Pinnoteres Pisum).* Die Krebse (Breite bis 2 Zentimeter) leben vor der britischen Küste. Um sich zu schützen, wählen sie sich die Schale einer lebenden Miesmuschel *(Mytilus edulis)* als Wohnung aus. Sie suchen sich nun, als Gast in der Muschel, ihre Nahrung nicht mehr selbst, sondern fressen von dem von der Muschel im Innern aufbewahrten Futter. Bei ungenügendem Vorrat nagen sie an den Innereien der Muschel. Meist quartieren sich nur Muschelwächter-Weibchen in den Muscheln ein. Während der Paarungszeit verlassen sie die Muschel, um ihre Eier befruchten zu lassen. Sehr oft sind jedoch die Krebse zu groß, um die Miesmuschelschale wieder zu verlassen. Ihre Fortpflanzung erfolgt dann durch die im unmittelbaren Bereich der Gastmuschel schwimmenden Muschelwächter-Männchen, die ihren Samen ablassen. Durch den Atemwasserstrom der Muscheln gelangt der Samen in deren Inneres und befruchtet die Eier.

Der einzige früchtepflückende Krebs ist der Palmendieb *(Birgus latro).* Dieser Krebs (Länge bis 35 Zentimeter) lebt an den Küsten des Indischen Ozeans und des Pazifiks. Er erklettert Palmen bis zum Gipfel und schneidet mit seinen außergewöhnlich kräftigen Scheren Kokosnüsse ab. Die auf die Erde gefallenen Früchte öffnet er später und verzehrt sie.

Der größte Krebs ist die japanische Riesenkrabbe *(Macrocheira kaempferi).* Die an den Küsten Japans lebende Krabbe hat eine Rumpfgröße von 60 Zentimetern. Die Spannweite ihrer Fühler mißt 3,20 Meter. Die Krabben *(Brachyura)* sind die artenreichste Gruppe der Krebse.

Die am höchsten lebenden Krebstiere sind die Süßwasser-Krabben *(Familie Potamidae).* Im südlichen Europa und in Asien leben diese Krabben bis in Höhen von 2200 Metern.

Die meisten Krebse auf engstem Raum werden an den Küsten der nordischen Wattmeere gefunden. Es handelt sich um die Wattkrebse *(Corophium volutator).* Auf 10 Quadratmetern Wattfläche leben bis zu 500 000 Krebse (Breite zwischen 1 und 3 Millimeter). Diese Krebse werden volkstümlich auch als Wasserflöhe bezeichnet.

Der einzige schießende Krebs ist der Pistolenkrebs. Diese Krebse *(Gattung Alpheus)* können durch verstärkte Scheren des ersten Beinpaares einen Wasserstrahl bis zu 1,80 Meter abschießen. Die Schockwirkung des Strahles lähmt kleinere Beutetiere. Zudem wird der Schuß von einem vernehmlichen Knall begleitet, der dieser Gattung zusätzlich den Namen »Knallkrebse« eingetragen hat.

Die einzigen Krebse mit fremden Waffen sind die im Indischen Ozean lebenden Krabben der Gattung *Melia.* Diese Krabben pflükken beim Angriff durch ein anderes Tier Seerosen *(Bunodopsis)* vom Meeresgrund und halten sie abwehrend in ihren Scheren. Jene Hohltiere haben ein starkes Nesselgift, das angreifende Fische verbrennen kann. Die Seerosen sind die einzige Waffe der sonst wehrlosen Krabben.

Der widerstandsfähigste Krebs ist der Einsiedlerkrebs *(Paguriden).* Wenn er von einem Fisch verschlungen wird, ist er in der Lage, trotz dessen scharfer Verdauungssäfte, die Magenwand zu durchbohren und in die Körperhöhle zu gelangen. Teilweise bohrt er sich durch den Fischleib wieder nach außen. Einsiedlerkrebse sind eine Unterabteilung der Gruppe der Mittelkrebse *(Anomura).* Sie haben ihren Namen von ihrer Lebensweise: Um ihren weichhäutigen Hinterleib zu schützen, stecken sie ihn in leere Schneckenhäuser und schleppen diese – durch Klammerfüßchen festgehalten – mit sich herum.

Der einzige zahme Krebs ist die Karibische Landkrabbe *(Cardisoma guanhumi).* Wird die an den Stränden der Karibischen See lebende Krabbe (Breite bis 18 Zentimeter) von Menschen gefangen, gewöhnt sie sich an diese und läßt sich aus der Hand füttern.

Das höchste Lebensalter erreicht der europäische Hummer *(Homarus gammarus).* Das zu den Panzerkrebsen *(Unterfamilie Astacura)* gehörende Krebstier kann 45 Jahre alt werden.

Das auffälligste Liebeswerben unter den Krebstieren haben die Langbeinigen Winkerkrabben *(Uca stenodyctyla).* Sie leben im Pazifik und im Indischen Ozean. Die Männchen aller Winkerkrabben *(Gattung Uca)* besitzen nur noch eine Schere zur Nahrungsaufnahme. Die andere Schere ist überdimensional gewachsen und wird zum Anlocken der kleineren und normal gebauten Weibchen benutzt. Die Winkerkrabben sitzen während der Paarungszeit vor ihren Höhlen und winken mit diesen großen Scheren die Weibchen heran. Dieses Winken gilt bei den Weibchen als Paarungsaufforderung. Wer am besten und auffälligsten winken kann, fällt den Weibchen zuerst auf. Durch Näherkommen signalisiert das Weibchen Interesse und folgt dann dem Männchen in dessen Höhle, in der er Vorräte angelegt hat. Dort kommt es zur Paarung.

Der größte Schmarotzer ist der Muscheldarmkrebs *(Mytilicola intestinalis).* Dieser kleine Krebs (Länge 1 Zentimeter) dringt in den Darm der Miesmuscheln *(Mytilus edulis)* ein und beschleunigt durch Eiweißentzug die Verdauung der Muschel. Die befallenen Miesmuscheln werden klein und braun. Durch den 1938 aus dem Mittelmeer in die Nordmeere eingeschleppten Muscheldarmkrebs sank der Miesmuschelertrag an den nordeuropäischen Seeküsten um 80 Prozent.

Die beste Tarnung haben die Seespinnen *(Gattung Maja).* Die zur Familie der Dreieckkrabben *(Majiidae)* gehörenden Krebse sind ständig bemüht, kleine Tiere aus ihrer Umgebung zu suchen und sie zur Tarnung auf ihr Rückenschild zu setzen. Falls die Seespinnen ihre Umgebung wechseln, können sie diese Tarnung sofort abnehmen und sich eine den neuen Lebensumständen entsprechende zulegen. Die Klauen der Seespinne sind so gebaut, daß sie jeden Punkt ihres Panzers erreichen kann.

Die merkwürdigsten Wanderungen unternehmen die amerikanischen Langusten *(Palinurus argus).* Diese vor den Küsten Süd- und Nordamerikas lebenden Tiere (Gewicht bis 8000 Gramm) finden sich zu Beginn der Frühlingszeit zusammen und ziehen auf dem Meeresboden neuen Futtergründen entgegen. Die Langusten starten nicht gleichzeitig, sondern ziehen in Gruppen bis zu 5000 Tieren in einer Reihe hintereinander auf dem Meeresboden entlang.

Muscheln

Die größten Ansammlungen bilden die Herzmuscheln *(Cardium edule).* Die Muschel kann mittels eines Sprungfußes Ortsveränderungen vornehmen. Durch das Einziehen und Wegschnellen des Fußes überwinden die Herzmuscheln (Durchmesser 5 Zentimeter) Entfernungen von 80 Zentimetern. Obwohl sie fortbewegungsfähig sind, bevorzugen die auf der ganzen Welt verbreiteten Muscheln die Nahrungsgemeinschaft mit Artgenossen. Auf Muschelbänken (Ausdehnung 100 bis 200 Hektar) leben bis zu 1 Million Exemplare auf 1 Hektar.

Die besten Augen hat die Pilgermuschel *(Pecten jacobaeus).* Diese Art der Kammuschel besitzt im Gegensatz zu anderen Muscheln am Schalenrand blaue Augen. Diese Augen sind mit Linsen (1 Millimeter Durchmesser) und mit 2 hintereinanderliegenden Netzhäuten versehen. Die Pilgermuschel (5 bis 15 Zentimeter groß) kann dadurch nicht nur hell und dunkel, sondern auch Bewegungen wahrnehmen. Die Muscheln gelangten erstmals durch Pilger aus den Mittelmeerländern als Zeichen ihrer Pilgerfahrt nach Zentraleuropa.

Die schnellsten Bohrer sind die Meeresscheidenmuscheln *(Ensis siliqua).* Sie sind bis 7 Zentimeter lang und 3 Zentimeter breit. Die Meeresscheidenmuschel gräbt mit ihrem Fuß. Dieser spitz zulaufende Körperteil wird von der Muschel mittels starker Muskeln in den Meeresboden gesteckt. Ist er eingedrungen, zieht die Muschel das Gehäuse nach und beginnt mit dem nächsten Bohrvorgang. Die Muscheln können sich innerhalb von 20 Sekunden bis zu 30 Zentimeter in den Meeresgrund eingraben.

Der stärkste Bohrer ist die Norwegische Schiffsbohrmuschel *(Teredo norvegica).* Ihre Schalen beschränken sich als Bohrwerkzeuge auf den vorderen Körperabschnitt, der Rest des Körpers (bis 100 Zentimeter Länge) ist unbedeckt. Diese Art der Muschel bohrt sich nicht in den Meeresboden ein, sondern versenkt ihren Leib in Holz. Ihre Verdauungsorgane sind auf Verarbeitung von Holz eingerichtet. Durch ihre Lebensweise richten sie an hölzernen Schiffsrümpfen und Pfahlbauten Schaden an.

Die merkwürdigste Brutmethode praktiziert die Malermuschel *(Unio pictorum).* Die Eier der Muschel befinden sich in ihrem Körper und sind durch in ihrem Atemwasserstrom eingeschwemmtes Sperma besamt worden. In der Höhle ihres Leibes entwickeln sich die Jungen. In der 3. Woche nach der Besamung legt sich die Muschel (Durchmesser 10 Zentimeter) entgegen ihrem sonstigen Verhalten mit geöffneten Schalen auf den Grund. Der ebenfalls im Süßwasser heimische Bitterling *(Rhodeus sericeus)* nähert sich dieser Muschel. Wenn er ihr nahe genug ist, klappen die Schalen der Muschel zu und halten den Fisch für ein paar Sekunden mit einer hakenartigen Vorrichtung dort fest. Der Fisch schwimmt danach davon; in seinem Körper sind die Jungen der Malermuschel. Zwischen 2 und 12 Muscheln befinden sich an jenen Stellen seiner Haut, wo die Muschel ihn festgeklemmt hat. Die Wunde des Fisches verheilt schnell, durch seinen Körper ernährt er die Jungen der Muschel mit. Nach 7 Wochen platzt die Haut; die Malermuscheln fallen – vollständig entwickelt – zu Boden. In der Zwischenzeit brütet die Malermuschel die Jungen des Bitterlings aus. Während seines Aufenthalts an den Rändern der Muschel hat der Bitterling seine Eier in den Leib der Malermuschel gelegt. Die Fischeier entwickeln sich in derselben Kammer wie vorher die Jungen der Muschel. Sie ernähren sich durch Kleinstlebewesen, die sich in dem von der Muschel eingesaugten Wasser befinden. Die jungen Bitterlinge verlassen nach 7 Wochen die Muschel.

Die meisten Eier erzeugt die Amerikanische Auster *(Crassostrea virginica).* Im Gegensatz zur Europäischen Auster *(Ostrea edulis)* entläßt die Amerikanische Auster ihre Eier sofort ins Wasser; die Europäischen Austern betreiben Brutpflege und bergen die Eier bis zum Schlüpfen in der Mantelhöhle ihres Leibes. Die Amerikanischen Austern produzieren pro Jahr 100 bis 120 Millionen entwicklungsfähige Eier.

Das höchste Lebensalter erreichen die Flußperlmuscheln *(Margaritana margaritifera).* Die in den kalkarmen Binnengewässern Europas lebende Muschel (Größe bis 15 Zentimeter) wird 90 Jahre alt. Das höchste Alter unter den im Salzwasser lebenden Muscheln erreichen die Venusmuscheln *(Veneriidae).* Sie werden bis zu 50 Jahre alt.

Die bekannteste Muschel ist die Miesmuschel *(Mytilus edulis).* Etwa 300000 Tonnen dieser Muschel (Größe 5 bis 10 Zentimeter) werden jährlich auf der Welt gefangen. Allein in Europa werden zwischen 90 und 110000 Tonnen pro Jahr verzehrt. Holland liefert pro Jahr 50000 bis 60000 Tonnen.

Die größte Muschel ist die Mördermuschel *(Tridacna gigas).* Sie erreicht ein Gewicht von 350 Kilogramm. Ihre Schalen werden bis zu 1,80 Meter lang, die Schalendicke beträgt bis zu 12 Zentimeter. Diese Muschel lebt im Indischen Ozean, ist eßbar und erzeugt Perlen.

Die kleinsten Muscheln messen 0,6 bis 0,8 Millimeter im Durchmesser. Sie leben in großen Tiefen des Pazifischen Ozeans. Ihre zoologische Bezeichnung ist *Homalgyra rota.* Mit einem Gewicht von 0,02 Gramm je Exemplar erreichen erst 18 Millionen Muscheln das Gewicht einer Mördermuschel.

Die einzige leuchtende Muschel ist die Holzbohrmuschel *(Xylophaga dorsalis).* Die kugelförmige Muschel besitzt am Mantelrand Drüsen, die einen gelblich-grünen Schleim absondern. Er wird mit dem Atemwasserstrom der Muscheln ausgestoßen und verharrt zusammengeballt im schwebenden Zustand im Wasser. Die Leuchtkraft der Absonderung lockt Kleinstlebewesen als Beute für die Muschel.

Die einzigen nestbauenden Muscheln sind die Nestbauenden Feilenmuscheln *(Lima hians).* Sie richten aus Stein und festen Gegenständen mit Hilfe von körpereigenen Haftfäden auf dem Meeresgrund eine Höhle her, die sie vor ihren Feinden schützt. Das Nest der Muscheln (Größe bis 2,5 Zentimeter) hat einen Durchmesser von 12 bis 15 Zentimetern und wird mit weichem Material ausgekleidet.

Die einzige schwimmende Muschel kommt im Südatlantik vor. 1894 wurde sie das erste Mal gefunden. Sie ist nur etwa 1 Zentimeter groß, kann durch ein kompliziertes System von Auftriebskörpern schwimmen und wandert über lange Strecken. Ihr wissenschaftlicher Name ist *Planctomya nensene.*

Die größte Perle der Welt wurde 1933 vor der Küste der zu den Philippinen gehörenden Insel Palawan gefunden. Die perlentauchenden Eingeborenen meldeten dem Häuptling den Verlust ihres besten Tauchers. Er wurde in 32 Meter Tiefe tot gefunden. Der Taucher war mit dem Fuß zwischen die Schalen einer 160 Kilogramm wiegenden Mördermuschel *(Tridacna gigas)* geraten. Die Schalen der Muschel hatten sich geschlossen und den Mann festgehalten. Die Muschel wurde samt dem Toten vom Meeresgrund gehievt. Beim Öffnen der Muschel fand der Häuptling Panglima die Perle. Sie war 23 Zentimeter lang, 14 Zentimeter breit und 15 Zentimeter hoch. Als erster Weißer sah sie 1934 der amerikanische Forschungsreisende Cobb. Der Häuptling weigerte sich, dem Amerikaner die Perle zu verkaufen. Im Jahre 1938 war Cobb abermals auf der Insel. Der Sohn des Häuptlings erkrankte lebensgefährlich an Malaria. Cobb konnte ihn durch Penicillin vor dem Tode retten. Beim Verlassen der Insel schenkte ihm Panglima die Perle. Sie hat einen Wert von 15 Millionen Mark.

Manteltiere

Die Manteltiere *(Tunicata)* leben im Meer. Sie sind Vorläufer und Verwandte der Wirbeltiere. Sie besitzen statt eines Skeletts zur Stabilisierung des Körpers einen aus Kalk gebildeten Stab *(Chorda)*. Ihren Namen haben sie von der Fähigkeit, durch Ausscheidungen ihrer einschichtigen Oberhaut einen Mantel aus gallertartiger Masse um ihren empfindlichen Körper zu bilden. In dem Mantel sind Tast- und Nervenzellen eingelagert.

Die merkwürdigste Fortpflanzung haben die Feuerwalzen *(Ordnung Pyrosomatida)*. Die Tiere (Länge bis 30 Zentimeter) stoßen ein einziges Ei von einer Höhle ihres Körpers in eine zweite aus. In dieser Höhle entwickelt sich das Ei zu einer ausgebildeten Feuerwalze und durchbricht nach der Ausreifung die Körperwand des Muttertieres. Das Alt-Lebewesen *(Oozoid)* spaltet vier Tochtertiere von sich ab und stirbt anschließend.

Die meisten Herzen hat das Lanzettfischchen *(Branchiostoma)*. Es besitzt einen fischähnlichen Körper (Länge bis 8 Zentimeter), obwohl es ein Manteltier ist. Es lebt im Sand vergraben an den Küsten der Meere, besitzt keinen Schädel und ernährt sich durch zwei Flimmerrinnen, die das Wasser in Bewegung setzen und Kleinstlebewesen heranstrudeln. Das zu dem Unterstamm Schädellose *(Acrania)* gerechnete Lebewesen verfügt über einen Blutkreislauf, jedoch ohne die sauerstofftransportierenden roten Blutkörperchen *(Erythrozyten)*. Der Kreislauf wird nicht durch ein einziges Herz gesteuert, sondern durch rund 1000 Herzen, die sich an den Kiemen befinden. Das Lanzettfischchen wurde 1774 von dem Naturforscher Pallas entdeckt und gilt als Urvater der Wirbeltiere.

Das größte Manteltier gehört zu den Feuerwalzen *(Ordnung Pyrosomatida)* und lebt im Indischen Ozean. Das Tier erreicht einen Durchmesser von 25 Zentimetern und eine Länge von 4 Metern. Die Feuerwalzen haben ihren Namen von Bakterien-Ansammlungen in ihrem sonst durchsichtigen Körper, die sich beiderseits des zur Nahrungsaufnahme dienenden Schlundrohres konzentrieren.

Die schnellsten Wohnungsbauer sind die Geschwänzten Schwimm-Manteltiere *(Klasse Appendicularia)*. Es sind freischwimmende Tiere, die in warmen Meeren in großer Anzahl vorkommen. Diese Tiere können durch eine eigens vorhandene Fluchtöffnung ihres Mantels diesen innerhalb von Sekunden verlassen. Sie tun das bei Angriffen oder wenn – der zur Nahrungsaufnahme mit Sieben versehene Mantel – verstopft ist. Die ungeschützten Tiere bilden durch Ausscheidungen ihrer Oberhaut innerhalb von 20 Minuten einen neuen Mantel, der wiederum eine Fluchtöffnung hat.

Stachelhäuter

Die Stachelhäuter *(Echinodermata)* sind meeresbewohnende, meist fünfstrahlige Lebewesen. Sie besitzen ein Kalkskelett an der Unterseite ihres Körpers. Es existieren von ihrer Art zwei verschiedene Formen: Die Sternform und eine geschlossene Kugel- und Walzenform. Zu den Stachelhäutern gehören die Seesterne, die Seeigel, die Seelilien, die Schlangensterne und die Seewalzen.

Die größten Ansammlungen bilden die Seesterne *(Acanthaster planci)*, »Dornenkrone«. Auf 1000 Quadratmeter Meeresboden kommen bis zu 100 000 Seesterne dieser Art. Statt der üblichen 5 Arme besitzen Dornenkronen deren 15 bis 17. Sie erreichen einen Durchmesser (von Arm zu Arm) von 65 Zentimetern.

Die meisten Arme hat der Haarstern mit dem lateinischen Namen *Comantheria grandicalyx.* Er lebt im japanischen Meer in Tiefen bis zu 100 Meter. Jeder Haarstern besitzt 68 Arme mit einer Länge von je 15 Zentimetern.

Die besten Baumeister unter den Stachelhäutern sind die Seeigel *(Klasse Echinoidea).* Seeigel beginnen mit der Konstruktion eines Hauses, das aus Leibessäften besteht, wenn sie so groß sind wie eine Erbse. Das aus Kalk bestehende Gehäuse wird niemals abgeworfen. Zeit ihres Lebens müssen die Seeigel an ihren Häusern bauen, um ihrem Wachstum gerecht zu werden. Ein Seeigel-Haus besteht aus 600 einzelnen Teilen, die aufeinander abgestimmt den Hohlraum umschließen, in dem der Seeigel lebt. Jedes dieser Teile paßt mit einer Schwankung von maximal 1 Tausendstelmillimeter auf das andere.

Die meisten Eier legt der Seestern Dornenkrone *(Acanthaster planci).* Diese Seesterne weiden den Meeresgrund so gründlich ab, daß dabei die Polypen riffbildender Korallen zerstört werden, die die Inseln vor der Brandung schützen. So zerstörten Dornenkronen einen 550 Kilometer langen Küstenstreifen vor der Insel Guam. Dornenkronen stoßen pro Exemplar und Jahr 20 Millionen Eier aus.

Den genauesten Fortpflanzungstermin haben die Japanischen Haarsterne *(Comathus japonicus).* Haarsterne entlassen Eier ins offene Wasser, sie laichen. Bei den Japanischen Haarsternen wird die Fortpflanzungsperiode durch den Mond gelenkt. In der Zeitspanne vom 1. bis zum 15. Oktober eines jeden Jahres, wenn der Mond sein erstes Viertel genau vollendet hat, laichen alle Japanischen Haarsterne innerhalb von 100 Minuten.

Das meiste Gift unter den Stachelhäutern erzeugt die Westindische Seewalze *(Actinopyga agassizi).* Es wird zu Verteidigungszwecken in Schleimabsonderungen der Haut erzeugt. Dieses Gift *(Holothurin)* ist für angreifende Fische sehr gefährlich und kann zum Tode von größeren Säugetieren und Menschen führen, wenn es in den Blutkreislauf gelangt. Das Gift gelangt durch Berührung der Seewalzen in den Körper und zersetzt das Blut.

Die einzigen Greifzangen besitzen die Zangensterne *(Forcipuladida)*. Sie haben 6 bis 12 Arme (jeweils 10 bis 12 Zentimeter Länge) und wohnen in Meerestiefen bis zu 50 Meter. Jede Greifzange sitzt auf einem Stiel.

Der größte Haarstern erreicht eine Armlänge von 38 Zentimetern. Es handelt sich um die im Indischen Ozean lebende Art *Heliometra glacialis.*

Die merkwüdigste Jagdmethode unter den Stachelhäutern haben die Seesterne *(Asteroidae)*. Der Seestern besitzt weder Kiefer noch Zähne, ernährt sich aber meistens räuberisch von Fleisch. Er überwältigt Austern und Muscheln, indem er sie mit seinen Armen festhält und die Schalen auseinanderzieht. Der Vorgang dauert bis zu 3 Stunden. Die Schließmuskeln der Muscheln und Austern sind stark, erlahmen aber schnell. Wenn sich ein Spalt zwischen den Schalen zeigt, stülpt der Seestern seinen Magen - durch den Mund - über den freiliegenden Körper der Muschel oder der Auster und läßt die Magensäfte auf seine lebende Beute einwirken. Das Beutetier stirbt ab. Der Extrakt seines Fleisches wird durch die ausgestülpten Magenwände des Seesternes aufgenommen.

Der schnellste Läufer unter den Stachelhäutern ist der Seestern der Gattung *Luidia*. Er hat bis zu 3 Zentimeter lange Füßchen und schafft es, sich in einer Minute 1 Meter vorwärts zu bewegen.

Das höchste Lebensalter unter den Stachelhäutern erreicht der Ockerstern *(Pisaster ochraceus)*. Er wird 20 Jahre alt.

Die größte Leuchtkraft in seinen Armen hat der Schlangenstern mit dem lateinischen Namen *Amphiura filiformes*. In den Drüsenzellen seiner Unterhaut erzeugt er ein grünliches Licht, das auf dem Meeresgrund in einer Entfernung bis zu 100 Meter wahrnehmbar ist. Das Leuchten erfolgt auf mechanische und chemische Reize hin. Es dient einesteils zur Abschreckung von Feinden, andererseits zum Anlocken von Kleinstlebewesen als Beute. Unter den Stachelhäutern können nur sieben Arten von Schlangensternen leuchten.

Der größte Schlangenstern ist das Gorgonenhaupt *(Gorgoncephalus stimpsoni)*. Allein sein Rumpf hat einen Durchmesser von 15 Zentimetern. Die Armlängen dieses fünfstrahligen Sternes betragen je 75 Zentimeter.

Die größte Seelilie hat einen Durchmesser von 1,5 Zentimeter, ihre Arme werden bis zu 20 Zentimeter lang. Diese Seelilie *(Metacrinus superbus)* sitzt auf einem im Meeresboden verankerten 3 Meter langen Stiel.

Der größte Seeigel erreicht einen Durchmesser von 34 Zentimetern. Es ist der im Indischen Ozean lebende *Sperosoma giganteum.*

Der größte Feind der Seeigel ist der Eisseestern *(Marthasterias glacialis)*. Obwohl die Seeigel in der Lage sind, Angreifer durch ihre Giftzangen zu verletzen und zu vertreiben, nutzen ihnen ihre Abwehrwaffen beim Eisseestern nichts: Dieser stülpt seinen Magen aus, die Schleimhaut dringt zwischen die Stacheln des Seeigels. Die Magensäfte verdauen den Seeigel langsam von außen. (Siehe »Die merkwürdigste Jagdmethode«)

Der kleinste Seeigel ist der Zwerg-Seeigel *(Echinocyamus pusillus)*. Er lebt an den europäischen und nordafrikanischen Küsten. Dieser Seeigel wird 8 Millimeter lang und 4 Millimeter hoch.

Die nützlichsten Seeigel sind die Eßbaren Seeigel *(Echinus esculentus)*. Sie weiden auf dem Meeresgrund Algen ab, die sonst überhand nehmen würden. Ein Exemplar (Durchmesser bis 18 Zentimeter) dieser Gattung frißt in 24 Stunden 1/4 Quadratmeter Meeresboden kahl. An den Küsten vieler Länder werden die Eßbaren Seeigel als Delikatesse gehandelt. Die im Innern des Seeigels ringförmig angewachsenen Keimstöcke werden roh gegessen.

Die größte Seewalze lebt in den warmen Meeren und trägt den lateinischen Namen *Synapta maculata*. Sie erreicht einen Durchmesser von 6 und eine Länge von 220 Zentimetern.

Am kürzesten seßhaft ist der Nordatlantische Haarstern *(Antedon bifida).* Haarsterne werden als freilebende Wesen geboren und machen ein Larvenstadium durch. Nach dieser Zeit bildet sich an ihrem Leib ein Stiel, der in den Meeresboden versenkt wird. Der Haarstern durchläuft dann eine Periode der festsitzenden Lebensweise. Erst nach Ablauf dieser Zeit, wenn er größer und widerstandsfähiger geworden ist, löst er sich von seinem Stiel und schwimmt frei umher. Diese Zeit der unbeweglichen Lebensweise wird das Seelilienstadium genannt. Der Nordatlantische Haarstern sitzt in seinem Seelilienstadium nur ein Jahr auf einem verankerten Stiel.

Am längsten seßhaft sind die Indopazifischen Haarsterne *(Promachocrinus kerguelensis).* Sie verbleiben 30 Monate ihres 6jährigen Lebens an einem Stiel, ohne die Möglichkeit der Fortbewegung.

Die einzigen ständig festsitzenden Stachelhäuter sind zwölf der hundert Arten der Seelilien *(Klasse Crinoidea).* Sie können sich niemals in ihrem Leben frei bewegen und bleiben immer an ihren Stiel gebunden.

Die meisten Stacheln besitzt der Schlangenstern mit dem lateinischen Namen *Ophiopsila annulosa.* Sein Körper ist mit 25 000 Stacheln besetzt.

Die merkwürdigste Verteidigungsmethode unter den Stachelhäutern haben die Seegurken *(Familie Cucumariidae).* Seegurken sind zylinderförmig. Die längste Art *(Synapta maculata)* erreicht einen Durchmesser von 6 Zentimetern und eine Länge von über 2 Metern. Bei einem Angriff schleudern die Seegurken dem Angreifer alle Innenorgane entgegen. Teilweise stoßen sie die Organe aus einem Riß im Hautmuskelschlauch hervor, teilweise aus dem After. Innerhalb von 48 Stunden sind sämtliche Organe der Seegurke nachgewachsen. Die Seegurke gehört zur Klasse der Seewalzen *(Holothuroidea).*

Die engsten Wohngemeinschaften unter den Seeigeln bilden die Sand-Dollars der Art *Dendraster excentricus.* Die im Stillen Ozean lebenden Seeigel (Durchmesser bis 20 Zentimeter) bilden Gruppen von 600 Tieren auf einem Quadratmeter. Dies geschieht hauptsächlich während der Fortpflanzungszeit, sie liegen dann in mehreren Reihen übereinander. An den europäischen Küsten bilden die Stein-Seeigel *(Paracentrotus lividus)* Kolonien von 200 Tieren pro Quadratmeter.

Das schnellste Wundverschluß-System nicht nur unter den Stachelhäutern, sondern unter allen Tieren besitzen die Seeigel *(Klasse Echinoidea).* Unverletzte Seeigel haben in ihrem Körper eine große Anzahl umherwandernder Zellen, die nicht gebunden sind. Wird ein Seeigel verletzt oder werden ihm seine zur Fortbewegung dienenden Füßchen (Seeigel besitzen zwischen den Stacheln davon – je nach Art – zwischen 100 und 1000) abgerissen, so eilen diese Zellen sofort auf die Wunde zu. Sie vereinigen sich dort zu einer geschlossenen Schicht, die die Wunde abdichtet. Der Körper der Seeigel (850 Arten) ersetzt innerhalb von 1 bis 20 Tagen zerstörte Skelettplatten, abgebrochene Stacheln und abgerissene Füße.

Schwämme

Die Schwämme *(Stamm Spongia)* sind vorwiegend im Meer lebende Wassertiere. Sie sind vielzellig und haben eine festsitzende Lebensweise. Echte Muskeln und Nervenzellen besitzen die Tiere nicht. Sie bilden Skelettelemente aus Kalk, Kieselsäure oder Hornfasern.

Der gefährlichste Schwamm ist der Hornschwamm *(Fibula nolitangere)*. Das an den Küsten Westindiens vorkommende Tier entwikkelt bei Berührung einen chemischen Stoff, der in die Haut höherer Lebewesen eindringt und zu dauerhaften Entzündungen führt.

Die größten Schwämme gehören der Gattung *Leuconia* an und werden bis zu 2 Meter lang. Sie leben in Tiefen bis zu 100 Meter in warmen Meeren.

Die kleinsten Schwämme gehören zu den Wabenkalk-Schwämmen *(Ordnung Heterocoela)*. Sie sind auf der ganzen Welt verbreitet und kommen in Tiefen bis zu 300 Metern vor. Einzelne Arten dieser Schwämme werden nur 5 Millimeter hoch.

Das stabilste Skelett baut der Gießkannenschwamm *(Euplectella aspergillus)*. Während seines Wachstums entzieht der Schwamm dem Meerwasser Silikate (SiO_2), die er zu einem feinen, langgestreckten Gitterraum verarbeitet. Dieses innen hohle Skelett kann eine Länge bis zu 70 Zentimeter und einen Durchmesser bis zu 15 Zentimeter erreichen. Im Japanischen Meer werden oft Gießkannenschwämme gefunden, in deren Skelett sich eine Garnelenart *(Spongicola verusta)* zur Paarung zurückgezogen hat. Das Pärchen kann später den Innenraum nicht mehr verlassen und verbringt sein Leben als Gefangene.

Die beste Verankerung auf dem Meeresboden hat der Glasschwamm *(Monoraphis chuni)*. Er bildet aus Silikaten Hunderttausende von Nadeln, die sich zu einem einzigen Pfahl verbinden. Der Pfahl (Länge bis 3,20 Meter, Dicke bis 2 Zentimeter) steckt zu 30 Prozent im Meeresboden. An seinem herausragenden oberen Ende sitzt der Schwamm. Diese Art wurde erstmals 1899 bei der deutschen Tiefsee-Expedition »Valdivia« von dem Wissenschaftler Chun aus einer Tiefe von 1700 Metern im Indischen Ozean geborgen.

Die kompliziertesten Zellen sorgen im Gehäuse eines Schwammes für Wasserströmungen, die den Schwamm mit Nahrung versorgen. Es sind die Kragengeißelzellen *(Choanozyten)*, die eine Körperlänge von 0,005 bis 0,1 Millimeter haben. Am Ende ihres Körpers tragen sie eine Geißel (Länge bis 0,06 Millimeter). Millionen solcher Zellen sind im Inneren eines Schwammes angesiedelt. Durch eine ununterbrochene Bewegung ihrer Geißeln erregen sie gemeinsam eine Wasserströmung, die ständig den Schwamm durchflutet. Der von Zellen erzeugte Sog schwemmt Kleinstlebewesen in den Schwammkörper. Sie werden vom Schwamm absorbiert und verzehrt.

Hohltiere

Die Hohltiere *(Coelenterata)* sind ein Stamm der mehrzelligen Tiere, die nicht im Wasser leben. Unterteilt werden die Hohltiere in Nesseltiere *(Cnidaria)* und Rippenquallen *(Acnidaria)*. Ihre Körper bestehen aus zwei Zellschichten: Der Außenhaut *(Ektoderm)* und der Innenhaut *(Entoderm)*, die das Körperinnere auskleidet. Zu den Hohltieren gehören die Quallen, die Korallen und die See-Anemonen.

Die größten Ansammlungen unter den Hohltieren bilden die Segelquallen *(Velella spirans)*. Die hauptsächlich im Atlantik vorkommenden Staatsquallen *(Siphonopera)* schwimmen in 4 bis 200 Exemplaren nebeneinander. Ihre Züge erreichen – Staat an Staat schwimmend – Längen bis zu 300 Kilometer.

Die exakteste Arbeitsteilung haben die Staatsquallen *(Siphonophera)*. Es sind Gebilde aus vielen Polypen und Medusen, die während ihrer gesamten Lebenszeit miteinander verbunden bleiben. Jedes dieser Einzeltiere, die der deutsche Wissenschaftler Ernst Haeckel (1834–1919) als »Personen« qualifizierte, hat eine andere Aufgabe übernommen. Durch die Verwachsungen für immer verbunden, übernehmen ausgesuchte Einzeltiere aufgrund ihrer Konstruktion – längere Fangarme – den Fang von Beute, die sie an andere Tiere weiterreichen, die die Ernährung des Staates durch Fressen übernehmen. Andere Tiere der Kolonie sind auf die Verteidigung gegenüber Angreifern spezialisiert. Eine andere Art wiederum ist als einzige geschlechtsfähig und sorgt für die Vermehrung. Die Staatsquallen (Durchmesser bis zu 2 Meter) leben nur in Meeren. Die bekannteste Art ist die Portugiesische Galeere *(Physiala physialis)*, deren einzelne Personen an einer mit dem Edelgas Argon gefüllten Blase befestigt sind. Die Fangfäden der an der Blase haftenden Fangpolypen sind bis zu 50 Meter lang. Sie können Fische bis zu 10 Zentimeter Länge ergreifen und geben diese Beute zum Mund der Nährpolypen, die sie verschlingen und durch ihre Verdauung das Staatswesen ernähren. Von den Staatsquallen existieren 155 verschiedene Arten auf der Welt.

Die größten Baumeister sind die Steinkorallen *(Madreporaria)*. Die 2500 Arten dieser Gattung bauten in der Neuzeit Riffe vor Inseln auf und schützen das Land vor dem Wasser. Im Laufe der Entwicklung der Erde schufen die Steinkorallen gewaltige Bauwerke. Vor 200 Millionen Jahren *(Trias)* wurden von ihnen die Dolomiten (Italien) aufgebaut.

Die schnellste Berührungsreaktion haben die Nesselquallen *(Cnidaria)*. An ihrer Außenhaut sitzen Kapseln, die mit einer ätzenden Flüssigkeit gefüllt sind. Diese Gebilde sind mit Deckeln versehen. Bei einer Berührung springt der Deckel ab. Die im Inneren der Kapsel verborgenen Schläuche schnellen nach außen und versuchen selbständig, in den berührenden Körper einzudringen. Handelt es sich um ein Tier, können diese Schläuche selbst in den härtesten Panzer – zum Beispiel den von Krebstieren *(Crustacea)* – Öffnungen reißen. Die ätzende Flüssigkeit dringt ein und lähmt die Angreifer. Die Reaktion der Kapseln geschieht selbständig, ohne Beteiligung eines Nervensystems. Die Zeit von der Berührung bis zum Eindringen des Giftes dauert 0,003 Sekunden.

Die eigenartigste Fortbewegung haben die Segelquallen *(Velella spirans)*. Sie gehören zur Ordnung der Staatsquallen *(Siphonophora)*. Diese Ansammlung von Tieren bewegt sich mittels einer Schwimmscheibe fort, die wie ein Segel auf dem Staatengebilde aufgepflanzt ist. Es handelt sich um luftgefüllte Röhren, die durch eine gallertartige Masse miteinander verbunden sind. Durch das Aufrichten dieses Segels bildet das Segel einen Widerstand für den Wind und wird über die Meeresoberfläche getrieben.

Die einzige vollständige Körper-Erneuerung im gesamten Tierreich existiert in der Klasse der Hydropolypen *(Hydrozoa)*. Es sind kleine Polypen mit einem stielförmigen Rumpf und einem aufgesetzten Kopf. Der Schweizer Forscher Abraham Trembley fing 1748 einen solchen Polypen, eine später so benannte Grüne Hydra *(Chlorohydra viridissima)*. Er zerschnitt den Körper in mehrere Teile. Jedes dieser Teile bildete einen neuen Kopf und einen neuen Fuß. Der Naturwissenschaftler Linné (1707–1778) gab dem Tier den Namen Hydra, im Andenken an die griechische Sage. Nach dieser lebte im Sumpf von Lerna bei Argos eine riesige Wasserschlange, der für jeden abgeschlagenen Kopf zwei neue nachwuchsen. Erst Herakles tötete diese Schlange durch Ausbrennen der Köpfe.

Das höchste Lebensalter unter den Hohltieren erreichen die Seeanemonen. Diese Tiere – mit einem Durchmesser bis 2 Meter – werden 90 Jahre alt.

Die größte festsitzende Meduse lebt in 5000 Meter Tiefe. Sie gehört zur Gruppe der Anthomedusen *(Athecata)* und ist mit ihrem Körper im Schlamm verankert. Das unter dem lateinischen Namen *Branchioceriantbus imperator* geführte Tier erreicht eine Körperlänge von 3 Metern. Auf seinem Kopf befinden sich zwischen 400 und 1500 Fangarme *(Tentakel)*. Von den 2700 Arten von Hydropolypen können 700 frei schwimmen.

Die kleinste Meduse lebt im Atlantik und im Mittelmeer und führt den lateinischen Namen *Gonionemus vertens*. Das freischwimmende Tier erreicht im ausgewachsenen Zustand einen Durchmesser von 2 Zentimetern.

Die gefährlichsten Quallen sind die Würfelquallen *(Ordnung Cubomedusa)*. Diese in den tropischen Meeren lebenden Hohltiere haben ihren Namen von ihrem – im Gegensatz zu anderen Quallen – würfelförmigen Schirm. Sie sind die schnellsten Schwimmer unter den Hohltieren und erreichen eine Stundengeschwindigkeit von 9 Kilometern. Die Tiere (Schirmdurchmesser bis 25 Zentimeter) verfügen über ein so starkes Nesselgift, daß eine einfache Berührung mit ihrem Körper bei Säugetieren – einschließlich des Menschen – zu Verbrennungen dritten Grades führt.

Die größten Quallen leben in der Antarktis. Es sind die Arktische Riesenqualle *(Cyanea arctica)* und eine ihrer Unterarten, die ebenfalls in den Kälteregionen lebende Gelbe Haarqualle *(Cyanea capillata)*. Diese Quallen erreichen einen Schirmdurchmesser von 3,60 Meter und besitzen 1200 Fangarme. Jeder einzelne dieser Fangarme (Tentakel) kann von den Tieren auf eine Länge von 45 Metern gedehnt werden. Die einzelnen Fangarme verfügen eigenständig über ein lähmendes Gift. Die Quallen ernähren sich ausschließlich räuberisch und bilden mit Körpern und Tentakeln ein kreisrundes Netz. Durch eine einzige Drehung kann eine solche Riesenqualle eine Fläche von 600 Quadratmetern innerhalb von 90 Sekunden abfischen. Innerhalb von 10 Sekunden kann sie sich wieder auf ihr Normalmaß reduzieren.

Die größten Räuber unter den Hohltieren sind die Melonenquallen *(Beroidea)*. Diese bis zu 20 Zentimeter hohen Tiere sind in der Lage, andere Quallen mit dem fünffachen Ausmaß zu verschlingen und zu verdauen. Für die Jagd sind diese Tiere mit einem unter den Hohltieren einmaligen Geruchsvermögen ausgestattet. Sie können Beute bis auf eine Entfernung von 120 Metern riechen.

Die beste Tarnung hat die Edelsteinrose *(Bunodactis verrucosa).* Das im Atlantik und im Mittelmeer festsitzende Hohltier besitzt an seiner Rumpfwand mehrere hundert Saugwarzen. Mit ihnen nimmt das Tier Muschelstücke und kleine Steine auf und tarnt sich damit. Die Edelsteinrose gehört zu den wenigen Hohltieren, die Lebendgebärer sind. In ihrem Körper entwickeln sich zwischen 12 und 40 vollausgebildete Junge, die ins Wasser entlassen werden und sich nach Ablauf von 50 Tagen festsetzen.

Die schnellste Verdauung haben die Steinkorallen *(Madreporaria).* Die Polypen leben in den Kalkgebilden an den Küsten der Meere. Tagsüber sehen ihre Behausungen ausgestorben aus, ihr Leben entfaltet sich nach Sonnenuntergang. Nachts weiden sie die an den Kalkgebilden angesiedelten Algen. Die Polypen sind in der Lage, auch Krebstiere *(Crustacea)* und Würmer *(Entoprocta)* zu erbeuten. Bei Tagesanbruch ziehen sie sich in die Kalkgebilde zurück. Die Verdauung der Steinkorallen dauert maximal 1 Stunde. Nach Ablauf dieser Frist ist in ihrem Körper keine Spur der erbeuteten Tiere zurückgeblieben.

Würmer

Die größten Ansammlungen von Würmern gibt es im November im Ozean rund um die Pazifik-Insel Samoa. Während dieser Zeit paart sich der Samoa-Palolo-Wurm *(Eunice viridis)*. Die lichtscheuen Tiere (Länge bis 45 Zentimeter) erzeugen ihren Samen und die Eier im Hinterleib. Zur Zeit der Fortpflanzung trennen sich die Hinterleiber ab und schwimmen mit eigenständigen Bewegungen zum nächtlichen Fortpflanzungsort. Sie bilden in der Nähe der Insel Schichten von 1 bis 7 Meter Dicke. Die von Samen und Eiern entleerten Hinterleiber gelten bei den Eingeborenen als Delikatesse; sie unternehmen nächtliche Fangzüge. Fische jedoch, die diesen Teil des Wurmes während der Paarungszeit gefressen haben, sind danach 14 Tage lang für den Menschen giftig; dies hängt mit der Verarbeitung des Eiweißes im Fischkörper zusammen.

Die merkwürdigste Ehe unter den Würmern führt die Grüne Bonellia *(Bonellia viridis)*. Das Weibchen der Grünen Bonellia wird 15 Zentimeter lang und besitzt einen großen Rüssel, der eine Länge von 1,50 Meter erreichen kann. Die Würmer sind Bewohner der Geröllböden von Buchten und der Unterwasserhöhlen des Mittelmeeres. Der Wurm – in Larvenform und geschlechtslos – schwimmt umher. Gelangt eine Larve in den Rüssel eines heranwachsenden weiblichen Wurmes, so verwandelt sie sich innerhalb von wenigen Tagen in ein winziges Männchen, welches keinen Rüssel trägt. Die aufnehmende Larve verwandelt sich in ein Weibchen. Wenn es einmal ein Weibchen ist, nimmt es immer mehr Männchen auf. Es sind bis zu 80, die durch den Rüssel in den Vorderdarm des Weibchens der Grünen Bonellia wandern und von dort in die Eileiter eindringen. Im Körperinneren befruchten sie ständig die aus dem Eileiter austretenden Eier. Die Männchen werden nur 1 Millimeter lang und durch die Nahrungsaufnahme des Weibchens mit ernährt.

Die bestvorbereitete Fortpflanzung haben die zu den Monogamen Saugwürmern *(Monogenea)* gehörenden Würmer der Art *Gyrodactylus elegans*. Diese Würmer (Körperlänge 0,8 Millimeter) sind Schmarotzer auf der Haut des Karpfens *(Cyprinus carpio)*. Jeder dieser Würmer bringt lediglich ein Junges zur Welt – lebend –, welches sich sofort an der Haut des Gastfisches festsetzt. Im Leib eines einzigen Wurmes sind die Nachkommen bereits ineinandergeschachtelt vorhanden: Das eben Geborene trägt bereits ein Junges im Leib, dieses wiederum ein Junges. Selbst der »Enkel« birgt in seinem Leib einen neuen Wurm und dieser wiederum auch sein »Kind«.

Die einzigen dressierten Würmer sind die Amerikanischen Flußplanare *(Dugesia dorotocephala)*. Mit diesen Würmern (Länge bis 30 Millimeter) stellte der amerikanische Wissenschaftler McConnel Versuche an. Er ließ sie jeden Tag zur Nahrungsaufnahme denselben Weg kriechen. An einer bestimmten Stelle teilte sich die Wegstrecke in einen weiß- und in einen schwarzmarkierten Gang. Gingen die Tiere den weißen Gang, bekamen sie einen leichten elektrischen Schock. Bereits nach 6 Versuchen wichen die zu den Süßwasserwürmern gehörenden Tiere an der Weggabelung sofort – ohne elektrische Weisung – in den schwarzen Gang ein. Bei der Veröffentlichung seiner Ergebnisse wurde McConnel verlacht und angefeindet. Später stellte sich die Richtigkeit seiner Forschungen heraus. Er hatte bewiesen, daß in diesen Lebewesen die zum »Denken« befähigende Ribunukleinsäure (RNS) vorhanden ist. Wurde ein dressierter Wurm von einem nicht dressierten gefressen, so übertrug sich die Gedächtnisleistung auf den Jäger.

Der längste Wurm ist ein Schnurwurm *(Lineus longissimus).* Diese Tiere leben im Meer, erreichen eine Breite von 5 bis 10 Millimetern und eine Länge von 30 Metern.

Einzellige Tiere

Die Einzeller *(Protisten)* sind Lebewesen, die nur aus einer einzigen Zelle bestehen. Stammesgeschichtlich haben sich aus den einzelligen Tieren alle Lebewesen entwickelt. Zu den Einzellern gehören Algen und Bakterien.

Die gefährlichsten Einzeller sind die Trypanosomen *(Trypanosomatide)*. Die 0,02 bis 0,03 Millimeter langen Geißeltierchen leben im Blut, im Lymphsystem, in der Gehirn- und Rückenmarkflüssigkeit und in den Därmen von Säugetieren, einschließlich des Menschen. Die verschiedenen Arten der Trypanosomen werden durch Insektenstiche in die Körper übertragen. Sie erregen beim Vieh die gefürchtete Nagana-Seuche und die Kreuzlähme bei Pferden. Bei den Menschen sind sie durch die Erregung der Orientgeschwüre und der Schlafkrankheit gefährlich. Allein im Jahre 1908 starben 250000 Menschen an Schlafkrankheit. Erst 1916 wurde von drei deutschen Wissenschaftlern das »Germanin« entdeckt, bis heute das wirksamste Medikament gegen diese Krankheit.

Die giftigste Fortpflanzung haben die zu den Panzergeißlern *(Dinoflagellata)* gehörenden Arten *Goniaulax* und *Gymnodinum*. Bei der Massenvermehrung dieser einzelligen Tiere dicht unter der Wasseroberfläche der Meere geben diese Einzeller ein für höhere Lebewesen gefährliches Nervengift ab. Es kommt an den Orten der Vermehrung dieser Tiere zu Fisch-, Krebs- und Muschelsterben.

Die vielfältigsten Fortpflanzungsmöglichkeiten haben die Panzergeißler *(Dinoflagellata)*. Diese Einzeller leben im Süßwasser und im Meer. Sie vermehren sich sowohl geschlechtlich als auch ungeschlechtlich, das heißt durch einfache und mehrfache Zellteilung. Bei der mehrfachen Zellteilung bilden sich aus einem Muttertier 4 bis 16 neue Tiere. Bei der einfachen Zellteilung spaltet sich das Muttertier nur in zwei neue Zellen. Dabei behält entweder eine der neugebildeten Zellen den Panzer und eine andere bildet einen neuen, oder aber beide Tochterteile verlassen den alten Panzer, und jede von ihnen bildet einen neuen. Zu den Panzergeißlern gehört auch ein Einzeller, der das Meeresleuchten hervorruft. Millionen nahe der Wasseroberfläche schwimmende Tierchen *(Noctiluca miliaris)* erzeugen durch die Bewegung ihrer Geißeln und die damit verbundene verstärkte Sauerstoffzufuhr das in den Mondnächten berühmte grüne Leuchten des Meeres.

Die wertvollste Hilfe durch Einzeller erhalten die Termiten *(Isoptera)*. Verschiedene Arten der Polymastiginen *(Polymastigina)* siedeln sich ausschließlich in den Därmen von Termiten an. Die Termiten sind auf die Hilfe dieser Einzeller angewiesen, weil sie zwar Holz fressen, aber nicht in der Lage sind, Fermente für die Verdauung des Holzes zu erzeugen. Das übernehmen deshalb die *Polymastiginen*. Das Gesamtgewicht der in einer einzigen Termite lebenden *Polymastiginen* entspricht etwa 1 Drittel ihres gesamten Körpergewichtes.

Die eigenartigste Lebensbestimmung bei der Fortpflanzung gibt es unter den Goldmonaden *(Chrysomonadina)*. Zwei Arten dieser Einzeller mit dem lateinischen Namen *Rhizochrysis* und *Chrysarachnion* vermehren sich durch Teilung. Aus einem Muttertier spalten sich zwei Tochtertiere ab. Entscheidend für die künftige Lebensweise eines jeden Tochtertieres ist der Farbkörper *(Chloroplasten)*. Mit Hilfe dieser Chlorophyllkörper wandeln die Pflanzen anorganische Stoffe mittels Sonnenlicht in Zucker um. Das Muttertier der beiden Goldmonaden-Arten verfügt nur über einen Farbkörper. Das Tochtertier, welches diesen bekommt, ist künftig eine Pflanze, das ohne Farbkörper ist ein Tier.

Das ausgeprägteste Skelett unter allen Einzellern haben die Strahlentierchen *(Radiolaria)*. Es besteht meist aus den dem Meer entzogenen Silikaten (SiO_2). Die Skelette der 5000 verschiedenen Arten von Strahlentierchen haben einen sehr feinen und bei jeder Art unterschiedlichen Filigranaufbau. Nach dem Tode der Einzeller sinken die Skelette auf den Meeresgrund und bilden häufig große Ansammlungen. Die flächenmäßig größte Ansammlung von Strahlentierchenskeletten liegt im Pazifischen Ozean, nördlich des Äquators. Sie hat eine Ausdehnung von 750 000 Quadratkilometern.

Das größte Wechseltierchen erreicht einen Durchmesser von 2 Millimetern und trägt den lateinischen Namen *Pelomyxa palustris*. Es lebt auf dem Grunde stehender Gewässer und gehört derselben Ordnung *(Amoebina)* an wie die gefährliche Ruhramöbe *(Entamoeba histolytica)*. Dieses 20fach kleinere (0,1 Millimeter) einzellige Tier hat die Fähigkeit, in die Darmwand des Menschen einzudringen und das Gewebe zu zerstören. Es ruft die Amöbenruhr hervor.

Die Rekorde der Ausgestorbenen

Die größten Ammoniten lebten vor 80 Millionen Jahren. Ammoniten waren Tintenfischarten, die in einem schneckenförmig gewundenen Haus lebten. Die größte Art dieser Ammoniten, der *Pachydiscus,* besaß einen Hausdurchmesser von über 3 Metern. Das größte erhaltene Fossil steht im Museum von Münster (Westfalen). Die Schale des Tieres *(Pachydiscus seppenradensis)* besitzt einen Durchmesser von 2,55 Metern.

Das größte Ei der Welt wurde im Mai 1979 in der Nähe der argentinischen Stadt Rosario gefunden. Von welchem Tier es stammt, ist bisher noch unbekannt. Die Länge des vollständig erhaltenen Eis beträgt 1,60 Meter, sein Durchmesser 80 Zentimeter.

Das größte Faultier in der Erdgeschichte existierte vor 40 Millionen Jahren. Dieses Riesenfaultier *(Megatherium)* lebte in Südamerika, erreichte ein Gewicht von 7000 Kilogramm und Elefantengröße.

Der größte Fisch, der jemals auf der Erde existierte, war ein Hai. Er war etwa 35 Meter lang und 130 Tonnen schwer. Er lebte in der Zeit von 65 bis 1 Million Jahre vor der jetzigen Zeitrechnung. Allein die Zähne dieses Raubfisches *(Carcharodon megalodon)* waren 15 bis 20 Zentimeter lang.

Das kleinste Gehirn unter den ausgestorbenen Tieren hatte die Donnerechse *(Diplodocus carnegii).* Das Gehirn dieses Riesentieres war nur 40 Gramm schwer. Dieses Tier hatte eine Körperlänge von 25 Metern, sein Gesamtgewicht betrug bis zu 40 Tonnen. Die Donnerechse war ein Pflanzenfresser, Überreste dieses Riesentieres wurden in Amerika, in Argentinien, in Afrika und auch in Australien gefunden. Die Donnerechse lebte in der Jurazeit, vor 180 Millionen Jahren.

Das größte Insekt, das jemals auf der Erde gelebt hat, war eine Libellenart *(Meganeura).* Es lebte im Carbon, einer erdgeschichtlichen Zeit, die 200 Millionen Jahre zurückliegt. Diese Libelle hatte eine Flügelspannweite von 80 Zentimetern.

Das größte Nagetier der Welt starb erst im 16. Jahrhundert unserer Zeitrechnung aus. Es war das auf den Inseln Anguilla und St. Martin beheimatete Quemi *(Amblyrhiza inundata).* Das zur selben Ordnung wie Ratten und Mäuse gehörende Tier erreichte eine Länge von 2,20 Metern und ein Gewicht von 400 Kilogramm.

Der größte Pavian lebte während der 3. Eiszeit vor 180 Millionen Jahren in Südafrika. Diese Paviane *(Dinopithecus)* wurden mit aufgerichtetem Körper 2,50 Meter hoch; ihre Arme hatten eine Spannweite von 2,50 Metern, ihr Gewicht betrug bis zu 350 Kilogramm. Die heutigen Paviane *(Gattung Papio)* erreichen eine Körperhöhe von 1,20 Meter und ein Gewicht von 60 Kilogramm.

Das größte Raubtier, das bisher auf der Erde gelebt hat, war der Tyrannen-Dinosaurier *(Tyrannosaurus rex).* Seine Körperlänge betrug 12 Meter, seine Höhe 5,50 Meter und seine Schrittlänge fast 3 Meter. Er gehörte zu der Gruppe der Raubtierzahndinosaurier *(Carnosauria).* Der Tyrannen-Dinosaurier besaß einen großen Kopf und einen verhältnismäßig kurzen Hals. Sein Schwanz konnte als Peitsche gebraucht werden. Das Raubtier lief auf zwei Beinen. Sein Schädel allein war 2 Meter lang und mit zwei Reihen von 40 Zentimeter langen Zähnen besetzt. Das bekannteste Fossil dieser Art wurde in Montana (USA) ausgegraben. Die Tiere lebten vor ca. 225 Millionen Jahren.

Das höchste Säugetier unter den ausgestorbenen Tierarten, welches auf dem Lande lebte, war das Nashorn *(Baluchitherium).* Es existierte vor 25 Millionen Jahren in Asien und erreichte eine Höhe von 5,50 Meter. Dieses ist etwas niedriger als die Höhe der Giraffe (siehe »höchstes Landtier«). Das *Baluchitherium* erreichte diese Größe nicht nur in der Distanz zwischen Vorderbein und der höchsten Erhebung des Kopfes wie bei der Giraffe, sondern sein Rücken war so hoch. Dieses Tier hatte eine Länge von 9 Metern. Das Gewicht einer Giraffe beträgt etwa 1200 Kilogramm, das Gewicht eines *Baluchitheriums* betrug 20000 Kilogramm.

Die größte Schildkröte lebte auf dem Land und war die Riesen-Landschildkröte *(Colossochelys atlas).* Sie war bis zu 8 Meter lang, 80 Zentner schwer und lebte auf dem Gebiet des heutigen Indiens. Diese Schildkröten starben vor 70 Millionen Jahren aus.

Der größte Skorpion, der jemals auf der Welt existierte, war der *Pterygotus.* Er lebte im Wasser und erreichte eine Länge von 3 Metern. Der zu der Gruppe der Eurypterida zählende Skorpion hat im Kambrium gelebt; dieses Zeitalter liegt etwa 500 Millionen Jahre zurück.

Die größte Spannweite unter allen Vögeln, die je auf der Erde lebten, hatte der *Gigantornis.* Sie betrug 6 Meter. Die letzten Exemplare starben vor 65 Millionen Jahren aus.

Das größte flugfähige Tier war der Ozeansegler *(Pteranodon ingens).* Er war kein Vogel, sondern ein Reptil, das in der Zeit von 175 bis 65 Millionen Jahren vor unserer Zeitrechnung lebte. Es hatte ein stark verlängertes Armskelett mit einer Flughaut. Die Spannweite betrug 9 Meter. Die besterhaltenen Skelette wurden in den amerikanischen Staaten Oregon und Kansas gefunden.

Das höchste Tier, das jemals auf der Erde existiert hat, war der Brachiosaurier *(Familie Brachiosauridae).* Dieses Tier lebte vor 150 Millionen Jahren. Skelette wurden in Nordamerika und im Tendaguru-Gebirge (Ostafrika) gefunden. Es waren Wassertiere, die allerdings nicht schwammen, sondern auf dem Fluß- oder Seeboden liefen. Sie erreichten eine Kopfhöhe von 15 Metern und eine Gesamtlänge von 27 Metern. Ihr Gewicht wird auf 50 Tonnen geschätzt. Allein der Oberarmknochen eines solchen Brachiosauriers war mit 2,13 Meter Länge größer als ein normaler Mensch.

Das größte wirbellose Tier, welches je auf der Erde gelebt hat, war die Seelilie *(Klasse Crinoida).* Vor 160 Millionen Jahren, noch während der Juraperiode, wuchsen die Stiele solcher Seelilien auf 20 Meter Länge. Die Kelche dieser Tiere hatten einen Durchmesser von 1 Meter. Es handelt sich bei den Seelilien um Stachelhäuter *(Enchinodermata),* die heute in kleineren Formen im Meer existieren.

Der größte flugfähige Vogel lebte vor 700 Millionen Jahren *(Eozän).* Es war der *Gigantornis eaglesomei.* Die Schwingen dieses Vogels maßen von einem bis zum anderen Ende 6,5 Meter. Sein Gewicht betrug jedoch nicht mehr als 28 Kilogramm. Die besterhaltenen Überreste wurden auf dem Gebiet des heutigen Nigeria (Afrika) gefunden.

Der höchste Vogel, der je auf der Erde existierte, war der Riesenmoa *(Dinornis maximus).* Er lebte auf Neuseeland und erreichte eine Kopfhöhe von 4,50 Meter bei einem Gewicht von 250 Kilogramm. Diese Vögel sind vor 2 Millionen Jahren ausgestorben.

Der schwerste Vogel, der je gelebt hat, war der Madagaskarstrauß *(Aepyornithes).* Dieser Laufvogel konnte ein Gewicht von 500 Kilogramm erreichen, eine halbe Tonne. Er ist vor 20000 Jahren ausgestorben.

Die größten Vogeleier kamen vom Riesenstrauß *(Aepyorhithes).* Der Vogel konnte nicht fliegen und wurde über 3 Meter hoch. Seine Eier waren 35 × 22 Zentimeter groß, die Schalendicke betrug 6 Millimeter.

Register Lebewesen

Register Eigenschaften

Register Leistungen